China's Management under the Great Changes

大变局下的
中国管理

赵向阳◎著

中国人民大学出版社
·北京·

推荐序一

活出自己乐见的样子

韩 巍

（深圳大学管理学院教授）

"书稿发给你了。"

北京师范大学赵向阳老师用短信提醒我及时接收他的邮件。这位结识不过几年的同行从来不用"有时间或方便的话，请收邮件"的沟通方式，一如无法计数不分早晚的电话"骚扰"，他的理由简单而充分，"我把你当大哥"看待。

朋友中没有向阳这类人，也不可能有。如果不是一次饭局上的意外邂逅，以他的性格、言谈、做派，以学术会议见面点头的交流方式，尤其以个人贫弱的社交能力，即使有陈明哲老师从中"撮合"，我也大不会与他"称兄道弟"。世事难料，当年在武汉从一个陌生人口中听到姑妈名字时的震撼情景仍历历在目，他是姑妈在陕西旬邑工作时房东家的儿子，以姑妈与父亲坎坷一生深厚的姐弟情谊，足以让我对他倍感亲切。

向阳要出书了！感谢中国人民大学出版社的李文重编辑，感谢"正和岛"微信公众号，感谢为他发头条的华夏基石主编宋劲松。因为一个爱读书、有思想、善于也敢于就公共议题表达看法的管理学者值得让更多人听到他的声音。

向阳不是典型的管理学者，他的人生经历非常丰富，从乡村到城市（旬邑到西安），从省会到首都（西安到北京），走向国际化（德国留学），步入产学研（外企工作、创业、大学任教），拥抱互联网（研究、沉迷），四十年改革开放的重大事件，他好像都"碰巧"在场。作为一名说走就走的"行者"，他还始终保持着与外部世界的密切接触。他从不在意"术业专攻"，心怀"博物学者"的冀望要把自己锻造成一个"杂家"，他的阅读是兴致所至、信马由缰。更重要的，他也善于读书，这与他比较平衡的知识结构尤其是科学哲学的修养有关，有一套深入理解、迅速内化的独特功夫。

他喜欢思考，虽然未必有人到中年的"融贯性"，却更加开放、灵活。他深知管理学的先天不足，常在其他更成熟、更深刻的学科大家那里补充营养且时有顿悟。尽管"离经叛道"占用了他大量的时间、精力，进而妨碍他在流水线上生产标准产品的冲动，可一旦走入复杂的生活世界，直面管理的现实问题，就会让他的"万里路、千卷书"和"心猿意马"变成言之有物的基石、"语出惊人"的踏板。

气势磅礴的《大变局下的中国管理》却只有区区十几万字的体量，看起来的确名实不符。我理解编辑和向阳的用意。大变局意指情境，可以是全球化、VUCA①，可以是疫情，也可以是微信、谣言满天飞；当然"从以英美为师，转向与德日同行""英美""德日""中日企业""美国""以色列""中小企业""创业"无不可看作特定的情境。中国意指企业和个人，引进、培养国际化人才，提高跨文化沟通能力，不要过度恐慌，时间管理，防止被打脸。管理意指学界、企业界、管理实践。除了创业相对聚焦，比如解码以色列创新创业的基因、内部创业的反脆弱、（理性）反思创业以外，"情境-主体-思考/行动"的结构也算紧凑，作为一种"散文风格"（essay-style）的文字，重在触动、启发，未尝不是一种可行的选择。

因为书中的大部分文章我都比较熟悉，再看时可能就欠缺新鲜感。

---

① volatility, uncertainty, complexity, ambiguity 的缩写，意指易变性、不确定性、复杂性和模糊性。

这些文章视野广阔，至于是否足够深刻，建议是否中肯、实用，当然取决于作者-读者的"主体间性"（intersubjective）。以我为例，倒不是嫉妒向阳的纵横捭阖，他的很多问题，在我这里也有答案。假如有一场对话，估计会淹没在"是，也不是；肯定，未必，anyway, it depends on, it's up to you"的语言游戏之中。我最喜欢书中的"七个小故事"，语言生动，文本开放，除了有趣，还道出了一个个人所信服的学习管理之道——在（翔实的）叙事中理解和体悟。

当然，我更愿意把"大变局下的中国管理"看作一个隐喻。借用向阳文章标题中的关键词"反思、转向"，就是要开启一趟认真审视、深刻反思、积极辩论的思想旅程。所谓"未有之变局"已经发生了，或许剧变很快来临。不是只要任正非们认真做5G，也不是只要袁隆平们把论文写在大地上，对于中国管理，无论是企业实践还是学术探索的创新、创业（陈明哲老师语），都要把人类社会更长远的利益放在紧要位置。实践者不能在错误的理论上"高歌猛进"，执着于概念、炒作、圈钱，而应该认真造产品、做服务；学者也不能在学术研究范式的幻觉中"自娱自乐"，执着于论文、课题、头衔，而应该踏实讲故事、出思想。

《大变局下的中国管理》得以出版，既放大了中国管理的某种集体无力感，又强调了"在场、多元、意义"的迫切性。最终，是思想的碰撞与交流。我曾不止一次听过管理同行的大话，"管理学不缺思想"，缺的是"科学证明"。事实上，管理世界有多少"像样"的思想？又有多少研究敢于声称是"科学证明"？管理思想的传播与科学证明到底有多么密切的关系？！

向阳的这些文章受到不少管理实践者——体制外的青睐，对于致用之学的管理学当然是好事！试想有几篇管理学术论文会受到如此之众的关注。它也印证了我的一种判断，实践者（企业家）并不会从科学证明的角度审视思想，道理（"事实"和逻辑）是在主体间性上发生的，进而通过"述行性"（performative）进入并建构现实。

实证还是建构，符合还是诠释，经历过 2020 年，社会研究者或许更需三思。

推荐向阳平生的第一本书，不完全是为了让读者领略他的视野、洞见、逻辑或者修辞，读者还可以感受他的人生态度。向阳是物理学本科出身，在硕士、博士阶段受到心理学的系统训练，博士导师又是工业与组织心理学的大家，鉴于实证研究范式在管理学的统治地位，原本可以走一条更加平坦的学术道路。但是，他拥有直面现实的问题意识、博采众长的"杂家"情结，近年来又转向诠释学之"旁门左道"，作为一名当代大学老师，其实付出了很多代价。我并不认同向阳没有功利心的自我标榜，但至少他对于学术的真诚大过功利心的诱惑。这是一种态度，也是一份责任，值得特别肯定。我也衷心希望学术评价标准的"回归"，不必让少数本该引以为傲的同行去体会"虽千万人吾往矣"的壮烈。

网络时代，让每一个"常在河边走"的普通人都会纠结于七嘴八舌的"舆情冷暖"甚至剑拔弩张的"恶语相伤"。我曾被向阳在人前的"生猛"表现惊得目瞪口呆，在小范围用不太礼貌的语言调侃他有些"疯"，后来相处久了，举手投足间才发觉他的"无畏"源自不谙世事的"无知"，是真有点儿"傻"。他为人处世不够周全，时有莽撞，有失妥当，有意无意间冒犯过不少人。但我非常确定，即使他情急之下会用"粗陋、粗鄙"的言辞与人"交流"，也绝没有"恶狠狠"的用心。

我们这一两代人，有幸逃脱了战乱，背叛，出卖，加害亲人、友朋、同行、无辜者的厄运……为谋生、为学术，何妨多一些理解，在抬头不见低头见的小圈子逞过口舌之快，何必非要耿耿于怀、势不两立？前辈大家举重若轻、宽以待人的风范值得效仿，我亲历陈明哲老师公开、私下对向阳的善意包容，以及我的导师席西民教授的沟通策略，每当他请"伟大的赵向阳谈谈看法"时，那一刻的向阳就会平和而冷静。

我曾评价向阳老弟是"6σ以外的存在"，既然我们都亲近诠释学，希望很快就要知天命的向阳，在注定是 becoming 的生命历程中，也可以在生活世界的凌乱缠绕中多一些从容。在信念上，无论左右，不要极端最好，因为一切极端主义都殊途同归——欲置对方于死地。这不是求同存异、合作共赢的文明玩法。

最后，希望《大变局下的中国管理》大卖，向阳看起来自信满满，其实也在意读者对其学识、思想的看法。或者，也是对所有"无视"他的缺点、赞赏并激励他不断前行的那些人的一种回报。

场景再现：我与韩巍是如何相识的

> 下面的文字是赵向阳自述。因为韩巍在《活出自己乐见的样子》中对自己与赵向阳之间的关系语焉不详，所以，赵向阳特别把这个故事分享给大家。

2014年2月27日，在武汉大学参加"中国本土管理研究的现状与展望"的会议。晚上主办方宴请，大家一起吃饭。除了李平和贾良定之外，餐桌上的其他人我都不认识。

席间有一个头发有点花白的中年人，言辞锋利，与李平讨论学术问题。那天我感冒，身体不舒服，打算吃完饭早点休息。不过，他们之间的谈话吸引了我，因为我很少听见管理学界有人在饭桌上讨论严肃的学术问题，所以，我打算多待会儿，听听他们说什么。

这哥们突然谈及"文化大革命"，转而问我，"您怎么称呼？"

"我姓赵。"

"赵老师您哪年的？"

"71年。"

然后他与李平的谈话又继续，谈及人的年龄、"文化大革命"如何影响我们这一代人的价值观和学术道路，以及这种经历对管理学研究意味着什么，等等。后来，不知怎么话题突然转了，这哥们和我私聊了起来。

"赵老师家是哪儿的？"

"陕西的。"

"我也是陕西的，西安东大街长大的。你家是陕西哪儿的？"

"咸阳地区一个小县城，旬邑。"大多数人不一定知道这个地方，所以我很犹豫是否要告诉他。

"旬邑，旬邑我知道呀！我姑姑以前在旬邑待过。"

"你姑姑在旬邑待过？在哪儿待过？"

"新华书店。"

"新华书店？！你姑姑叫韩某某（为长者讳，此处有意隐去）？？？"

当时这哥们目瞪口呆，完全傻掉了。我也惊呼："天哪，你姑姑是韩某某！！！"

接下来，这哥们拿出手机给他的表姐打电话，进行各种考证，看我是不是骗子、冒牌货。

....

韩巍的姑姑，1951年左右从陕西泾阳县到旬邑县当驻队干部，从事土改等工作，住在我妈家的村子里（旬邑县湫波头甘店村）。我大姨的婚姻就是她老人家促成的。

我妈出嫁之后来到城关镇西关村。他姑姑在县城新华书店工作时，曾经租了我家三间瓦房，在我家至少住了15年。我家是房东。

我上面有五个姐姐，我父母非常渴望一个儿子，后来韩姨找了一个偏方，我才有幸来到这个世界。5年后，我爸妈又用了一次这个偏方，然后我弟弟以同样的方式来到了这个世界。

小时候，我非常黏人，非常淘气，别人都管不了我，只有韩姨能管得住我。除了我的几个姐姐以外,是韩巍的表哥表姐帮着把我带大的。韩姨做了什么好吃的都会喊,"向阳,过来,韩姨给你好吃的"。我小时候记忆中的美食多半与韩姨和韩巍最小的表哥有关。

每次去西安出差,韩姨都会给我带"老虎"饼干。在那个时代,这是很少见的一种做成动物形状的饼干,给了我极大的满足感。韩巍的姑父去世后,是我爸领着韩巍的两个表哥、两个表姐去十字路口烧纸祭奠。

韩巍小时候曾经去过旬邑,也来过我家。而我10岁时,患重病,去西安就医,就住在韩巍家,他父亲供职于卫生系统。总之,我家和韩巍的姑姑家有至少40年的交情,情深义重。

认识韩巍的过程实在太神奇了。更神奇的是,后来发现,在很多方面我们很相似,有许多共同的话题和价值观,比如对哲学的爱好、关于管理学的研究范式、对中国管理学界的批评等。但是,他做学问比我更扎实,文献的阅读量非常大。后来几年里,每当我遇到学术问题,就给他打电话,一打就半个多小时。

在我认识韩巍之前,2013年5月左右,国际管理学会主席陈明哲教授先认识了韩巍。而2013年9月,我在北京大学光华管理学院与陈明哲教授第一次见面,一见如故。认识我之后,陈明哲教授发电子邮件给韩巍,"你认识北师大一个叫赵向阳的老师吗?你和他挺像的,你们应该认识一下"。

韩巍冷冰冰地说,"不认识"。的确如此,2014年之前,我几乎没有参加过什么会议,很少有人认识我,我也很少认识别人。

推荐序二

我不担心他偏执，我担心他不偏执

田 涛

（华为公司高级顾问）

赵向阳老师要出书啦，我为他高兴，也有点叹息和惆怅。我曾在两年前读过他的一篇长文《大变局下的中国管理：从以英美为师，转向与德日同行》，读得颇为兴奋，既把它转给一些决策圈人士、一些企业家和"正和岛"的编辑，同时转到了我的微信朋友圈，引起了不小的反响。有些相当有话语权的智库专家和有些相当有影响力的企业家问询于我：赵向阳，何方神圣？有位知名度颇高的大佬与我电话交流说，我们当下欠缺这样有见地的思考，官员和企业家们都应该好好研读下这篇文章。

于是乎，我和向阳老师进行了高频度的交流，我强烈建议他到德日做半年几个月的深度考察，同时广览关于德日历史、文化、制度、企业等诸方面的文献和素材，写一本扎扎实实论德日管理的著作。我们当下需要有这样一块针对性强的"他山之石"——德日之石。用一位学者型官员的说法：改革开放 40 年后的中国社会和中国企业，需要转换一下视角，需要重新审视一下我们对标学习的对象。过往几十年我们更多向美国学习并没有错，但也许我们学到的只是皮毛，比如经济发展模式的过度资本化和虚拟化，导致实体经济尤其是制造业不进反退等。

赵向阳老师认同了我的建议，很热烈地认同了，但可惜的是迟迟未见行动。我至今仍觉遗憾。

我认识向阳老师七八年了，我们俩时常在微信上"打架"。我自恃长他几岁，又加之有"好为人师"的臭毛病，再加之在观念问题上时常表现出"自以为是"，因此，我总是劈头盖脸地批一通赵老师，赵老师也是一阵架枪抡炮式的对抗。有时候双方都觉得挺窝火，但更多的还是互相激荡思维火花，挺过瘾的。

我们是思想诤友，也是书友。他每每推荐好书于我，我总是马上下单，拿到书后即刻阅读。我荐书给他，他似乎也是即刻下单，读没读我就不知道了。我曾建议他，作为一位管理学者，应该对照着读《国富论》《资本论（第一卷）》《物种起源》，我觉着这是溯源西方管理思想底层逻辑的经典巨著，而且我特别推崇这几位殿堂级大师做学问的严谨态度、文风的哲理性与诗化风格，特别值得中国学人借鉴。此外，还要对照着读《圣经》，这是理解西方思维逻辑的经典著作。赵老师似乎都还认可我的看法。

另外，我必须说，赵老师是位广谱型学者，他的大脑雷达扫描范围之广、思想的穿透力之犀利乃至尖锐，都是我所欣赏的，但我对他也稍有微词："你读书为何不做笔记呢？尽管你的记忆力与结构能力很强……"

赵向阳老师的这本书虽然是一本文章集锦，不是我所期待的一本专注研究德日管理的专著，但平心而言，此书的分量并不弱。所谓"集锦"者，多篇皆是独具思考的管理学方面的"锦绣文章"——我这里说"锦绣"主要还是认为，他的文章都是切中我们时下最痛点的一些国家和企业层面的管理问题而发论，视角相对独特，观点切中时弊，文字跳跃而不"八股"，能带给读者一些阅读快感和启发。

本书收录了三篇关于华为的评述性文章。说心里话，某些观点我并不认同，但我欣赏这种"赵氏风格"：直抒己见，或褒或贬，既犀利又独到。"言必有据"而非"信笔妄断"。据我所悉，赵老师在写每一篇文章时，都做了非常扎实的资料收集、信息检索和系统阅读，"用几十万字以上的素材支撑了一两万字的架构和结论"，这既显现出一个独立学者的学术品格，也使他关于华为的研究文章独具价值。

我极少在朋友圈转发社科类包括管理类文章（也包括我自己的文章），但我转发过赵向阳几篇大作，并获得诸多圈友点赞，这仍然是因为，我欣赏他的文章的"分量"：言而有物，言有独见，没什么废话，且直击本质。

我在转发向阳老师大作于朋友圈时，有学界熟悉他的朋友私信我："他很有才华，但有点偏执。"我倒不这么看，我恰恰不担心他偏执，我担心他不偏执。因为他对各种国际国内时政和社会热点的过分关注，包括对股市走向的关注，因为他对管理学诸多领域的涉足，也因为他还没有品味到孤独与寂寞的无穷乐趣，他总时不时地在朋友圈冒泡，斩钉截铁地指点天下事，思维大开花，我常常以老哥的身份吼他几声："聚焦吧老弟！深挖一口井，一口井！"他回应得很好，却从不回头，至少到今天仍如此。才华浪费啊！

拉拉杂杂，全是从心底溢出来的话，相信赵老师能够理解。

推荐序三

率性为人，醒世为文

陈明哲

（弗吉尼亚大学达顿商学院讲席教授，国际管理学会终身院士、前主席）

我与赵向阳教授相识于几年前由我发起的中国管理学者交流营年会。一直以来，我对向阳最深刻的印象，不在于他横跨自然科学与社会科学的学术素养，不在于他出身北大、师承名门又负笈海外的精英履历，甚至不在于他不随波逐流的独立思考与洞见，而是他在任何场合与任何人交谈，都能毫无避讳地分享自己真诚而独特的见解。依我所见，"任其性命之情"（《庄子·外篇·骈拇》），随性任情，即是向阳"一以贯之"的精神。

向阳这种"随性任情"的个人风格，在《大变局下的中国管理》中体现得淋漓尽致。书中收录的每篇文章，皆是他在国内外大环境以及个人周围小环境下的直抒胸臆，展现乘兴为文、不拘小节的"向阳气势"；甚至有些篇章，完全是向阳为其他目的，例如为准备演讲梳理思路的偶然所得，不拘于固定的文体与格式，也不受缚于外界所限的话题和要求。"其文如其为人"（宋·苏轼《答张文潜县丞书》），在一些略显粗糙的用字遣词中，恰可见他不肯从众的个人意志与毫不掩饰的真情表达。

《大变局下的中国管理》的第二个特色是"跨界驰骋"。作者长期从事企业管理教学、研究与社会服务的相关工作，而这本书在话题的范围上，已经远超管理学或者企业管理范畴，其间更多涉及的是国际政治与国际关系、公共管理、教育管理、国家治理乃至中国社会等方方面面的热点议题，信手引用的内容更是包罗政治经济学、心理学、哲学乃至物理学等，一如许多人对向阳博学多闻的印象。鉴于作者个人的专业和学科背景，这本书的一些观点和分析也许不能满足与达到相关领域学科的范式和要求，甚或带有一定主观性和个人色彩，但也正因作者的旁征博引以及他独树一帜的个人风格，让这本书有了触类旁通式的参考意义，在一定程度上，也为相关国计民生的重点议题，提供些许来自一位管理学者视角的新启示。

通读《大变局下的中国管理》一书，读者能够体会到作者"经世致用，醒世为文"的情怀。当前无论国内还是国外，东方或者西方，管理学教师与研究者都面临愈发繁重的考核与评价体系。能够涉猎自身"分外的"众多领域，并能融会贯通、学以致用，对于像本书作者这样执教于著名高校的管理学教师而言，实属不易。令人欣慰的是，书中展现了如何将广泛知识应用于解释与剖析国内外多层次的实际问题。这种"即知即行"与"经世致用"的求知与为学导向，就我所见，隐然浮现出数千年来传统中国文人的精神和理念，更能够为当代理论与实务分立、教育与社会隔阂等问题提供一个颇具启发性的范本。

深入作者的思想世界，更可见其无所顾忌，不迎合世俗，满腔的"醒世恒言"。书中作者对国内外政治以及社会问题的分析，既不一味附和主流，也不刻意标新立异，而是秉持一种拒绝盲从、强调亲身感悟与体验的质疑精神，即便这种带有个人经验主义色彩的求证未必经得起科学与事实的检验。《大变局下的中国管理》作为向阳"醒世为文"的得意之作，在当今这个议题层出的大变局时代，相较出于各种原因而未必表达真实看法，以及随波逐流、缺乏主见、附和大多数或表面声音的许多读书人的作品，其对于中国社会与文化最为重要的一个启发在于：一位具有独立思想和自由精神的知识分子，应当如何担负起自身本应承担的最为根本的社会责任，了解并展现"士不可以不弘毅，任重而道远"(《论语·泰伯》)，"言为世法，动为世表"(明·张尔岐《辨志》)的传统士君子信念。

随性任情，跨界驰骋；经世致用，醒世为文。总而言之，赵向阳教授所著的《大变局下的中国管理》，不仅能带给读者耳目一新的时局洞见，也可生动呈现作者的为学为人。最为可贵的是，这本书有助于读者从根本上思考在大变局时代个人的责任、定位与使命。

推荐序四

做一个坚持讲真话的人

王方华

（上海交通大学安泰经济与管理学院前任院长，"中国管理50人论坛"发起人之一）

向阳告诉我，他的一本书要出版了，希望我写一篇推荐序。

他说，这是他正式出版的第一本书，请了几位老师和朋友作序，都是一些对他比较了解、熟悉他的为人的人。他还说，如果没有我发起的"中国管理50人论坛"，就没有《大变局下的中国管理：从以英美为师，转向与德日同行》这篇爆红的文章，更不会有这本书。话说到这个份上，我就很爽快地答应了，提笔说几句。

向阳写的东西，我很喜欢看。倒不是说他写得有多好多深刻，而是他写得很真很实在。现在市面上的书很多，文章很多，不少文章和书的标题非常吸引人，甚至触目惊心。可是打开来读一下，完全不是那么回事，标题党比比皆是。时间久了，就懒得去读这类假冒伪劣的东西，也不会去争去辩，避开就是了。

向阳不是，他很真，讲的都是真话。

我们"中国管理50人论坛"坚持的第一条原则就是：讲真话，不讲假话、大话、套话。在2019年9月的"'中国管理50人论坛'2019（下）"上，他自己要求不用电脑，不用投影，不用讲稿，脱口演讲30分钟（论坛规定每个人的演讲时间是20分钟，10分钟回答问题）。作为发起人兼主持人，我答应了。我想看看这个年轻人在满席学术大咖面前怎么表述自己的观点。因为我们有规定，所有的发言与会者可以随时打断、质疑、提问。

那天向阳的腿受伤了，带着护具，拄了一根拐杖，坐在台中央给大家讲了七个故事，以此来进一步阐述他在《大变局下的中国管理：从以英美为师，转向与德日同行》中的观点。记得在演讲过程中，有三次被打断、被质疑，他都很认真地回答和解释，很清晰、很准确地表达了自己的观点。

后来，在这次演讲的基础上，他又认真做了修改，在"正和岛"公众号发了出来，这篇文章很红，阅读量几十万，荣登"正和岛""每日前三"第一名。这件事让我相信，在当今浮躁的学术界，讲真话的人还是有市场的，是受欢迎的，是会受到尊重的，讲真话是应该得到广泛尊重的。

讲真话很难。因为讲真话的人，不仅要有勇气、有胆略，而且需要有广博的知识，有深刻的洞察力，只有这样才能讲得出真正的"真话"，而不是肤浅的"真话"。向阳的经历很广，涉及的专业很多，书看得很多、很杂、很勤、很泛，知识面很宽。他常常喜欢发表与众不同、标新立异的观点，特别不喜欢人云亦云。有时他宁可不说，也绝不说违心的话，说拍马屁的话。他的这个性格我很喜欢，所以和他也比较谈得来。

向阳的这本书收录了他写的十几篇文章，看似比较杂，涉及面很宽，但是用他的话来说，采用了一种"珍珠项链模式"。是的，很多时候一些闪光的想法，是发自内心的、厚积薄发的、深思熟虑的。可是它们散落在各处，像珍珠一样，很珍贵，很难得，但因为没有成串，也就不那么值钱。有一天，一个机遇降临，向阳心血来潮，把它们一颗颗捡起来，抹去上面的尘土，剔掉一些不够光滑的珍珠，把剩下的珍珠串起来，给识货的人看，给喜欢的人看，给想要挑战它们的人看，给若干年后想了解这段历史的人看。我感到这个模式很好，至少对于想讲真话的人很好。

这就是我推荐这本书的理由，是为序。

自序

做学问的一种另类模式：珍珠项链模式

2020年9月9日，中国人民大学出版社的编辑李文重先生在微信里建议我把近几年所写的一些面向企业家群体和社会大众的文章编辑成一本书，书名是《大变局下的中国管理》。

我对这个提议的第一反应是，我从来没有申请过科研基金，让我自掏腰包出版这本书是不可能的。我的第二反应是，这些文章有那么重要吗？值得编辑成一本书正式出版吗？我的第三反应是，《大变局下的中国管理》，好家伙，这么大的一个标题！这些零零散散的文章配得上这么宏大的标题吗？会不会显得头大肚子小，名不副实呢？我是最不愿意干这种沽名钓誉的事情的。李文重先生告诉我，"不仅不需要您来支付出版费用，我们还愿意给您付稿酬"。OK，天下还有这等好事？那么，我们可以继续探讨其他问题了。

随后的几天，我把我近几年写的大约40篇文章整理在一起，按照主题进行了分类。我突然发现，这些文章还真的是围绕"大变局下的中国管理"这个主题进行讨论和反思的。只不过，它们就像是散落一地的珍珠，现在需要的是找一根丝线，把它们串成一条珍珠项链。看来"当局者迷，旁观者清"，感谢李文重先生慧眼识珠，于是就有了我人生中的第一本书（我以前不辞劳苦地翻译过多本专著，在中国的大学评价体系内，那根本不算什么，都是为他人作嫁衣），这也算是送给自己50岁的一个礼物吧！

在编辑这本书的过程中，为了让本书的主题更加聚焦，所有章节紧密相关、一气呵成，我只选择了其中 19 篇文章。我不希望这本书太厚，过于学术化。我希望读者能花一两天时间把这本书读完，多多少少获得一些启发。对于这一点，我还是很有信心的。

按照逻辑关系，这些文章被编辑成五个部分。第一部分"大变局下的中国管理"，其中包括 2019 年 9 月初我所写的两篇文章——《大变局下的中国管理：从以英美为师，转向与德日同行》（简称《转向》，在网络上引起巨大反响，全网阅读量达到 200 万）和《关于〈转向〉的七个小故事》。随后我收录了中国人民大学商学院杨杜教授和浙江大学陈凌教授所写的两篇对话文章，让这个部分显得更加丰满。第一部分相当于全书的总体立论，把我关于中国企业未来应该走向何方的基本观点鲜明地提了出来。接下来的第二部分"国家关系"、第三部分"企业应对"和第四部分"自我管理"是对以上观点的充分展开。其中的文章内容围绕全球化、科技剧变、VUCA 时代的不确定性、信息茧房、新冠肺炎疫情下企业生存和转型升级等关键词展开，从国家关系逐渐过渡到企业经营，最后落脚到个人能力提升，内容上层层递进。

最后，我选择了三篇关于华为的文章作为第五部分"向华为学习"，既是为中国企业树立一个学习的榜样，也是为了在逻辑上进一步强化，前后呼应。我记得在发表《转向》一文之后，经济学家向松祚教授在给华为公司高级顾问田涛先生的私信中评价说，"赵向阳老师这篇文章中的基本观点不就是华为一直在践行的吗？这也正是您和任总的思想内容之一。中国不能学华尔街，搞脱实向虚，已经搞过头了"。我和田涛老师开玩笑说，"看来这么多年，我被您和任总洗脑了，我得想想其中有没有问题"。田涛老师说，"还是你自己水平高"。其实我自己最清楚，华为和田涛老师对我的基本理论观点有长期且潜移默化的影响，而且这种影响是巨大的。

收入本书的每篇文章的具体内容我就不再赘述了，敏感的读者看一眼标题就能明白其中的主题和背后的逻辑。为了不放"马后炮"，不自我粉饰，我最大限度地保留了这些文章发表时的原样，包括事实和逻辑，但是对部分文字进行了润色，使它们更加严谨和精致。我在每篇文章前加了一段说明，介绍发表时的前因和后果。

在写作这些文章的过程中，我充满激情，乐在其中，一气呵成。文章发表之初，我也很有成就感，乐于分享，勇于辩论。但是，时过境迁，作为一个喜欢不断挑战自己、否定自己，不喜欢讲车轱辘话的人，我深知自己当下的思想观点和认知水平比这些文章发表之初改变了许多，深化了不少。但是，很遗憾，发表和出版有一个过程，文章浅陋之处还请读者多多包涵，欢迎发电子邮件批评指正（xiangyang.zhao @bnu.edu.cn）。

熟悉我的人都知道，我是一个比较散淡的人。虽然热爱读书，但是不爱写文章。总觉得世界上还有那么多好书我都没有读过，干吗要浪费时间去写书呢？纯粹是"为赋新词强说愁"，所以，收入本书的这些文章大多是别人约稿的，甚至是推却多次之后才勉强动笔的。

问题是，我一旦动笔，就洋洋洒洒停也停不下来，非要一吐为快才行。所以，每篇文章都很长，超过了公众号上那些三五千字爆款文章的篇幅。我甚至有过10天之内写一本书的极端经历。在动笔之初本来只打算写三五页，但写着写着，欲罢不能，最后写成一本150页9万多字的小书（《阿尔泰山一瞥》），那才是我的得意之作。不过，因为多种原因，无法正式出版，所以在本书中收录了其中的两三章节，以飨读者。

我发现这个世界上大多数成功人士走的都是一种T型道路。先在某个领域钻研很深，然后一通百通，不断复制，横向拓展，由深度到高度，再到广度，终成大家。而我则是一个自由散漫、信马由缰的人，最后活成了一个杂家。

回顾我的求学经历和工作经历，从理论物理到科学哲学、科学史，再到实验心理学、创业管理，最后甚至涉猎社会学、政治哲学等领域。

从在索尼、三星公司做市场营销和销售,到两次开公司创业,最后变成商学院的老师,甚至自己拍摄纪录片,从事公益活动等。这么多年,我顺乎自己的心,走到哪儿算哪儿。孤独寂寞的时候就用古人的话来安慰自己,"天命之谓性,率性之谓道,修道之谓教"(《中庸》)。在这个浮躁的社会里,我走的是一条更为崎岖和艰辛的小路,大部分人不会涉足,所以,以世俗的标准来评价,我从来不是一个成功人士。

我也不知道这条路会把我带到什么地方,但是,每隔五六年,每当我进入一个全新的知识领域的时候,沿途盛开的知识之花总是让我乐不思蜀,迷途而不知返。我越来越意识到,历史上那些已经绝迹的博物学者才是我的学术榜样。我心目中的知识英雄是百年前那些巨人,比如,社会学家马克斯·韦伯,物理学家彭加莱,数学家阿尔伯特,管理学家德鲁克,天才发明家特斯拉,《枪炮、病菌与钢铁》的作者戴蒙德也算一个。

2016年7月,应某学术刊物的邀请,我写了一篇文章——《镜子与火把:对陈明哲教授〈学术创业〉一文的评论》。在这篇文章中,我第一次试图为自己的人生道路进行辩护,并赋予它某种完整的意义和模式。我写道:

> 除了陈明哲教授这种"精一"模式以外,人生也有其他的可能性,哪怕是简单地想象一下其他可能的世界和可能的生活,也可以让人的内心保持自由。反思自己走过的学术道路,我冒昧地提出一个新模式,那就是将不同领域联系起来打通,形成一个整体,最后一下子点亮人生。我称这种模式为"珍珠项链模式"。也就是在你的人生中已经有了一些闪光的但是散落一地的珍珠,你需要找到一根丝线把它们串起来,形成美丽的珍珠项链。

这本《大变局下的中国管理》就是我呈现给大家的一条珍珠项链,希望大家喜欢。

最后,我要衷心感谢许多师友的帮助。在写作这些文章的过程中,我得到了他们的反馈和建议，对于文章质量的提升有很大帮助。他们是田涛、韩巍、王方华、陈明哲、陈为、秦朔、陈春花、杨杜、陈凌、马宏伟、曲宁、龚江辉、明海大和尚、我的太太王霁女士、李海、张勉、赵英军、刘刚、汪戎、曾宪聚、孙黎、岳占仁、宋劲松、刘文瑞、于天罡、魏立群、王云峰、宋瑞卿、朱恒源、程兆谦、邢树坤等。也要衷心感谢中国人民大学出版社的编辑李文重、魏文和张颖，他们不厌其烦地与我沟通，精益求精地打磨本书，没有他们就没有这本书。

尤其要感谢上海大学管理学院在读博士吕乐娣同学，她在 2021 年春节期间通读了本书的初稿，写了很长的电子邮件，指出修辞方面的一些问题，并写了自己的读后感。我认为她的读后感道出了我的内心话，于我心有戚戚焉，所以，我坚持要求出版社把这段话印在封底，也算是特立独行的我在出书这件"俗事"上，又一次践行我一贯的风格和原则吧！

是为序。

赵向阳

目录 · CONTENTS

第一部分
大变局下的中国管理

1　从以英美为师，转向与德日同行 / 3
2　关于《转向》的七个小故事 / 28
3　中国企业和中国管理向何处去？——杨杜教授评《转向》一文 / 42
4　企业管理模式的比较、借鉴和探索——陈凌教授评《转向》一文 / 54

第二部分
国家关系

1　今日的美国，真的病了吗？（上篇） / 65
2　今日的美国，真的病了吗？（下篇）：与文晶女士对谈录 / 79

3 疫情过后，中日企业的同参共进，准备好了吗？ / 87
4 解码以色列创新创业的基因 / 103
5 "一带一路"上的国门和企业国际化 / 124

第三部分
企业应对

1 疫情之下，中小企业不要过度恐慌！ / 161
2 VUCA 时代，公司内部创业的反脆弱四原则 / 171
3 是时候，应该理性地反思一下创业了！ / 181

第四部分
自我管理

1 我们的彷徨：如何引进和培养国际化人才？ / 203
2 全球化时代，如何提高跨文化沟通能力？ / 214
3 微信时代的时间管理：由道及术 / 223
4 谣言满天飞的时代，如何防止被反复打脸？ / 241

第五部分
向华为学习

1 任正非和田涛：一对"捣糨糊"的大师 / 263
2 华为为何将星云集、英雄辈出？ / 279
3 解读华为 2019 年的媒体公关"上甘岭" / 293

PART 1

第一部分
大变局下的中国管理

1

从以英美为师，转向与德日同行

这篇文章是2019年9月应邀在"'中国管理50人论坛'（2019）（下）"（兰州大学管理学院）上发表的主题演讲。但是，因为主题过于宏大，资料庞杂，所以我放弃了准备PPT的通常做法，而是直接动手写了一篇文章，以廓清自己的思路。

为了节省时间，提高开会效率，我希望参会者事先了解我的观点，然后现场直接讨论，所以我就把这篇文章发表在了我所创办的"本土管理研究"公众号上（2019年9月17日）。

令人意想不到的是，华为公司高级顾问田涛先生对这篇文章非常认可。在转发到朋友圈时，他评价，"这是一篇近年少见的极有见地的管理学研究文章，对当下的中国企业管理、国家经济管理有重要启示意义"。恰逢中国最大的企业家平台"正和岛"推出了一个"每日前三"的打榜活动，在我毫不知情的情况下，田涛先生把这篇文章推荐到了"正和岛"APP里，并且在2019年9月18日荣登榜首。

事后，根据中国领先的舆情大数据分析公司智慧星光所提供的数据，这篇文章在短短一周内，有超过360家媒体和自媒体转载，全网阅读量达到200万。用很多朋友的话来说，"这篇文章彻底刷屏了"。从私人管道获得的信息来看，上至部长、院士，下到企业家群体和普罗大众，都对这篇文章表现出很高的认同。

本篇文章在收入本书之际，我对少量文字进行了修改润色，但是，没有改动任何事实、逻辑和结构，以求准确反映在那个时间点上我对该问题的看法。这篇文章发表之后，我一直打算写一本书，深入探讨德日模式的深层逻辑。我认为这篇文章基本上是在经济管理的浅层次上讨论问题，我希望未来更加深入到德日的文化逻辑、制度逻辑、政治逻辑和产业逻辑，探讨这些深层逻辑是如何演化出当下的经济管理逻辑的。基本的理论框架结构我已经搭建了起来，我也进行了大量的文献资料阅读，但是，因为2020年不期而至的新冠肺炎疫情，全球旅行基本冻结，我无法去日本和德国收集一手的现场资料，所以此书的写作只能暂缓。

此外，还要说明一点，日本政府的各种错误行为受到包括日本人民在内的全世界人民强烈谴责，但我们不能因为日本政府的错误行为就否定日本企业的卓越成就，日本企业依然有很多值得学习和思考的地方。

为什么由我来讲这个主题？

我从来不做单纯的从文献到文献的研究，我要求自己的每一个研究必须扎根在自己的生命体验之中。

1993 年大学毕业不久，我在索尼公司工作了两年。1996 年 6 月，当我辞职时，日方经理极力挽留我，请我在亮马河大厦的萨拉伯尔餐厅吃韩国烧烤。席间，他诚恳地对我说，"赵向阳，我觉得你像一个日本人"。

2002—2005 年，我又花了不到三年的时间，在德国拿到博士学位。我的导师迈克尔·弗雷泽（Michael Frese）教授和德国同事经常开玩笑地叫我"German Zhao"。

所以，多多少少，我对这两个国家有一些具体感性的认知，我比较认同他们的某些文化和价值观。

我们从英美所学到的经验和教训，以及转型的必要性

新中国成立七十年的历史，到目前为止可以简单地分为两个阶段：1949—1978 年，我们以苏联为师，实行计划经济，国营企业一统天下，奠定了基本的工业基础，但是，人民生活水平落后。1979—2018 年，我们基本上以英美为师，全面学习和建立市场经济，"科学技术是第一生产力"，在引进消化吸收外国一切先进技术的基础上，我国建立了全世界门类最全的工业体系，成为"世界工厂"。在这个过程中，我们同时也学会了创新，建立起了对知识产权的尊重和保护。

但是，在过去二十年里，尤其是 2008 年之后，四万亿刺激经济计划出台之后，中国逐渐走上了与美国类似的道路，经济上脱实入虚，主要依靠房地产、金融业、互联网和服务业等实现发展。制造业在赚快钱、赚轻松钱、一切向钱看的压力下，日益变成非常艰苦的行业。

近几年，国家重提振兴制造业，非常及时和英明，为时不晚。在美国出现的二十年的产业断代现象（请参考曹德旺先生 2019 年 9 月 15 日在 CCTV《对话》中的话），在中国还没有大面积出现。

英美模式最大的弊端是什么呢？就是政府-企业-社会非常不平衡，社会贫富分化过于严重。特别是美国的大科技公司和大金融公司利用技术和金钱的结盟，几乎绑架了社会的发展。它们枉顾金字塔底部 50% 的人的利益（见图 1），把制造业外包到全球成本最低的地方（这对于发展中国家来说当然是一大福音），造成了国内制造业的空心化，使得中产阶层收入停滞、底层失业率飙升，白人的自杀率飙升到很高的水平，社会族群和民意撕裂，造成了类似特朗普这样的人上台，这也是中美贸易战的大背景。

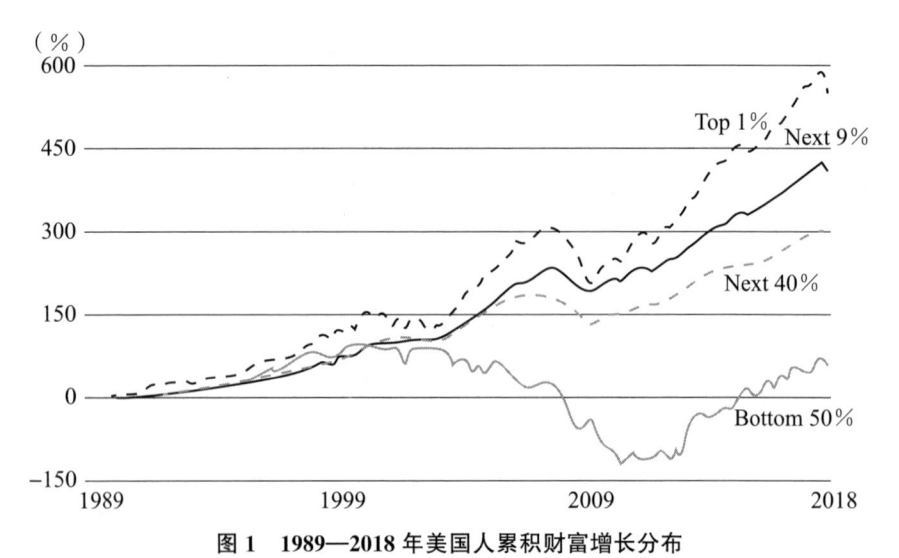

图 1　1989—2018 年美国人累积财富增长分布

注：Top 10% 的人的收入增长极其迅速，Bottom 50% 的人的收入有显著下降。

著名管理学家明茨伯格认为,"1989 年当东欧的共产主义政权开始崩溃时,西方的政论家开始宣告:'资本主义已经胜利!'其实他们错了,大错特错。相对来讲,其实是'平衡'在 1989 年取得胜利。当东欧国家过于将权力集中于公共部门,而严重偏离平衡的时候,西方一些成功的国家却在公共、私营和社群之间维持了足够的平衡。但是,现在这些国家也不受限制地滑向了'非平衡'"[1]。特别是美国,1989 年之后,已经从市场经济国家变成了一个公司化的世界。

不仅宏观的"公共-企业-社会领域"大三角发生倾斜,而且微观的企业经营中的核心利益相关者小三角"股东-客户-员工"之间的关系也发生了严重失调。从 1997 年开始,美国公司把新自由主义经济学家弗里德曼的"股东利益至上"奉为金科玉律,造成了股东和经理层与员工和工会之间严重的对立和撕裂。

2018 年中美贸易战开始之后,西方的工商企业界开始了集体反思和觉醒。最典型的风向标就是 2019 年 8 月 19 日,由 181 名首席执行官或者相关负责人参加的"美国企业家圆桌会议"(见图 2)发出了全新的声明,并历史性地将企业的宗旨重新定义为"为客户提供价值,投资员工,为股东创造长期价值,服务于所有的美国人"。但是,利益捆绑和路径依赖,必然使得再平衡之路困难重重。

图 2 美国商业领袖圆桌论坛

---

[1] 亨利·明茨伯格. 社会再平衡. 北京:东方出版社,2015.

在此情境下，我们越来越看清楚，因为政治制度、国家文化、发展阶段、发展路径等之间的巨大差异，英美模式越来越不适合作为中国学习的"好榜样"。而以强大的制造业为基础，社会发展更加平衡的德日才应该是中国的好同伴。在接下来的三十年里，我们应该坚定地转向与德日同行，早日实现中华民族的伟大复兴，成为与美国并驾齐驱的强国。

为什么要转向与德日同行？首先需要从逻辑上证明这一点。简单地讲，是因为中国和德日之间有更多的相似性，这种相似性使得学习和借鉴更容易获得成功（具体的相似性，请参考下面的详细论述）。为什么相似性能从大概率上保证变革成功，而非相似性就不能呢？研究跨文化管理的人都知道，文化价值观就像一个正态分布，一个社会或者组织的主流文化价值观分布在正态分布的一个标准差之内（见图3）。而当引入一种异质的新文化，希望引发某种社会变革或者组织变革时，如果新引入的文化与传统文化在某种程度上是匹配的，也即落在正态分布的主体范围内，一般来说，变革会比较顺利，效果会比较好。而当新引入的文化与传统文化不匹配时，又可能有两种情况发生：一是产生严重冲突，变革陷入困境甚至倒退（正态分布的左边）；二是变革一开始产生了比较严重的冲突，但逐渐吸收了两者的优势，很快形成了一种复合型的新文化，最后变革成功，产生了超乎寻常的好结果（正态分布的右边）。

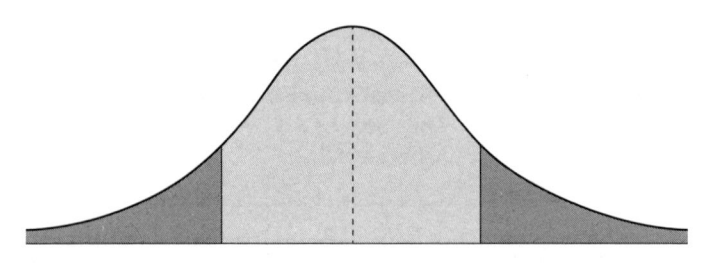

图3　新文化与旧文化之间的匹配关系影响变革效果

全盘照搬英美模式，在中国绝无可能，而借鉴德日模式，则有很大的想象空间。通过借鉴德日模式中的某些优点，最后找到具有中国特色的社会主义发展道路，我认为这是一个无法绕过去的历史阶段。

德国和日本的历史相似性

德国和日本这两个国家之间存在许多惊人的历史相似性。相比西班牙、葡萄牙、荷兰、法国和英国等，德国、日本，和中国一样都属于后发国家。

1871 年，普法战争结束，德国统一，德意志帝国在法国的凡尔赛宫诞生。在此之前，今日德国这片土地上有神圣罗马帝国 300 多个邦联，一盘散沙。诗人歌德曾经苦苦地追问，"德意志，你在哪里？"

由于德国位于中欧走廊，所以这片土地上经常是大英帝国、沙皇俄国、法兰西帝国和奥匈帝国交战的地方。德国人对统一的渴望，一直是 18 和 19 世纪德国历史中最重大的主旋律之一。

1853 年，美国海军将领马修·佩里带领四艘黑船抵达日本横滨，以炮舰相逼日本开国通商，签订了《日美亲善条约》，史称"黑船事件"。十年之后，闭关锁国的幕府时代结束。1868 年明治维新开始，日本走上了变法图强之路。

特别值得一提的是，1871 年，日本派出了规格非常高的岩仓使节团，100 多个政府高官周游世界列国一年多时间，考察西方发达国家的崛起之路，为日本寻找国富民强的良药。当他们来到刚刚统一的德国时，发现德国工商业非常繁荣，因此，认定自己找到了后发国家强大起来的秘密，那就是依靠国家的力量来发展工商业，而不是依靠亚当·斯密所推崇的"看不见的手"。

所以，不同于英美所代表的自由市场经济，德国和日本一开始就选择了一条不同于英美的发展模式，它们特别强调政府和国家的作用，特别强调秩序自由（注意这个词，秩序自由！）、规划、合作、共识、妥协、团结等。德国哲学家哈贝马斯对沟通理性的强调，不是因为单纯的哲学思辨，而是深深地扎根在德国的社会实践之中。

德国把从俾斯麦以来的发展模式叫作"社会市场经济"（social market）、"社团主义市场经济"等（是不是挺类似"社会主义市场经济"？事实上，相比英美模式，德国的发展模式强调经济活动的社会导向和政府调控），虽然这个发展模式在100多年的历史里几经调整，尤其是在第三帝国时期曾被中断，但是，总体上来说，一直延续到现在。①

而在日本，官员（包括自民党、民进党等）-政府机构（公务员）-财经界（包括工会）构成一个相当稳定的"铁三角"，这被认为是日本成功的重要秘密。② 所以，大可不必对中国特色社会主义心存疑虑。既然资本主义有多重模式，中国就应该有道路自信和制度自信。

研究历史，必须持有同情式理解的态度，才能真正深入到古人的心里去了解历史事件的因果关系。几乎是出于同样的历史原因，19世纪末的世界留给这两个后发国家没有多少殖民地了，所以它们选择了战争，希望从当时的守成大国那里抢得一杯羹，这就是当时西方列强中盛行的"普世的强权逻辑"，也就造成了所谓的"修昔底德陷阱"③，因此有了后来的日俄战争、第一次世界大战、第二次世界大战、日本侵华战争和太平洋战争等。1945年，这两个国家都因为战争变成了断垣残壁，经济和社会完全崩溃，通货膨胀高企。

但是，奇迹般地，经过三十年的休养生息和专心发展，到了20世

---

① 维尔纳·阿贝尔斯豪塞. 德国战后经济史. 北京：中国社会科学出版社，2018.
② 石原享一. 战后日本经济的成败启示. 北京：世界图书出版公司，2018.
③ 格雷厄姆·艾利森. 注定一战：中美能避免修昔底德陷阱吗?. 上海：上海人民出版社，2019.

纪 80 年代，日本和德国又成了世界大国，GDP 分别高居世界第二和第三。尤其是日本的经营管理模式对美国公司造成巨大影响，成为欧美管理学教科书里唯一对英美管理模式构成挑战的新知识和新方法。事实上，日本的很多管理模式，包括全面质量管理和团队合作，都来自美国。①

"花无百日红"，很不幸，自 20 世纪 90 年代开始，这两个国家几乎同时陷入了长期的衰退和停滞之中。德国是因为两德统一所带来的巨大负担和整合困难，日本则是因为股市和房地产的泡沫经济破灭。除此之外，导致德日在 20 世纪 90 年代陷入衰退的原因还有全球化大背景下中国和印度等发展中国家开始了市场化改革，廉价劳动力和巨大的市场吸引跨国公司和产业外包。

1999 年，《经济学人》发文把德国称为 "The sick man of Europe"（欧洲病夫），日本人则忧伤地感叹 "失去的二十年"②。

因此，德国和日本几乎完全错过了 20 世纪 90 年代起从美国发端的第三次工业革命，也即信息技术革命。所以，在互联网领域，今天美国有 FAANG（Facebook，Apple，Amazon，Netflix，Google）等，而中国有华为、BAT、京东、美团、拼多多、小米、今日头条等。但是，德国和日本在互联网领域几乎没有任何特别著名的大公司。先是美国，后是中国，成为第三次工业革命和全球化浪潮的最大赢家。

令人惊奇的是，从 2008 年前后开始，也就是当美国深陷金融危机的时候，德国和日本缓慢地复苏了。它们在这个动荡的全球化时代，依靠自己的高端工业制造，展现出惊人的韧性，在诸多领域如新能源、新材料、生命科学、精密加工等领先世界。③

举几个例子加以佐证。华为高端手机 P30 Pro 里有 53.2% 的零部

---

① 石原享一. 战后日本经济的成败启示. 北京：世界图书出版公司，2018.
② 池田信夫. 失去的二十年：日本经济长期停滞的真正原因. 北京：机械工业出版社，2009.
③ 戴维·奥德兹，埃里克·莱曼. 德国的七个秘密. 北京：中信出版社，2018.

件来自日本；而美国设计的波音 787 客机基本上是准日本制造；今天的丰田公司不仅仅是全世界最大、效益最高的汽车厂商（2018 年的利润为 225 亿美元，相当于中国五大汽车制造厂家利润总和 137 亿美元的近两倍），而且成功地转型为氢能源制造商和服务商。

谈到德国，以前的印象是一个相当保守的国家，创业活跃率很低（请参考 Global Entrepreneurship Monitor，全球创业观察的历史数据）。但曾经"贫穷而性感"的柏林（前柏林市长语），现在已经变成创业和创新的热土，吸引了来自全球各地的创意人士和企业。更不要提德国在精密机床和豪华汽车方面的出口，德国制造和日本制造在全世界享有很高的品牌溢价。

特别是，截至目前，只有德国、日本、中国和美国提出了要抢占第四次工业革命的浪潮。2013 年 4 月，德国率先提出"工业 4.0 战略"；2019 年 2 月，德国正式发布《国家工业战略 2030》；2016 年 12 月，日本发布工业价值链参考框架 IVRA（Industrial Value Chain Reference Architecture）；2015 年 5 月，中国政府提出《中国制造 2025》；2018 年 10 月，姗姗来迟的美国提出了《美国先进制造领先战略》。错过了第三次工业革命浪潮的德国和日本，决心发挥自己的优势，不再错过第四次工业革命。

中国与德日之间的相似性使得学习和借鉴成为可能

新加坡国立大学李光耀公共政策学院院长马凯硕（Kishore Mahbubani）认为，1972 年尼克松访华后，"美国改变了中国"。这种观点虽然非常偏激，但是在过去的四十年里，中国的确从英美学到了很多。

仅举一个例子，从 1978 年改革开放以来，截止到 2019 年，中国大约有 500 万人留学海外，350 万左右学成回国，其中 70% 都曾留学英美，而其他 30% 分别留学其他 12 个发达国家或地区，包括加拿大、澳大利亚、德国、日本、法国、意大利、荷兰、瑞典、瑞士、西班牙、新加坡、中国香港等。类似我这样留学德国或者日本的人，从来不是主流。

这就导致我们对英美发展模式了解很多，一窝蜂地复制粘贴英美模式，包括把美国人搞的那一套管理研究的实证方法全套照搬到中国来，根本不管是否真的有用。而对德国和日本的发展模式，我们了解相对少得多。

从学者、官员到企业家，我们大多数人的灵魂深处都非常迷信亚当·斯密所强调的"看不见的手"，而对"看得见的手"则是采用一种实用主义、功利主义的态度，能用就用，大用特用；如果自己不能用，就在道义和修辞上大加鞭挞。中国人的灵魂和肉体完全割裂，并没有在文化心理上深刻认同在某种情况下那只"看得见的手"的合理性和合法性，以及在某些极端情况下，那只"看不见的手"不仅看不见，而且可能就不存在的事实。[1]

事实上，因为巨大的制度差异、文化差异（例如，个人主义和集体主义）、发展阶段和历史发展路径不同，英美不是中国学习的最好榜样，德国和日本才是。中国与德国和日本在文化和制度方面的巨大相似性，使得这种学习和借鉴成为可能。其中的逻辑前面已经简单说明。

中国与日本在文化上的相似性，是显而易见的（不过，仔细追究起来，差异也非常大）。这里单说一下德国。2015 年，经济学家李稻葵曾经与德国罗兰贝格咨询公司的创始人合作，完成了一项针对德国的研究《中国经济的未来之路：德国模式的中国借鉴》，他们认为，"相对于包括美国和英国在内的其他民族与社会，德国的社会价值观以及基础性机制与中国最为相似"。

---

[1] 约瑟夫·E. 斯蒂格利茨. 全球化逆潮. 北京：机械工业出版社，2019.

例如,"德国民众在社会秩序和个人自由之间的选择问题上,较之于美国、英国等西方发达国家,更加接近中国。在德国,百姓比较崇尚社会秩序,愿意接受各种各样的社会经济政治的制度安排,维系社会长期的和谐和稳定"。

"德国的法律框架与中国有一定的相似性。在德国,法律是由国家制定的,不像英国和美国,法律条文是由各个分散的法院通过成功的判案演变而来的。"

"德国与中国的社会民众有比较强烈的改革意愿。而在美国,民众普遍有一种社会经济政治制度的优越感。美国的精英和百姓普遍认为美国制度是最好的制度,美国的国父们是圣人,美国的经济问题(包括金融危机和财政问题)不能追溯到美国的基本政治和社会制度上去,要改只能在经济政策以及局部的立法层面进行修补,而不能进行大规模的社会制度的改良。"

在中美贸易战的大背景下,在美国极力想与中国脱钩的情况下,我们需要深刻理解中国的历史文化和政治制度,深刻理解500年来大国兴衰的规律,应该从以英美为师,转向与德日同行。

德日的哪些经验值得我们学习?

可学的经验和教训实在太多,无法一一列举,最重要的是商业伦理、价值观和人才观。"价值观指导企业和利益相关者关系(包括企业与金融系统、大企业与中小企业、企业与员工等),人才观指导教育体系和财富分配。德日与美国最大的区别在于国民教育平等,素质普遍偏高,还有教育为企业服务。"[①]

[①] 作者与重庆大学程颖教授于2019年8月30日的微信交流。

从企业管理的一般模式角度，我简明扼要地提出十条值得学习的经验。尤其是，作为一个管理学者，我不断提醒自己，不要过于跨界到经济学家的传统领域去（例如，房地产），所以我关注的焦点是企业管理中可以借鉴的经验。同时，我也深刻地意识到，每一个国家的成功经验，都是一个相互耦合和交织在一起的体系，它们相互作用，有系统内的自洽性。

因为德国和日本在幅员、体量、近乎单一民族等方面与中国仍然存在很大差异，所以我们无法简单地复制其中任何一条，而放弃其他支撑性的、关联性的制度和文化。总之，全盘复制绝无可能，也没有必要，但是，"他山之石，可以攻玉"。

第一，较高水平的商业伦理。

上溯到 1840 年鸦片战争，中国过去 180 年来，最大的问题是没有生长出一套扎根在自己的传统文化同时又融合了现代性的文化。我们现在的文化就像是一个大杂烩、一个大拼盘，缺乏社会共识，更多的是投机取巧和各取所需。改革开放四十年来，最大的问题是价值观的混乱和道德滑坡。而在商业领域，最突出的表现是高水准的商业伦理的严重缺位。

相反，德国和日本这两个后发国家，在极力追赶英美发达国家的时候，仍然在很大程度上保有自己的传统性，这两个国家是传统性和现代性得分都很高的国家[1]，这是最值得学习的地方之一。

以日本为例，从铃木正三（1579—1655，世俗的生活＝佛道修行）、西川如见（1648—1724，商人经营理念的体系化）、石田梅岩（1685—1744，鼓励正当的商业活动和利润），再到二宫尊德（1787—1856，利用报德思想指导了农村复兴政策的农政家和思想家）、涩泽荣一（1840—1931，道德经济合一论，参与了约 500 家公司的创立和经营），再到今天被当作圣人一样崇拜的稻盛和夫（工作禅、敬天爱人

---

[1] 参考 World Values Survey, 世界价值观调查。

等)。为什么在日本,算盘和《论语》可以结合在一起?为什么道德和经济可以合一,义利可以合一?而这个问题,仍然严重地困扰和拷问着今天的中国公司。

第二,强调利益相关者的公司治理结构和机制。

不同于英美企业,过度强调股东利益至上,德国和日本的企业从100多年以前,就特别强调股东,强调利益相关者和企业社会责任。200多年前的日本近江商人很早就提出了"三相好"(同时满足客户、企业和社区的利益),并持之以恒地坚持到底,其商业伦理影响了当今的日本企业。

曾有人研究了日本永续经营的一些优秀中小企业,发现这些企业强调经营就是为了"对五种人履行使命与承担责任",其中的优先顺序是:(1)要使员工和员工的家人幸福(竟然还有员工的家人!);(2)要使外包、下游厂商的员工幸福(不以大欺小!);(3)要使顾客幸福;(4)要使地方社会幸福、繁荣;(5)最后,自然造就股东幸福(这是结果,而非目的)。[1] 请特别注意这五个利益相关者的优先顺序。

第三,相对和谐的劳资关系。

基于以上价值观,在具体的公司内部的治理上,德日两国企业基本上都采用了劳资共制(共治)的方式。

日本经济鼎盛时期的一个研究表明,日本企业属于非常典型的"劳动者管理型"[2]。日本工会紧密地参与公司运营,为改进业绩献计献策,很少作为完全的对立面出现。

德国工会在1978年前后对工资增长提出过过高的要求,一度导致劳资关系紧张,最后资方尽量采用机器代替人力,所以后来工会变聪明了,采取了与企业股东和经理层协商的方式,既保证了工人工资的

---

[1] 坂本光司,蔡昭仪. 日本最了不起的公司:永续经营的闪光之魂. 银川:宁夏人民出版社,2010.
[2] 今井贤一,小宫隆太郎. 现代日本企业制度. 北京:经济科学出版社,1995.

持续温和增长，也保证了企业的正常运营。① 在德国，罢工是受到法律严格限制的。大家看到纪录片《美国工厂》里的美国汽车工会联合会（UAW）与福耀玻璃美国公司之间的对抗，在德国和日本基本上是不存在的。

第四，选择高端制造业作为战略性产业。

1991年前后，当柏林墙倒塌、东欧剧变、苏联解体、两德统一时，弗朗西斯·福山发出了"历史的终结"的断言。事实上，这不是历史的终结，这恰恰是美国走下神坛的开始。

英美两国，被科技巨头和金融寡头所绑架，为了获得更高垄断利润，很少考虑本国工人阶层的利益，把制造业外包到发展中国家，造成了本国产业的空心化，过度依赖服务业和金融业，导致失业率高企、中产阶级收入下降，也就造成了今天的中美贸易战。

不同于英美，德国和日本充分利用全球化带来的优势，把部分低端产业外包到中国和印度等，或者果断地放弃了大众消费市场，进军高端制造业，例如，NEC把电脑业务卖给联想，夏普把液晶工厂卖给富士康等。此外，它们与产业级的B2B客户保持近距离亲密接触，深入了解客户的需求，充分发挥小规模定制化生产的灵活优势，成为产业链中不可缺少的一环。

2019年8月开始的日韩贸易战就是一个鲜活的案例。日本通过限制三种重要的半导体元件出口韩国，精准打击韩国半导体行业，可以让我们窥见日本企业所掌握的技术诀窍对整个产业链的影响。相反，中国制造绝大部分处于工业2.0阶段，亟须转型升级，提升品牌和质量，让自己变成无法替代的一环。

第五，隐形冠军和长寿企业，德日企业在战略和经营目标方面显著不同于英美企业。

相比美国和中国，近年来，曾经名满天下的德国和日本大公司的

---

① 纪尧姆·杜瓦尔. 德国模式为什么看起来更成功. 北京：人民邮电出版社，2000.

数量不断缩水，不占任何优势。2019年7月发布的《财富》500强中，美国上榜企业121家，中国129家，日本52家，德国29家。那么，德国和日本的强盛到底秘密何在呢？更多的是在与众不同的中小企业。

赫尔曼·西蒙，二十年前最早提出了隐形冠军的概念。① 根据他2017年的统计，全世界有隐形冠军企业2 300多家，其中德国有1 307家，美国有366家，日本有220家，中国只有78家。隐形冠军，不求做大做强，更专注于做深，成为每个细分市场领域的第一。这些企业大多持续经营超过两三代人。它们拥有宏大的目标；保持专注；采用全球化的策略；勇于创新；亲近客户；通过创造价值，而非价格战，长期保持竞争优势；拥有高效的员工和强有力的领导；一般都会进入要求非常苛刻的细分市场等。

而日本更是长寿企业的大国，是永续经营的典范。据统计，持续经营超过100年的企业，日本有25 321家，美国有11 735家，德国有7 632家；持续经营超过200年的企业，日本有3 937家，德国有1 850家；持续经营超过300年的日本企业有1 937家，超过500年的日本企业有147家，超过1 000年的日本企业有21家。② 当然，这些日本企业，很多是"老店""老铺"，规模不是很大，很难称为现代意义上的、有规模的企业。

中国的百年老店有多少家呢？国家认定的老字号大约1 500家。200年以上的企业呢？严格意义上持续经营的企业几乎没有，更多的是在讲故事。

日本经营学者后藤俊夫研究发现，日本长寿企业的基因主要包括：立足于长期视野的企业经营理念；重视持续的成长；不断构筑和强化自身优势；长期重视与利益相关者的关系；确保安全，量力经营；让下一代传承下去的强烈意愿；大多处于一些特殊的行业（例如，酿酒、

---

① 赫尔曼·西蒙. 隐形冠军：未来全球化的先锋. 北京：机械工业出版社，2000.
② 后藤俊夫. 工匠精神：日本家族企业的长寿基因. 北京：中国人民大学出版社，2018.

食品、旅馆、酒店、传统手工业等）。特别是，这些长寿企业站在"企业乃社会公器"的立场上，对于自己有恩的利益相关者及社会进行持续报恩；不好高骛远，踏实地从事与企业能力相符的经营活动，也就是日本人所谓的"愚直精神"。

反观中国企业，初创企业的平均寿命不超过 3 年，美国大概是 7 年，日本则超过 12 年。浮躁的心态，缺乏工匠精神和聚焦主业的战略，是中国企业短命的重要原因。

第六，独具特色的大企业和中小企业之间的关系，财团和商会在企业国际化方面扮演联合舰队的角色。

英美国家强调企业间的自由竞争，鼓励机会平等，尤其是市场准入的机会均等，而日本政府和社会更鼓励企业之间的合作与联盟，希望维持一种更加有序的竞争，很少实施《反垄断法》。日本大公司之间、大公司与中小企业之间，经常交叉持股，互派董事，再加上主银行制，形成了所谓的"系列集团"（keiretsu）。这种无形的制度设计保证了相关产业链中的大多数企业经营的稳定性和可预期性，有利于保持长期交易，降低交易成本，结果当然是一荣俱荣，一损俱损。①

美国学者劳伦斯（Robert Lawrence）1991 年发表了一篇题为"是效率还是排他，日本企业集团的输入行为"的文章，认为这种"系列集团"对于外国企业进入日本形成某种强大的隐形的竞争壁垒，应该予以取缔。这篇文章在当时引起了非常多的争论。事实上，这完全是基于不同文化和制度下的国际商务规则的设计，"公说公有理，婆说婆有理"。陈春花老师近两年强调"共生"这个概念，而企业间的共生在德国和日本最容易看到。

与欧美发达国家相比，中国企业国际化的程度还很低。如果采用严格的标准，也就是一个公司在任何一个大陆的销售额不能超过总销售额的 25%，大概只有华为称得上中国唯一的国际化公司，其业务遍

---

① 孙川. 日本中小企业与大企业关系研究. 北京：人民出版社，2006.

及全球170多个国家和地区。20世纪60年代，当日本和德国企业开始国际化时，它们借助财团和商社遍布全世界的网络，采用联合舰队的形式，开拓国际市场，这种经验值得中国企业学习。日本最大的六大财团（例如三菱、三井、野村等）下属的商社，遍布世界各地，是日本企业国际化的排头兵，它们一般会领先其他企业一步，通过贸易的形式接触海外市场，长期扎根当地，收集当地的社会政经信息等，分享给接踵而至的其他企业在当地进行直接对外投资（FDI），同时它们会代表日本企业向当地政府反映自己的集体诉求。这些财团和商社的领导人，每个月都会聚餐开会，沟通情报。[①] 德国商会虽然不如日本商社那么无孔不入，但也扮演着类似的角色。而中国企业走出去的过程中，不仅单打独斗，有时还会相互拆台，争夺项目，给了他人各个击破的可能。

第七，德日相对保守的金融体系更加适合持续性创新。

相较于美国的华尔街金融模式，以及德国和日本的经济实力，德日的金融体系要保守和小很多。虽然在泡沫经济时期，东京证券交易所一部的市值一度可以买下整个美国，但是，金融证券市场在德国和日本，总体上远不如英美发达，而且也不是德日发展的重点。例如，学术研究通常形容德国是一个"对投资者保护不力……股票市场极其有限，几乎没有收购、接管，银行部门对于上市和非上市公司均具有压倒性影响力"的国家（Alexander Dyck，2005）。

此外，不同于英美强调股票市场在企业发展中的融资功能，德国和日本的银行经常持有本国公司相当多的股份，也就是所谓的主银行制。长期以来，银行一直作为独立的力量活跃在公司的监事会。银行和企业之间的这种关系，长久而稳定，直接影响关键决策。

经济学者许涛在《超越：技术、市场与经济增长的历程》一书中区分了两种金融形态：市场导向型金融和银行导向型金融。他发现市

[①] 徐静波. 静说日本. 喜马拉雅APP.

场导向型金融（比如风险投资、投资银行、股票市场等，英美是代表）明显有助于颠覆式创新；而银行导向型金融（以各种信贷银行等为主体，以德国和日本为代表）更有助于持续性创新。这就是为什么德国和日本在第二次工业革命以及各种追赶型的经济发展中表现优良，而在第三次工业革命中力所不逮的金融原因。

令我困惑的是，在这个世界上，是否存在一种完美的模式，能把市场导向型金融和银行导向型金融结合在同一个经济体内，而且运转自如？悖论整合说起来容易，做起来难。看看过去二十年里中国的发展，尤其是在房地产价格不断高企、P2P不断爆"雷"和"大众创业，万众创新"（简称"双创"）大潮的情况下，赚快钱的欲望总是战胜做实业的耐心。在同一个体制里，建设双高型的市场导向型金融和银行导向型金融，我觉得很难，这需要未来的实践证明。

我们很多学者和企业家还没有充分意识到华尔街式金融的危害，不少企业家把"上市是企业的成人礼"作为信条。他们完全没有设想过，这个世界上还有另外一种形态的企业，特别是很多德日家族企业，坚定地拒绝上市，拒绝被外部资本控制。华为的成功，第一次在中国彰显了这种可能性。越来越多的中国企业需要沉下心来远离风险投资的诱惑，借助银行的债务融资和自有资金滚动式发展（请参考华为第一次面向国内公开发行300亿元公司债券）。即使面对VC，我们也需要建立一种新的行为模式，"缓慢而忠诚"或许应该成为新的企业-风险投资之间的行为规范。[1]

我甚至极端地认为，如果中国股市每周只交易一天，公司只发布年报等，或许能让我们建立一个更加健康的股市，让股市真正服务于实业的发展。在中国不断对外开放金融体系，大力发挥股市对科技企业直接融资方面（例如，创业板和科创板），我们的步子不宜迈得过快，不要过度迷信英美的金融模式。

---

[1] 引自海量大数据公司首席执行官（CEO）郝玺龙的微信朋友圈。

第八，基础研究和应用研究应采用不同的发展模式。

斯坦福大学谢德荪教授在《源创新》中区分了三种创新：源创新、始创新和流创新。始创新更多强调颠覆性技术的创新，源创新更多强调基于新理念的商业模式创新，而流创新更多是在现有技术基础上的持续改进。三种创新有不同的发展途径，中国应该采用不同的方式加快产业升级的步伐。

在德国的马普研究所和莱布尼茨学会里，一群诺贝尔奖获得者（或者类似水准）的科学家带领团队做基础研究，试图发现未知的规律，他们活跃在科研的最前沿。而在欧洲最大的应用科技研究机构弗劳恩霍夫协会里面，数量众多的科学家和工程师与中小企业紧密合作，共同开发面向应用的研究，加快知识和技术转换的速度。

甚至许多德国企业并非一定要采用高密度的资金投入进行技术创新，而采用非高密度的投入所进行的中低技术的持续创新，也能给企业带来显著的绩效。索姆和柯娜尔发现，在德国，有相当数量的企业属于那种并没有大量科研投入的低技术、非研发企业，它们相当于中国的传统企业，但是它们的产值竟然占德国总工业增加值的42%。它们经常采用一种混合创新的模式，也就是对可用技术和现有知识进行以市场为导向的改进，尤其是通过把这些技术和知识与高技术组件结合，最终得以创新。①

事实上，类似这种情况，在日本企业里比比皆是，尤其是在精益制造和现场改进中，因为它们面对的是一种高度情境化的特殊知识，是一种黏滞的知识，很难进行迁移，更多的是以商业秘密和诀窍的形式存在，需要丰富的现场经验，而非高深的理论知识。学界把这种创新叫做黑手创新（dirty hands innovation）。

反观中国的科技创新，科研机构的研究与企业技术的市场需求之

---

① 奥利弗·索姆，伊娃·柯娜尔. 德国制造业创新之谜. 北京：人民邮电出版社，2016.

间几乎是两张皮。科研院所关起门来，围着基金、论文和职称转，所谓的科技成果转化模式，三十多年来，被证明基本上是一条走不通的路。

周路明先生曾任深圳市科技局副局长和科协主席，在《原科协主席：中国创新的"深圳功夫"是怎样炼成的》一文中，对此提出了非常尖锐的反思。他说，"三十年前，为了解决所谓科技、经济两张皮的问题，国家启动了科研机构改革的工程，但基本没有触及科研系统的根本性问题。当时的科研系统因为缺钱还能对市场经济的规则存有几分敬畏之心，时至今日，中国科研系统在资源配置、科技评价、政策制定方面比三十年前拥有了更大话语权，因而也变得更加傲慢。我们的科研系统从观念上、方法上到职业操守上都没有准备好成为中国产业核心技术的供给者"[①]。

事实上，中国最缺乏的恰好是弗劳恩霍夫协会这种应用科研机构，以平台的形式弥补中小企业研发能力的短板。政府有关部门应该考虑，把中国科学院和部分高校的老师分流出去，把他们从课题和论文中解放出来，组成一个面向应用的技术开发平台。而剩下来的人，则用最优渥的薪酬待遇养着，给他们充分的学术自由，不要那么多精细化的考核，让他们心无旁骛地朝着诺贝尔奖的高峰去攀登。

第九，长期雇佣导向的人力资源管理和双元制教育体系。

提起日本的人力资源管理制度，我们经常会想起终身雇佣和年功序列等。事实上，传统的日本式的人力资源管理在泡沫经济破灭之后，已经发生了很大的调整，但基本精神仍然保存。以前的正式且终身雇佣，现在已经变成有能力者终身雇佣和用人形式多样化。以前的金字塔式组织，通过既定流程由事业部下达命令，现在已经变成了具有通融性的团队运营方式，追求长期稳定的利益。[②]

[①] 周路明. 原科协主席：中国创新的"深圳功夫"是怎样炼成的. 隆中对策智库，2019-09-09.

[②] 石原享一. 战后日本经济的成败启示. 北京：世界图书出版公司，2018.

类似的，因为德国采用联邦制，各个区域发展相当均衡，大城市和小城市甚至乡村之间没有显著差异，所以德国中小企业广泛分布在各个中小城市、乡村甚至偏僻的山谷和森林里。雇主和员工之间关系亲密、高度信任，经常出现两三代人服务于同一个企业。虽然在德国企业里终身雇佣不是明文规定的，但非常常见，是一种隐性的心理契约。所以，不同于美国和中国的高流动性，长期雇佣是德日用人体系的一个显著特点。

谈到德国工业体系强大的秘密，人们经常归因于德国独一无二的双元制教育体制和学徒制。有研究发现，与美国和中国一样，在德国，从事制造业的普通工人一般也没有上过大学或者大专，但是德国工人有一个非常奇特的优势：受过大量的正式和非正式的培训。而美国或者中国的工人，要么突然辍学，要么干脆结束教育，不再延续高中以上的学业。

与此相反，德国工人从小就开始受训掌握有价值的技能。德国的文科中学培养准备进入大学的学生，而实科中学培养要参加技术工作的学生。德国约有340类受认可的学徒职业（或称工种），提供技术和社会领域的公司内部培训和课堂教学。其学徒培训一般持续两年半到三年半，在这段时间里，学徒做的是全职工作。每个学徒必须获得实习培训和实践经验，从中学习具有高度针对性的特殊技能。特别是，地方职业学校往往与地方产业建立紧密关系，从而相辅相成、互助互利。

许多国家，包括美国和西班牙，对德国的双元教育体制和学徒制非常羡慕，正在模仿学习（美国从奥巴马时期就开始了），但是，绝大多数只知皮毛，很难成建制地模仿整个体系。中国目前正在把将近700所三本或者专科学校全面转型为职业教育，培养高技能人才，这是一个非常明智的选择（大家可以了解一下，2019年默克尔访华时，李克强总理关于促进中德之间职业教育合作的提议）。

但是在这个教育转型的过程中，最大的挑战主要在于改变人们的观念，包括对于体力劳动的传统负面观念，对于上大学和望子成龙等不切实际的期望，真正建立学校和企业之间的紧密合作，以及克服快递业等服务业对实体经济的冲击。因为快递业不用经过多少工作培训，三天就可以直接上手，而且赚钱还挺多。而培养可以从事复杂技术的工作技能，则需要相当漫长的学习和投资。

第十，收入分配真的很重要！缩小贫富差距，建立一个平衡的社会。

德鲁克经常批评美国公司 CEO 薪酬过高，认为 CEO 和一线普通员工之间理想的薪酬差距应该在 20 倍左右。可是，德鲁克批评了很多年，问题反而越来越严重了，这已经成为美式资本主义的痼疾。据统计，美国公司 CEO 与普通员工之间收入平均相差 300 倍。2000 年互联网泡沫达到最高点时，两者之间的差距甚至高达 400 倍左右。

相反，日本在 1945—1980 年，企业里的最高层和普通员工之间的薪酬差距仅 3 倍左右。即使经过泡沫经济之后，能力主义和绩效主义在日本抬头，现在的差距最多也就是 5～10 倍。类似的，德国企业的 CEO 和普通员工的收入差距也远低于美国（但是显著高于日本），达到 20～50 倍。例如，2016 年，大众汽车公司的 CEO 的年薪是普通员工的 52 倍。

除了收入分配以外，人们还在意其他类型的收益，比如权力和声望等。长年任职日本长期信用银行的经济专家竹内宏，用如下的公式定义日本社会的权力结构的制衡关系：权力＋收入＋声誉＝恒定值。对此，石原享一（2019）做了如下说明：在日本，大臣和官员虽然手握大权，但是公务员的身份使他们的薪金远不及财经界人士，声誉也不算太高。财经界人士收入丰厚但无政治实权，也不太受世人尊敬。学界和媒体与权力、厚禄无缘，但拥有较高的社会信赖度。不让权力、财富、声誉同时集中于某一极，正是日式资本主义获得稳定和发展的关键所在。

反观中国社会，则是一个"赢者通吃"的天下，财富分配上的马太效应尤其严重。官员通过权力所获得的隐性收入远大于自己的薪水，再加上中国社会由来已久的"官本位"观念，当官的声誉也远大于其他职业。而在过去四十年里，曾经在"士农工商"中排名最后的"商"，一跃成为第二名，成为社会改革的中间力量，在社会地位上仅次于官员，在财产性收入上更是凌驾其他任何社会职业。而传统意义上的"士"或者知识分子被急剧边缘化。这是我们这个国家和时代的悲哀。

中国管理学研究的三个转向

为了配合"大变局下的中国管理：从以英美为师，转向与德日同行"，中国管理学界必须做好三个转向。在这里，我简单予以提及，因为这些方面的学术讨论已经很多（请参考蔡玉麟、韩巍、赵向阳、孙继伟等的论文）。

第一，我们需要从以论文和课题为导向，转向现场主义和经验主义的研究取向，需要更加注重针对具体行业或者某种特定类型企业的深入研究。比如，写出《日本最了不起的公司：永续经营的闪光之魂》的坂本光司，曾经走访过 6 000 多家中小企业。而中国管理学界有多少人敢说自己走访过 60 家企业？

第二，我们需要从以数量经济学和心理学为主的研究范式，更多地转向以政治学-政治经济学-社会学-人类学为典范的研究范式。中美贸易战，本质上不仅是一个贸易问题，也不仅是一个经济问题，更是一个政治问题、科技战略问题、国际关系问题等。

第三，我们需要从实证主义、科学主义、所谓的"价值中立"的研究范式，转向强调国家文化和制度特点，以诠释学和批判理论为导向的研究。唯有此，我们才能复活"士"在道德良知上的角色功能，提升知识分子的社会地位。

结语

当中国经济从高速发展转向高质量发展时，当中美贸易战的炮火让许多人开始反思英美模式的局限时，我们应该把长久固化了的参照系从英美转向德日，想象另外一种可能性、另外一种发展模式，一种本来就与中国的文化和制度更加契合的发展道路，这是中国和中国企业绕不过去的必由之路。

但是，反思和比较不同国家的管理模式和发展道路，并不是我们的目的。陈春花教授在读完本文的初稿之后指出："于今天的中国企业管理研究而言，已经不再是与谁比较的问题，而是如何直面中国企业管理实践的问题。我们需要从'看天'回到'看地'，从'中外比较'转向'学干比较'。如何跟上实践的步伐，这份危机感，我越来越重。"对此，我表示赞同，但我也认为保持与当下人们实践的适当距离，保持谨慎怀疑，不过于热切地追逐热点，穿过现象的泡沫看到本质，同样重要。

1983 年，国家经济委员会副主任袁宝华提出中国企业改革的十六字方针，"以我为主、博采众长、融合提炼、自成一家"。时过境迁，我们现在已经在中国看到了许多行之有效的，既具有中国特色又融合了现代性的管理之道，例如，华为、阿里巴巴等。我们需要在借鉴学习德日模式的优点的基础上，直面鲜活的中国企业的管理实践，走出一条充满善意和效率的道路，才能在未来与世界同行，甚至引领世界。

2

关于《转向》的七个小故事

2019年9月17日，首发于"本土管理研究"公众号上的《大变局下的中国管理：从以英美为师，转向与德日同行》，意外爆红。短时间内，全网阅读量达到200万，这使我陷入一个比较尴尬的境地。因为这篇文章本来只是为9月21日在兰州大学管理学院举行的"'中国管理50人论坛'2019（下）"所准备的发言稿，内部交流之用。既没有想着发表，更没有预料到会引起这么大的反响。

作为一个从来不愿意重复自己的人，我只能另辟蹊径，在正式的会议上，基于诠释学的立场，讲了七个小故事，进一步佐证自己在《大变局下的中国管理：从以英美为师，转向与德日同行》一文中的立场和观点。

感谢论坛主席王方华教授和席酉民教授的宽宏大量，也感谢所有在场教授的聆听。参加论坛的都是一些资深教授、院长或者校长，只有我一个副教授。可以想象一下我在他们面前娓娓道来讲故事的场景。早上的发言每人30分钟，下午的发言每人10分钟，而我的发言安排在早上最后一个，不仅给足了30分钟，而且还预留了讨论的时间，已经是非常特殊的优待了。因为2019年2月滑雪时两根韧带断裂，5月份刚做完手术，所以我挂着拐杖，右腿仍然绑着护具，坐在椅子上，在众人面前侃侃而谈，给那天的演讲场景平添了许多戏剧性，这应该是中国管理学会议上独一无二的风景吧。

演讲内容经过整理,在"秦朔朋友圈"公众号上首发(2019年9月27日)之后,又被吉林大学的于天罡教授推荐到了"正和岛"APP上,参加"每日前三"的打榜活动,并且再次荣登榜首,成就了一段传奇故事。

大家好！说实在的，我现在都不知道应该讲什么东西。因为王方华教授①规定只能讲大的、观点性的东西。而大的、观点性的东西，我在《大变局下的中国管理：从以英美为师，转向与德日同行》里已经都讲了，许多老师也已经看了，一点都不新鲜。而王老师又规定不能讲故事，可是我只准备了七个小故事，怎么办呢？作为一个小人物，我也只能讲点小故事。我觉得故事更有寓意，更符合诠释学的立场，可以做多种不同的解读。

如果我所讲的故事得罪了谁，请原谅。我觉得学术讨论中最重要的是真诚，我们应该"坦诚辩证，理性对话"，这也是我自2016年7月发起的"煮茶问道·本土管理研究论坛"所弘扬的学术精神。

我要讲的前两个故事与德国有关，主要是跟德国的文化价值观有关，比如信任、时间管理、不确定性规避等。而第三个、第四个故事跟日本有关，主要是跟日本的技术创新有关，尤其是与新能源有关。最后三个故事是跟管理学的研究范式转变有关，我想讨论一下近来很热门的大数据研究、神经管理学，以及徐淑英教授提出的"负责任的管理学研究"这个概念。

故事一：Euroline 班车

我在德国读博士的地方叫吉森，在法兰克福的北边，是一个小城市，离法兰克福大概60千米。有一段时间，我差不多每两个月要去一趟巴黎，因为我爱人是做服装设计的，她当时在巴黎学习。有时她也会来吉森。

---

① 王方华，上海交通大学安泰经济与管理学院前院长、"中国管理50人论坛"发起人之一。

我怎么去巴黎呢？经常坐一种叫 Euroline 的大巴车。Euroline 一般是从法兰克福火车站前面的广场出发，偶尔也会从吉森出发，一周大概两次，来回巴黎的票价大约 72 欧元。

有一次我爱人预订了，比如说星期二晚上八点钟的班车，要回巴黎。那天晚上，我们在吉森火车站广场上左等右等，大客车都没来。正在焦急的时候，突然来了一辆出租车。德国的出租车一般都是奔驰车。那个德国司机问我们，"你们是不是要去巴黎的乘客？"我说，"是的"。他说，因为今天从吉森到法兰克福的人只有你一个，所以公司派我从法兰克福开车来接你，到了法兰克福之后再坐 Euroline 到巴黎。我当时听了之后，非常惊讶，可以说是内心非常震撼。

大家知道，在德国坐出租车是非常昂贵的。我在德国读书时是一个穷学生，从来没有坐过出租车。从法兰克福到吉森，来回 120 多千米，出租车的费用超过 150 欧元，远超过来回吉森到巴黎的 Euroline 的车票 72 欧元。

这是第一个故事。大家可以设身处地地想一想，如果您是中国的客运公司的经理，碰到这种事情，会怎么处理，或者中国的客运公司一般是怎么处理的。

故事二：德国教授的日程安排

第二个故事非常短。有一次我的导师迈克尔·弗雷泽邀请瑞典一个著名的研究创业的学者佩尔·戴维森（Per Davidsson）来讲课。比如，3 月 10 日我收到一封电子邮件，显示佩尔·戴维森教授 5 月 1 日要来。到了 5 月 1 日，中午大家一起吃饭时，我问导师，"您不是说戴维森教授今天要来吗？怎么没来？"

我的导师和我的德国同学都停下刀叉，很好奇地看着我，然后我导师幽幽地说，"我们说的是明年 5 月 1 日"。我当时惊呆了。德国人把一年多后的时间都安排好了！

2002 年，我在德国读博士时，还没有智能手机，人们无法如同现在一样在手机上轻松地进行日程安排，所以我看到我的导师或者德国同学每天都会把日程安排记录在本子上。万一日记本忘在了家里，我的导师还会骑自行车回家一趟拿来。没有具体明确的日程安排，德国人会觉得非常混乱。他们安排日程，经常是精确到未来半年甚至一年，精确到某天早上或者下午，甚至精确到几点钟，在哪个会议室或者教室开会，主题是什么，等等。德国人的严谨性，以及对不确定性的规避是何等程度的高，在这个故事里可见一斑。

而我回国之后，在浙江大学管理学院非常短暂地工作过一段时间，我感到非常不适应。其中一个原因就是计划安排和时间管理，完全没有提前量，基本上是不可预测、不可把控的。经常是早上 7 点钟教授在 BBS 里发一个通知，说 9 点钟要开会，然后我们要从不同的校区赶到同一个开会地点。可以想象，大家是如何手忙脚乱、疲于奔命的。当然，这既与具体领导的风格有关，也与中国当下变化速度太快有关。领导也不容易，百事缠身，身不由己。

故事三：一辆 1991 年日本制造的电动摩托车

我们家收藏了很多电影 DVD，还有纪录片。其中有一个纪录片是 BBC 在 1991—1992 年间拍摄的，因为拍摄的过程中苏联刚好解体，纪录片记录了这个历史性事件，所以我印象特别深刻。纪录片叫《极地之旅》，BBC 的一个著名的节目主持人，沿着某条经线，试图穿过这条经线上的所有国家,从北极到南极去。这个纪录片中有一个无意中出现的画面,让我非常震惊。

因为这个主持人要从阿根廷最南端的一个城市飞到南极一个可通航的机场,而从这个机场到南极点还有 300 千米左右的距离。纪录片中出现了一个日本人,他从飞机上卸载下来一辆非常大的电动摩托车,直接骑着电动摩托车去了南极点。

天啊!1992 年 1 月份前后,零下 20 摄氏度左右的南极,他骑着一辆电动摩托车,要骑 300 千米,中间无法再次充电。大家知道,在温度很低的时候,电池的效率会急剧下降,电动摩托车骑不了多远。我非常好奇,1991 年日本人怎么就会有这么发达的电池技术呢?

2018 年暑假,我带着 40 多个老师去比亚迪调研。我问比亚迪的人,相比松下的电池技术,比亚迪的电池技术怎么样?比亚迪的人说,松下的电池技术仍然是全世界最好的。所以,大家看看,我自己骑的电动摩托车,中国最酷的 SOCO,用的就是松下电池。

故事四:丰田公司的氢能源开发

第四个故事同样与新能源有关。同样是在 1992 年,丰田公司有 4 个员工,出于某种个人爱好,他们在丰田公司内开始研发氢能源汽车,算是地下创新吧。做着做着,公司觉得好像这也是一个可能的方向,那就投点钱支持他们吧,然后他们就继续做了下去,4 个人的小组变成了 40 个人、400 个人。最后呢?2014 年,丰田汽车正式推出了全球第一辆氢能源汽车。其间经过了 22 年,花了无数的钱。

2018 年 5 月,李克强总理去了丰田公司北海道车厂参观,参观了一个小时,问了很多专业问题,表现出浓厚的兴趣。2018 年 11

月，科技部部长万钢在一个很重要的会议上明确讲，中国要向氢能源汽车转型。现在大家普遍认为，2050年前后氢能源代表了一种终极性的清洁能源。那么，电动汽车呢？有没有可能是一个弯路？我不知道。

为什么？因为你用各种方法发了电，再转化成化学能储存在电池中，再释放出来，其中大概有20%的能耗损失。如果你想让车的速度更快，跑得更远，就必须有更多的电池才行，电池的质量和体积就越大。比如，我那辆SOCO电动摩托车售价1万元，其中一块电池就5000元。特别是，这些化学电池报废以后处理起来会非常麻烦，污染环境，一点不属于"清洁能源"。

关于氢能源，我建议大家一定要关注丰田的氢能源汽车。它一次充满氢只需要3分钟，就能跑500千米，产生的废物只有水，绝对环保。当小区停电时，该氢能源汽车还可以当做电源供应。在野外开派对，该车还能提供灯光照明。

在长达22年的时间里，丰田公司专心研发一种新技术，其间毫无产出，而且要花大量的金钱，这在绝大多数中国公司是不可想象的。我们的企业习惯于赚快钱，赚容易的钱，缺乏对突破性技术的长期投入。

我不清楚特斯拉未来的发展方向如何，我也不知道特斯拉对于中国新能源汽车的发展到底是促进还是延迟。2018年特斯拉在上海建厂，各地配合特斯拉提供各种各样的充电设备。汽车又不是洗衣机，不是冰箱，它是一个网络，需要充电站等配套设施，一旦建立这种网络，再想走另外一条路，就很难，因为技术的路径依赖以及沉没成本问题很严重。我个人认为，特斯拉在上海建厂可能对中国推广氢能源是一个延缓。

故事五：管理学理论的社会建构问题

熟悉我的人都知道我是管理学实证研究范式的挑战者、刺儿头，不断地挑战中国管理研究国际学会（IACMR）所推行的研究范式（严谨地说，IACMR只是最早在中国大力推广定量实证研究，也推广案例研究和其他范式的研究，但没有形成气候）。

徐淑英老师一直在推广"负责任的管理"这个概念，我觉得这个概念挺好。徐老师建议，为了建立管理学的可重复性和可靠性，在提交论文时，应该把原始数据附上以供同行审查。她觉得通过这个方法可以提高管理学研究的可靠性、可重复性。对于后一点，我表示怀疑。

我觉得这个措施是一个底线，诚实是科学研究必须要遵守的。但是即使这样做了，也保证不了中国本土管理理论的建立。想通过实证研究的积累建立完整的理论解释和图像，这条路肯定行不通。

我举一个极端的例子，大家就能理解在科学研究里有时候数据的真实性没那么重要。深圳大学管理学院的韩巍教授通读了《管理学中的伟大思想》中20多位管理学大师的成名道路，其中也包括我的德国导师，他得到一个结论，"洞见之下，皆为修辞"。

我要讲到的这个科学史上的经典案例是这样的。爱因斯坦在1916年发表了广义相对论，他认为光线经过大质量的星体时会因为引力场的作用发生弯曲（比如，水星进动就是这个原因造成的），但是，过了不久，第一次世界大战就爆发了，大家都忙于你死我活的战争，无法验证这个理论。1918年年底，第一次世界大战结束以后，整个欧洲一片断垣残壁，集体性地陷入沮丧和失望的境地，他们极度渴望新事物去提振人心。

英国有一个物理学家，同时也是天文学家和数学家，叫爱丁顿。他是第一个在英国用英文来宣讲爱因斯坦的广义相对论的人，是爱因斯坦广义相对论的死忠。刚好在1919年5月将要发生日全食，这为验证爱因斯坦的理论提供了一个难得的机会。因为发生日全食时，可以观测太阳光线经过某个星体是否会发生偏折。

如果要证明爱因斯坦的广义相对论是正确的，或者要证明牛顿力学有局限性，必须证明牛顿力学预测不了这个现象，或者牛顿力学所预测的偏转角度不对，而广义相对论预测的角度是对的才行。

事实上，牛顿力学也能部分解释光线偏转。为什么？因为牛顿认为光是一种波动。光既然是波动，那就有衍射，就散射了，一定会偏转。但有意思的是，爱因斯坦的广义相对论所预测的偏转角度是牛顿力学所预测的偏转角度的两倍。这是不是就有点意思了？是不是就可以作为一个判决性实验呢？

爱丁顿带着一组人于1919年5月在西非西海岸的一个岛上进行观察。观察后，他们宣布，他们证明了爱因斯坦的广义相对论是对的，它所预言的偏转角度的确是多少多少，刚好是牛顿力学所预言的两倍。可以想象一下，一夜之间，爱因斯坦暴得大名，成为人类历史上最伟大的科学家。这就叫科学社会学。大家不要以为你讲的这个东西是真理，就会自然而然地流传。可能根本就没那回事，包括在物理学里也一样，理论传播和接受的过程同样非常重要。

管理学和其他社会科学，全都是人为社会建构出来的，符合主体间性，其理论的传播过程更加重要。有一个德国哲学博士叫斯图尔特，毕业后找不到工作，后来去了一家管理咨询公司，做了10年左右的咨询工作，写了一本揭底管理咨询行业的书——《管理咨询的神话》，大家可以看看。虽然这本书写得过于尖酸刻薄，但的确揭露了管理学界不为人知的阴暗面。特别强调了理论传播的重要性，比如泰勒如何通过夸张的手段渲染气氛，吸引注意力。

最奇葩的是接下来的故事。1962年，另外一支英国物理学家团队带着同样的仪器去同样的地方观测日全食，希望重复1919年爱丁顿的观察。但是，他们惊讶地发现，根本就重复不出来，因为爱丁顿做的那些实验仪器和所采用的方法实在太粗糙了。1980年，一个科学史学家仔细地研究了爱丁顿当年的观察记录，发现爱丁顿纯粹是数据造假。天啊！数据造假这种事情竟然发生在爱因斯坦广义相对论的判决性实验或者观察上！幸运的是，爱因斯坦的广义相对论的理论是正确的，否则，这就是人类科学史上最大的丑闻。所以，韩巍教授说的一点都没有错，"洞见之下，皆为修辞"。

管理学、社会学、政治学等，哪一个理论不是社会建构出来的呢？这些理论是怎么来的呢？可能一开始是一个天才，或者是一个疯子，只要他勇敢地发出声音来，提出某种观点或者理念，就会吸引一小群热情团结的积极分子；然后他们采取强有力的行动，产生巨大的社会影响，继续吸引大众的行动；最后变成一种潮流，成为社会现实，这就叫社会运动理论（social movement theory），也即少数人的力量（the power of minority）。所以，管理在某种程度上就是一种信仰。信则灵，不信则不灵。不是有人说，因为相信，才能看见吗？

故事六：花钱无数、用处不大的神经管理学

我刚才听大家大讲特讲关于未来的社会形态和管理，讲AI、大数据、分布式生产等，我真是憋不住了，越听越沮丧，我觉得你们好像都是一些活在未来的人，都是一些外星人。

按理说，我本科学的是理论物理，应该积极拥抱科学技术的变化

才对。但是，我真的对于基于大数据和脑认知神经成像方面的管理学研究不怎么看好。台湾著名的心理学家黄光国教授来北师大参加我组织的"煮茶问道·本土管理研究论坛"，老先生拍着桌子说，"什么神经心理学，我看就是神经病心理学"。我觉得他说得很精辟，类推一下，用脑认知神经成像的方法去研究管理学，那就是神经病管理学！

1998—2001年，我在北大心理学系读书时学的是实验心理学，我们实验室当时就是做脑认知神经成像的。EEG（脑电图描记法）、PET（正电子发射断层扫描）、ERP（事件相关电位）、FMRI（功能性核磁共振），我虽然不研究，但基本是明白的！枕叶、颞叶、下丘脑、前扣带回，我知道它们在哪儿！

以功能性核磁共振为例，1990年前后开始进入临床应用，1995年前后开始进入中国，我们实验室是国内最早一批在心理学系里做脑认知神经成像的。我有一个师兄，曾担任北师大心理学部部长，也是《最强大脑》节目的总策划。他1996—2001年在麻省理工学院读博士，和他的导师在《自然》上发了一篇很有影响力的论文。四五年前，2014年前后，他与他的导师想回顾一下，看看过去15年里，这个领域到底有没有什么进展，写一篇文献综述。但翻来翻去，发现这个领域过去15年中毫无进展。

大家想想，一个商学院的教授，用认知神经科学的方法去研究管理者的决策或者消费者的行为，能搞出什么名堂？看起来很科学，实则外部效度（external validity）、生态效度都很低。从脑电活动到战略决策、工作行为或者消费行为，再到企业经营业绩，有非常漫长的因果链条。即使有影响，也是非常间接的。所以，这种研究对中国的管理实践没有用处。套用一句比较恶俗的话，所有不以提升管理绩效为导向的管理学研究，都是耍流氓！

近来，北师大心理学部邀请我给应用心理学专业硕士项目（MAP项目）开一门课"创新思维"。MAP项目中心的老师给我打电话，"赵老师，我们觉得您就是讲这个课程的最佳人选。您学了那么多的领域，从物理学，到心理学，再到管理学，再到哲学。您自己创过业，拍过电影，从事过公益活动。我们都觉得您特别有创造力"。架不住她们的恭维，我硬着头皮接下了这门课程。为此，两个月时间，我通读了这个领域 20 多本书，包括从 1950 年吉尔福特在就任美国心理学会（APA）的大会主席时的演讲到现在的很多文献，也包括脑认知神经成像在创造性研究方面的研究。大量文献表明，1990—2018 年，用脑认知神经成像去研究创造性所得到的结果，跟 20 世纪六七十年代认知心理学里采用传统研究方法所得出的结论，几乎没有显著性改变。也就是说，认知神经科学对创造力的研究，并没有显著地推进我们对这个问题的认知。相反，大家经常所说的"创造力在你的右脑，一定要发挥你的右脑"，倒是被证明压根儿就没这回事儿，纯粹是以讹传讹。

故事七：管理学研究不要"叶公好龙"

我不知道管理学者有多少人真的用过大数据，有没有教过统计学，有没有学过数据挖掘，有没有从网上下载几个 T 的网络评论，自己建立一个字典，用舆情监控的方法去扫描一下，做文本分析，看看到底能找到什么有意思的发现。这才叫真正的大数据研究，而不是人云亦云。

所谓大数据，不仅仅是因为数据量大，而是因为数据经常是非结构化的、半结构化的，经常是一些文本数据，或者表情、肢体语言和行为数据等。如果您做过这些研究，就会发现，目前的很多大数据研究，经常是"垃圾进，垃圾出"（rubbish in, rubbish out），很难得出什么有价值的发现，很难有什么附加价值（added value）。

1999年夏天，我在北大读研究生，提出一个观点：在未来，所有的一切都是数据（In the future, everything is data）。因为我当时卷入了BBS上的一场论战，我的三篇文章连续登上水木清华BBS的"十大热门文章之首"，被人骂得狗血喷头。这三篇文章分别是《反对内战，反对造谣》《我就是那篇千夫所指的文章的作者》《仍然是我！论BBS上的变态行为》。后来我把骂我的文章从BBS上下载下来，第一次从舆论演化的角度，用数据来分析这三篇文章的传播过程。

"在未来，所有的一切都是数据"，这大概就是对大数据的最早预言之一，不过，当时没有大数据这个概念而已。大数据这个概念是什么时候在中国兴起的呢？应该是2009年前后突然兴起的。最出名的应该是涂子沛所写的那本畅销书《大数据》。

2013年年初，我的北大硕士导师过生日，师门聚会。餐桌上，我跟一个大师兄讲，怎么样用大数据来研究主观幸福感，如何研究文化价值观，如何做全球文化扫描（global culture monitor）。回去后他找了一家公司，融了1 300万元，开始研究幸福科技，那个公司虽然倒闭了，但至少有300万元进入大师兄的科研基金中，这样也挺好。

2015年上半年，国内一家领先的大数据公司，请我做他们公司大数据方面的咨询顾问。这家公司想研究一个问题，如何预测人的还贷行为。因为近几年，互联网金融非常火爆，对客户还款行为需要进行数据模型的建构。事实上，还款行为不仅涉及一个人的收入能力，也涉及动机。我们知道，能力×动机×机会＝行为结果。我们这些学过心理学的人懂动机，而我还对大数据有基本的概念，所以就给他们做了咨询。

可笑的是，由于某种特殊原因（不是我个人原因，而是银行体系的制度性原因），从2002年到2019年5月，我一直是中国人民银行征信系统黑名单上的人。一个黑名单上的人，竟然给大数据公司做关于欠钱不还的行为模型咨询。事实上，如果没有这个惨痛的个人经历，我对中国的银行系统就不会有深刻的了解。后来这家大数据公司把这个风控模型卖给了中国最顶尖的一家银行,有好几百万元。

我想说的是,如果大家觉得大数据是个好东西,就应该老老实实地去做一些这方面的研究,就知道这个领域不是那么容易取得进展的。比如,IBM 的人工智能项目沃森医生裁员了。为什么?因为搞不下去了,人工智能和大数据领域的真实进展没有大家想象得那么快。

以色列历史学家赫拉利(《未来简史》的作者)一直鼓吹人工智能对社会的影响。在我看来,他的观点:第一,过于悲观,有点杞人忧天;第二,他不懂技术,过高地估计了这个领域技术发展的速度。关于大数据研究领域的实际进展和未来走向,还是要看李开复这种技术专家的书,比如,《人工智能》《AI·未来》。

作为管理学者,我们不要人云亦云,要和潮流保持适当的距离。什么"未来已来",是烂大街的套话。我们一定要扎根中国的实际,深入研究中国实情。所以,张新民教授讲会计准则变革时,我问了一个问题,"大数据时代,如何进行会计造假?如何防止会计造假?大数据时代,会计造假变得更容易了,还是更难了?如果您不了解大数据时代别人如何进行会计造假,那么如何防范会计造假呢?"

我讲的都是故事,但故事背后有深意,而且这些故事都是和我所写的文章《大变局下的中国管理:从以英美为师,转向与德日同行》的逻辑是一致的、相辅相成的。故事至少让人觉得有趣,是一个开放性的文本,留下更多想象的空间,请大家自己去琢磨、去解释。开会的时候讲故事,听众至少不会犯困。我以上所说的一切,如果有冒犯之处,这不是我的本心。学术讨论,对事不对人,请大家多多包涵。谢谢大家!

3

中国企业和中国管理向何处去？
——杨杜教授[①]评《转向》一文

2019年9月18日，《大变局下的中国管理：从以英美为师，转向与德日同行》登上"正和岛"APP的"每日前三"榜首之后，引起了众多反响和评价。"正和岛"号称"240万企业家的共同选择"，是专注企业家人群的高端网络社交平台，读者群相对比较成熟和理性，能建设性地发表评论，所以我特意把所有的留言仔细阅读了一遍，进行了分类。总体上来说，反馈意见可以分为如下九类。

类型一：德日是"二流国家"，历史上也曾向英国学习，后来又向美国学习。它们是曾经的战败国，具有集权专制主义和军国主义色彩（"悲惨世界""美丽新世界"），根本不值得学。如果要学，首先还是应该学英美。

类型二：德日无法学，因为从国家的体量、近乎单一民族、文化价值观和社会制度等方面，都与中国差异很大。如果要学，也要学美国等大国的发展道路。

类型三：德日的重视实业、精益制造、工匠精神、隐形冠军和长寿企业等特点都值得中国学习。持此论者企业家居多。根据粗略估计，超过95%的企业家对这篇文章非常认同。

类型四：我们不仅要学德日的表面优点（类型三），更要学他们的

[①] 中国人民大学商学院教授。

深层文化和价值观（家庭制度、教育制度、文化价值观、其他社会制度等）。这事实上也启发了我后续的阅读和思考。

类型五：过去四十年里，我们只学习了美国的表面文章，没有学习到美国的文化和制度精髓，所以我们应该继续深入学习英美。国际管理学会前主席陈明哲教授持此观点。相比较而言，持此观点者人数比较少。

类型六：德日值得学，两者与中国之间有类似之处。例如，强调强政府和"看得见的手"。从宏观调控到市场调控，到两种调控方式相结合，再到分行业、分地域的精准调控等，过去四十年里，中国政府的调控能力在不断提高。持此论者更多是从政治制度和社会组织管理的角度出发进行讨论。

类型七：奉行拿来主义，任何好的东西我们都要学习。例如，美国的自由、民主、平等，德日的精益制造和严谨学术态度，英国的秩序自由等。持此论者试图把中国变成一个独一无二的"集锦大拼盘"。

类型八：立足中国传统文化，走出一条自己的道路。强调中国传统文化中的智慧、心性、《孙子兵法》、义利合一等，也强调中国的集体主义不同于欧美。

类型九：赞同袁宝华先生1983年所提出的主张，"以我为主、博采众长、融合提炼、自成一家"。特别强调当下中国某些领先企业的实践经验值得总结推广，以及中国道路的"四个自信"。北大国发院的陈春花教授持此论。

那么，我本人的真实立场是什么呢？事实上，我更倾向于类型九，我赞同"以我为中心"的学习方式。但是，我认为"集锦大拼盘"模式（类型七）纯属痴人说梦，因为每一个国家的发展模式和道路选择需要和它的深层结构相契合，要满足基本的自洽性和无矛盾性。但是，我认为，"与德日同行"是一个中国社会和中国企业绕不过去的阶段（强调实业、精益、长寿企业、可持续经营、隐形冠军、公司治理、社会平衡等)。

我认为，英美仍然是我们学习的榜样之一，但我们要警惕其中的弊端，包括"政府-企业-社群"大三角之间的非平衡或者"股东-顾客-员工"小三角之间的非平衡，大金融-大科技的垄断，自由市场经济已经演变成了公司化世界，亚当·斯密的"看不见的手"可能在某些情况下根本不存在，等等。

我们不可能也不需要全盘英美化或者德日化。但是，不管是学德日或者学英美，最好学彻底一些，学到骨子里去。在深入了解其中的深层逻辑和精髓之后，基于中国的资源、传统和限制条件，建立中国的现代性。目前我们所有的学习，很多都是流于表面。我的两篇"大变局下的中国管理"（正文＋七个小故事）主要讲了一些经济管理的浅层逻辑，未来需要深挖德日模式的深层逻辑，才能更好地向外借鉴，同时也更好地向内理解自身。

为了将讨论引向深入，我特地邀请了两位曾留学日本和德国多年，对其有深入研究的专家，撰写长篇论文进行对话。他们分别是中国人民大学商学院资深教授杨杜先生，曾经的"华为六君子"之一，参与起草了《华为基本法》，陪伴华为走过了 15 年左右的时间。另一位是浙江大学管理学院陈凌教授，专门研究中德经济管理模式比较问题和中国家族企业。后来这两篇对话文章以及我的正文一起发表在 2020 年第 7 期的《管理学报》上。

了解我的人都知道，我特别鼓励学术争论，我认为中国管理学界缺乏实质意义上的学术争论限制了它的发展。而学术争论应该秉持"坦诚辩证，理性对话"的原则，这是我在 2015—2017 年所发起的"煮茶问道·本土管理研究论坛"一直秉持和弘扬的学术精神。所以，杨杜教授和陈凌教授对于我的文章的评论甚至批评，我都觉得非常有建设性，收入本书，以飨读者。

世界处于百年未有之大变局，英国脱欧，美国退群，G7 吵架，国际政治经济似乎在形成美英、中俄、欧日的大三角格局。同时，美国人挑起的贸易战、科技战，正在使美国在中国人眼前失去光环，美国人在中国人心目中的地位可能再也回不到从前。如果被迫和美国经贸、科技、教育进行切割，中国企业和中国管理将向何处去？赵向阳博士的《大变局下的中国管理：从以英美为师，转向与德日同行》一文，提出了有见地的道路选项之一。

由于近现代中国在社会、经济和企业管理的落后，70 年前诞生的新中国开启了"以先进诸国为师"的学习模式。由于美国长期对中国实行封锁政策，最先以也只能以苏联为师，改革开放初期以日德法为师。只是在加入 WTO（世界贸易组织）前后才开始能以美国为师（中国花了 15 年才完成重新入世的谈判）。但中国是个大国，不可能全盘苏化和全盘西化，独立自主的中国也不像日本和德国那样因侵略战争失败而失去国家的军事自主权并加入以美国为首的军事联盟，中国在外交上采取的是"独立自主，和平共处，对外开放，一带一路"的基本国策，在企业管理上采取的是"以我为主、博采众长、融合提炼、自成一家"的十六字方针。

以美为师，做大做强

三十年前的 1989 年，我开始用中美日比较方法研究中国的大企业，那时我们没有一家企业能走向世界舞台。1995 年才开始有 3 家公司（中国银行、中化集团和中粮集团）入围《财富》世界 500 强。入世的 2001 年，这个数量变成了 11 家，其后逐年快速增加，2014 年 100 家，到 2018 年达到 129 家，这是历史上第一次有国家入榜企业数目超过美国，中国大企业的成长正迅速改变着世界经济的地图和企业实力的格局。

与英德大企业发展基本平稳的态势相比，自1995年以来，美国大企业减少了30家（如果从美国企业数最多的2001年计算，则减少了76家），日本大企业减少了96家，中国大企业增长了126家，主要是替代了美日大企业的位置（见表1）。这也是美日企业开始把中国企业当作竞争对手的原因之一。

表1　中国企业在《财富》世界500强企业中的地位

年份	1995	2001	2002	2003	2004	2005	2006	2007	2008	2009	2010	2011	2012	2013	2014	2015	2016	2017	2018
美国	151	197	193	189	176	170	162	152	140	139	133	132	132	128	128	129	132	126	121
日本	149	88	88	83	81	70	67	64	68	71	68	68	62	57	54	52	51	52	53
中国	3	11	11	14	16	19	22	26	34	43	61	73	89	100	106	110	115	120	129
德国	44	35	35	34	37	35	37	37	39	37	35	32	29	29	28	29	29	32	29
英国	29	33	33	37	37	39	34	36	27	30	31	27	27	27	28	25	23	20	16

资料来源：《财富》世界500强历年统计。

加入WTO以后，中国企业基本是以追求营收指标的"做大、做强"为目标，这和美国企业的经营目标基本一致，是以美国企业为师的结果。德日企业的成长路径则有所不同，它们好像没走"做大、做强"的道路，而是走了一条"做精、做久"的路径。

赵向阳博士引用了有关德日企业特征的相关研究，揭示了德国企业追求做隐形冠军、日本企业追求做长寿企业的现象。而美国企业追求的则是靠技术、规则创新和寡占战略形成跨国巨头。图1能够简洁地展现这些特征。

德国企业较多是追求较窄领域做强、形成一定的垄断，但并非大众所知品牌的企业；日本企业较多崇尚十几代甚至几十代传承，不做不熟悉的领域，不搞非相关多元化扩张的百年、几百年的公司（图1中的3 900家为200年以上）——当然，有些只是属于"百年小店"的家族店铺或作坊，叫不叫得上现代企业不好说。另外，德日企业都不像美国企业那样追求风投、追求成为上市公司。

与德日企业工业型、点线型、累积型的发展模式不同，中国企业

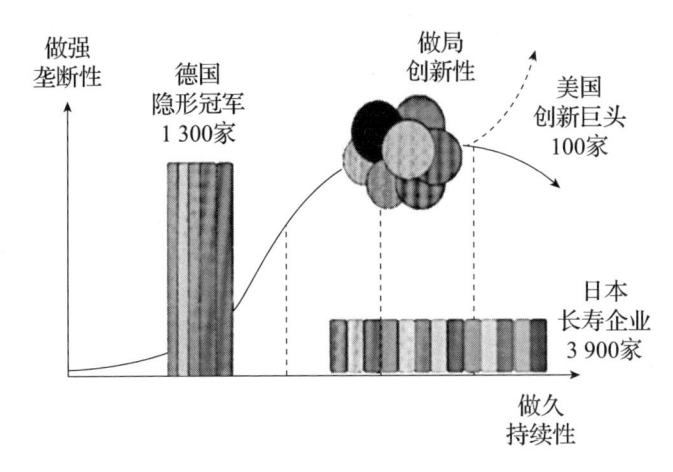

图1　德日美企业的不同成长模式

以美国为师，战略性地发展了信息型、网络型、平台型，尽管整体水平比美国企业还有很大差距，但结构类似。同时，近年来的中国企业也学习美国追求投资上市、快速扩张型发展模式，以至于P2P、对赌成为风潮，大有超过师者美国的势头。

迈向第三、第四阶段的中国企业

我认为，企业成长过程有四个阶段：第一阶段，主要是靠卖劳动力、卖资源赚钱；第二阶段，主要通过卖产品、做贸易发展；到第三阶段，开始卖设备、卖技术，高铁、核电等产品出口，和日本、德国等发达国家有所竞争；像华为等个别企业已经走到第四阶段，通过卖规则、卖标准、卖文化来参与世界竞争，主要是和美国大公司的竞争。这一竞争必然升级到知识产权的竞争、技术标准的竞争。如果企业没有掌握核心的知识产权，没有在技术标准上的发言权，就很难在以美国为核心的世界级企业中有立足之地。

可以用图 2 表示这一过程。当然，国际经济、贸易和技术是个很复杂的架构，其中不仅有竞争，还有很多合作，也可以把这四个阶段的竞争对手看作竞合对象。如果美国非要和中国切割，那就是中国企业和中国管理要被动地减少与美国的联系，而要多和德日同行了。

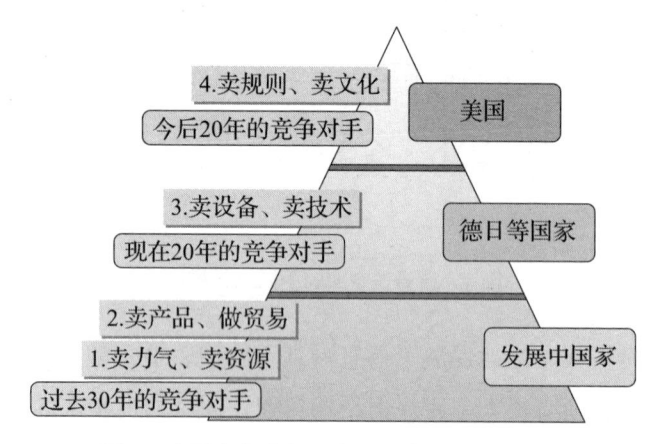

图 2　中国企业成长四个阶段的任务和对象国

企业的成长可分为量的成长、质的成长和力的成长三种类型（见图 3）。一是量的成长，衡量指标主要有营收规模、资产规模、从业人数等，可称为"做大、做多、做快"。二是质的成长，衡量指标主要有净利润、净资产和经过计算的资产利润率、人均营收、人均利润率等，也就是常说的"做强、做优、做新"。三是力的成长，衡量指标主要有相对于同行的研发投入额和成果、跨国公司指数以及市场占有率、人

图 3　企业的三类成长类型和阶段变迁

均报酬总额和组织活力等，也就是"做局、做人、做久"。

可以将新中国成立后的百年分为：前三十年，后四十年，未来三十年。中国企业需要在量的成长、质的成长的基础上叠加力的成长。大，永远是基础。从万吨水压机的大、三峡大坝的大，到今天电力网络的大、大数据的大，大在不断变得更大。质，就是架构，从企业规模的架构、行业分布的架构、地域布局的架构，到治理的架构、管理的架构、战略的架构，架构在不断优化。力，就是能量，从生存力、学习力、创新力，到竞争力、垄断力、领导力，力的成长在不断增强和激发。

企业环境多变，业务多样，目标复杂，三类成长中的"九做"指标当然会有一定的交叉，但总的目标导向和阶段变迁大趋势应该是明确的。其中既有要继续向美国学习的，也有要向德日学习的。中国经济处于由高速增长向高质量发展的转变时期，质的成长和力的成长会成为主攻方向和管理的核心课题，美英德日企业都依然是我们学习的榜样，不管美国愿不愿意让我们学习！

中国-美英-德日的三角

中国人习惯用"中西法"做出国别的文化区别，我也曾对中国和欧美的文化不同做过粗略的比较。赵向阳博士文章提出了中国和德日之间的文化相似性，认为这是与德日同行的逻辑性可行条件，并提出了可向德日企业学习的十个方面，很有参考价值。由于这些国家都是大国，因此中美德日之间会有很多的异同点，从不同角度得出不同结论，足以体现国际关系和交往的复杂性。

学习一定是学习标杆，一方面是学习具体企业的经营管理模式，一方面是研究英美德日管理与中国管理的一般现象，思考与他国的共性、差异及中国管理的定位。首先，我将当代中国与欧美的不同点用两分法总结为：

中国人认多样性，欧美人认唯一性；

中国人善辩证思维，欧美人善逻辑思维；

中国人认包容价值，欧美人认普世价值；

中国人认国家利益，欧美人认个人权利；

中国人讲尊老爱幼，欧美人讲女士优先；

中国人讲尊卑有序，欧美人讲人人平等；

中国人读《论语》尊孔子，欧美人读《圣经》敬耶稣；

中国人习惯熟人文化，欧美人强调契约文化；

中国人讲工作家庭融合，欧美人讲工作家庭分开；

中国人讲伦理纲常，欧美人讲法律制度；

…………

其次，尽管都是东方国家，但中国与日本在社会与企业文化上存在相当大的差异性，具体表现在：

中国强调多元民族，日本强调单一民族；

中国擅长商人精神，日本推崇匠人精神；

中国常用周易思维，日本常用直线思维；

中国喜欢持续变革，日本喜欢精细改善；

中国擅长制度变革，日本注重工艺创新；

中国式决策从上到下，日本式决策从下到上；

中国人做事内外有别，日本人做事表里不一；

中国是社会圈子文化，日本是公司辈分文化；

中国对外秉持选择主义，日本信奉拿来主义；

中国人认为有天堂地狱，日本人认为死了都是佛；

…………

在中美、中德、中日等国的商业和管理交往的过程中，我们不能仅凭自己的立场、按照自己的习惯思考问题，而要通过比较找出共通性、不同点，建设兼容多元化价值的管理模式。而理解了这些，我们就容易找出中国和英美德日之间的"似是而大非"，找到中国与英美德日之间的相处之道和中国的发展战略，再结合"一带一路"和其他国家的异同兼容，就能更好地服务于管理实践。

赵向阳博士认为，由以英美为师转向与德日同行的原因之一是英美在宏观和微观上出现了"失衡的三角"。尤其是美国，宏观上"公共-企业-社会领域"的大三角发生倾斜，微观上"股东-客户-员工"的小三角也发生严重失调。主要是股东利益至上造成了股东和经理层与员工和工会之间严重的对立和撕裂。我对德国情况不了解，对日本社会和企业管理略知一二。借助赵向阳博士的三角论，我把日本的特色分为四个三角：

一是宏观社会组织三角。日本社会基本是一个官（政治家）、僚（公务员）和商（企业家）构成的三角结构，以政治家为重心来运作。

二是宏观产业结构三角。除农业外，日本是以工业、信息和金融三大领域形成三角产业结构。以工业制造为核心，发展与工业制造紧密结合的IoT（物联网），金融则作为支撑。比如日本制造业企业的软件基本是定制化的，附在强势的汽车、设备和生产装备业之上，而不像美国那样的通用型软件。银行作为企业的主力银行，相互之间是较为平等的合作，不像中国的银行那样强势和利润丰厚。

三是中观行业组织三角。日本是一个以行业协会、地域协会和企业集团三种跨企业组织为纽带的三角结构，以保持共生协商和对外排他性的平衡。

四是微观企业组织三角。日本企业是一个以员工、股东和客户构成的三角平衡结构，以员工为中心来运作。改革了多年，大企业基本上还是实行终身雇佣和年功序列。这和美国企业的股东利益至上确实有很大不同。

和美国企业一样，运作好这些三角是不易之事。众所周知，日本企业发生过"过于关注员工利益"和"泡沫经济"的三角失衡问题。

回到是"以英美为师，还是与德日同行？"的问题，让我们看到了中国-美英-德日的三角结构。不管中国是以英美为师，还是与德日同行，中国企业及其管理的模式可能既成不了英美，也成不了德日。我认为，中国模式和英美模式、德日模式之间可能还是个三角。中国和美英、德日之间，不是不在一个轨道上，而是不在一个维度上。

未来如何选择？

从近现代中国学习国外管理的历史看，谁厉害，谁的企业业绩好，就学谁的，是一条基本规律。日本最开始学的是英国，后来是学德国，再后来是学美国。日本企业厉害时，美国反过来学日本，基本上也是遵从这条规律。即使国家之间不交往——比如中美经济和企业切割，只要美国企业业绩好，人们依然会学习美国管理，但如果美国企业走下坡路，即意味着管理和管理理论出了问题，就不会成为学习标杆。新中国成立70年，我们最开始学苏联、东欧，后来学日本和德国，再后来学美国。一路学来，中国管理最终依然是"以我为主、博采众长、融合提炼、自成一家"。

中国的企业家以其丰富的实践经验，在中国的管理学理论发展中同样起着举足轻重的作用，为中国管理理论的创新贡献了大量闪光思想。如华为总裁任正非提出的以"以客户为中心，以奋斗者为本，长期坚持艰苦奋斗"的奋斗者文化等；国家电网前董事长刘振亚提出的"1个战略体系、6大支柱、3个中心"的163卓越管理体系等；海尔集团董事局主席张瑞敏提出的"人单合一模式"等；联想集团名誉主席柳传志提出的"定战略，组班子，带队伍"管理三要素等；中化集团董事长宁高宁的"选经理人、组建团队、发展战略、市场竞争力、价值创造"的五步组合法等。作为管理学者，跟踪和参与这些具有中国企业影响力的企业家的管理实践，使我们能够更了解中国管理和理论的真髓，知道它们的产生，明白它们的应用，也理解它们的局限，最终提炼出产生于中国的管理理论。

未来的中国企业家，应该思考"政治信仰、中国道路、全球意识、底线思维"的新"十六字方针"，设计我们 30 年的未来。政治信仰是组织信仰，不是宗教信仰；中国道路是普适道路，不是专属道路；全球意识是共同体意识，不是结盟意识；底线思维是边界思维，不是道德思维。站在后天看明天，我们要立足未来，设计未来，要继续借鉴西方思维模式，继续创新技术方法，继续取得管理成就，继续做出世界贡献。

4

企业管理模式的比较、借鉴和探索
——陈凌教授[①]评《转向》一文

赵向阳博士内容丰富、观点鲜明的文章在管理学者微信群里传播以后,引起了广泛的关注和讨论。我在求学阶段曾在德国学习生活多年,回国后一直在比较企业史和家族企业研究中关注德国企业。近五年我曾多次组织企业家访问德国和日本企业,感受到德日模式对于中国企业家的极大吸引力。因此,读了《转向》一文深受启发,也为其中的论点所吸引。我非常乐意把读后的思考写下来,求教于赵博士和国内同行。

赵博士认为,新中国成立七十年中,1949—1978年中国以苏联为师,全面实行计划经济;1979—2018年以英美为师,全面学习和建立市场经济。他的核心观点是,我们正处在一个新的历史时期的开端,"……因为政治制度、国家文化、发展阶段、发展路径等之间的巨大差异,英美模式越来越不适合作为中国学习的'好榜样'。而以强大的制造业为基础,社会发展更加平衡的德日才应该是中国的好同伴。在接下来的三十年里,我们应该坚定地转向与德日同行,早日实现中华民族的伟大复兴"。对于这个非常大胆的观点,我的评述可以概括为两层意思:第一,我非常认同赵博士的分析视角和趋势判断,这一分析视角非常宏大,包含的内容很丰富,但是最终落实到的观点又很具体,

---

① 浙江大学管理学院教授。

那就是中国企业管理模式未来的探索方向。第二，我并不同意文章标题所代表的转向观点，也就是从"以英美为师"到"与德日同行"的观点，而更建议用从模式的比较、借鉴到模式探索的转变，打破企业管理模式的宿命论，积极探索具有生命力的中国企业管理模式。

如何理解企业管理模式的跨国比较

赵博士在讨论中并没有给出有关模式的明确定义，我尝试给出我的理解，作为我们讨论的基础。我们从相对较少疑义的德国模式和德意志模式开始讨论吧。虽然这两个模式的英文都可以翻译成 German model，但是德国是一个国家概念，其政治性质和空间范围随着历史行程有较大变化，而德意志却是一个文化和历史的概念。由于我们讨论的是企业管理模式，而 1871 年德意志帝国成立之时，有很多工商企业（少数直至现在依然存在）已经成立，因此我们应该用历史和文化的定义来界定德意志模式。德国模式而不仅仅是指联邦德国模式。联邦德国成立于战后的 1945 年，在总结历史经验和教训以后所确立的"社会市场经济模式"是联邦德国社会经济的基本理论和政策体系，举世瞩目的战后德国经济奇迹就是这一模式被世人肯定与推崇的重要历史契机。但是我们探讨企业管理的德意志模式，就必须把历史的眼光投向更早的时期。

简而论之，德意志从一个分裂、落后的农业社会发展成为如今统一和高度发达的工业现代化社会，其现代化进程经历了一个漫长而曲折多变的过程。企业管理的德意志模式的历史起源至少有以下三个方面：一是中世纪中后期德意志城市工商业的发展和普遍产生的工场生产、职业传承和行业协会，这是当今享誉全球的"德国制造"的遥远鼻祖。二是 16 世纪欧洲的宗教改革。马丁·路德（1483—1546）所开创的路德新教带来新的精神气质、新的伦理道德和职业观念，彻底摆脱了传统宗教的束缚，激发了德意志理性上的现代化，为科学和大学发展奠定了重要的思想基础。三是以普鲁士国王为代表的中央集权国家所发挥的积极作用，尤其是经过霍亨索伦家族从弗里德里希·威廉大选侯到腓特烈三代君主近一个半世纪（1640—1786）的励精图治，积极实行保护工商业，促进商业网络建设，通过各种政策"引资纳才"（包括被宗教迫害而流离失所的犹太人），重视科学研究和大学建设，使得普鲁士成为欧洲的人才高地。

我的这些讨论可以看作是对《转向》一文的补充，有关德意志模式历史起点的论述和赵博士略有不同。我强调用德意志文化区域的概念来定义企业管理的德意志模式，那么从空间上，我们必须把同样以德语为母语的奥地利和部分瑞士区域纳入这个模式的有效范围。经济学家熊彼特在分析欧洲现代化进程时曾说过，"到 15 世纪末，习惯上与'资本主义'这个意思模糊的词相关联的大多现象都已显露出来，其中包括大企业、股票和商品投机以及'资金高速运转'……封建社会包含着资本主义社会的所有胚芽。这些胚芽缓慢地生长，但每一步都留下了自己的脚印，每一步都使资本主义方法和资本主义'精神'有所发展"[1]。这段话同样适合欧洲各国企业管理模式的漫长形成过程。由于篇幅和本人知识所限，我在这里无法探讨德日模式和英美模式的具体定义、历史起点和发展进程比较，显然，这是非常有意义的研究话题。

有意思的是，虽然和英国相比，德国是资本主义的后起国家，但是德国企业管理在现代化进程中并没有走借鉴英国模式的道路，而是立足于本国的地理位置、资源禀赋和发展阶段等因素开展模式探索之路，这使得德国企业在 19 世纪后半叶利用新一轮产业革命后来者居

---

[1] 约瑟夫·熊彼特. 经济分析史：第一卷. 北京：商务印书馆，2015.

上，在很多领域超越英国、荷兰和法国等现代化更早的国家。我会在本文的第三部分回到这个话题。

宏观与微观、平衡与匹配

能够被称为模式的，应该是具有足够历史发展的曲折过程并受到时间考验的较为稳定的理念和方法。当然，没有一种模式可以是常胜将军，更不可能找到所谓的最佳模式而一劳永逸。因此，我们应该如何理解模式中的不变和可变部分呢？历史的延续、经验的总结必然会产生一些不变的类似于中国文化中"道"的内容，德日模式和英美模式都有这样的不变的内容值得挖掘，而且应该是不同的。

《转向》一文在第五部分讨论德日模式的哪些经验值得我们学习时，列举了商业伦理、公司治理结构、劳资关系、企业间的合作关系等十个方面的经验，并指出了这些方面的互相支持和衔接。无疑，这是《转向》一文真正精华之所在。通过这十个方面的论述，德日模式和英美模式的系统性差异较为清晰地显露出来。赵博士文章中非常值得关注和探究的分析视角的新颖之处，是他对两个三角关系（宏观大三角和微观小三角）的重视和强调，他引用明茨伯格在《社会再平衡》一书中的观点，把不同国家在公共、私营和社群部门之间是否可以维持足够的平衡，看作是这些国家社会经济健康发展的关键所在。那么，宏观大三角和微观小三角内部是如何能够得到各自的平衡的呢？宏观大三角和微观小三角之间又是如何协调匹配的呢？赵博士认为，每个国家的成功经验，都是相互耦合和交织在一起的体系，它们相互作用，有系统内的自洽性。

由于德日之间依然有很多重要的区别，我建议用以下五个方面来概括德意志模式的主要特征：第一，德国企业基于核心竞争优势而不是短期盈利的发展目标，构建长期发展的生态环境。第二，专注主业和独特定位，重视研发与创新，同时贴近客户，不断挖掘客户需求持续成长。第三，基于人本主义的和谐劳资关系，企业发展人才先行，重视培训和员工成长，以核心员工长期雇佣为特征。第四，稳健的财务政策，公司治理以双层治理结构为主要特征，大股东（主银行或控股家族）为主的监事会和经营团队为主的董事会分工明确又紧密合作。第五，反映时代精神的独特企业文化。如果从以上五个方面分别考察宏观和微观视角的企业发展理念和行为，那么我们得到五对概念，分别是生态环境-企业目标，产业结构-专注主业，教育体系-人才战略，金融体系-公司治理，时代精神-企业文化，这样十个方面的具体内容应该和《转向》一文中的十个方面有很大的重合，值得以后专文论述。

通过多年在德国学习生活所积累的经验，我能够感觉到这样环环相扣、合理对接的社会经济政策的巨大威力。以本人比较熟悉的家庭政策为例，德国非常重视社会市场经济模式中家庭作为社会细胞的作用，从税收、教育、社会福利和补助等配套政策，鼓励家庭和睦、婚姻稳定和子女教育，例如，税收上鼓励家庭多在教育和培训上投资；德国公民以家庭为单位报税，鼓励夫妇分工合作，兼顾市场收入和家庭所需的各种活动，切实提高生活质量；丈夫去世以后的社会福利由妻子继续享用等。这些国家家庭政策和企业对核心员工的长期雇佣政策相配套，才会有企业员工的长期投入和精益求精的工匠精神。值得提及的是，这些配套政策的很多内容历史悠久。众所周知，德国是世界上最早（19世纪80年代）建立社会保障体系的国家，而且这些社会保障体系得到了企业主和员工的共同支持。德国社会经济模式不仅影响企业行为，而且进一步影响到家庭和个体的行为。德国模式有其独特的系统持久的力量，值得我们学习和借鉴。

从模式比较和借鉴到模式探索

中国近现代史上也多次出现对于发达国家经济模式的比较和学习，例如，19 世纪后半叶洋务运动对于西方发达国家，20 世纪 50 年代对于苏联计划经济模式，20 世纪 80 年代对于欧美发达国家，还有对日本、韩国、新加坡等亚洲国家经济模式（包括企业管理模式）的学习和借鉴。后进国家企业在向先进国家企业学习的时候必须做跨国比较，因为任何经验都不是唯一的，解决同样问题的办法可以是有差异的，比较过程中的学习借鉴也自然会发生。通过比较分析，学习才会更有效率。在跨国接触的机会随时随地发生的当下，我们需要的是从点的模仿走向系统的学习。点的模仿很容易，系统的学习却非常不易。我们近百年来不断地在转换我们的学习目标或借鉴模式，这本身就是一个巨大的理论误区，这也是我不能同意赵博士要"从以英美为师，转向与德日同行"这一观点的根本原因。

第一，德国作为后进国家为什么没有学习模仿英国，而是探索自身的企业管理模式有很多历史原因，因为当时英国本身还在探索过程中，历史早期英国并没有值得学习模仿的成功企业，现代管理学也还没有产生。但是，如果关注到德国经济学家对待英国古典经济学的态度和做法时，德国人的理性和自信，以及重视自身国情的特点来制定政府和企业的政策等态度就非常坚定。1841 年德国经济学家李斯特（1789—1846）出版了《政治经济学的国民体系》，书中不认同斯密、李嘉图的价值理论，他认为英国古典经济学是世界主义经济学，这个理论不利于落后的德国。他指出，财富的生产力远比财富本身要重要很多倍，如果按照价值理论向别国购买廉价的商品，那么德国工业的生产力将永远处于落后状态。李斯特是德国经济学历史学派的重要创始人之一，德国经济学是基于自身国情的认真研究来决定如何学习英美主流经济学，德国经济学从生产力出发思考社会经济体系，后来这个概念转变为产业竞争力、区位竞争力、企业竞争力等在经济学和管理学普遍运用。德国管理学也从这个角度出发，构筑成基于长期竞争力的企业成长理论和相应实践模式。这个传统一直延续到现代，比如在从美国发轫的MBA（工商管理硕士）项目风靡全球过程中，德国高校并没有闻风而动推出类似项目，MBA在德国不吃香的原因是这个国家的企业重视培训，员工的流动率比较低。而且德国的商学教育本来就非常强调理论联系实践；德国强大的职业教育的双元制模式也是上述理念的明显例证。

第二，正如赵博士在文中提到的1871年日本岩仓使节团对于西方发达国家的比较和学习，并最终决定主要借鉴德国模式，这是典型的后起国家对于发达国家经济模式的学习和借鉴。日本学习德国模式过程中是如何吸收和消化日本模式与德意志模式的区别和不同，这是非常值得深究的问题。我认为德国和日本确实在国家规模、资源禀赋、产业结构和政治体制等多方面有很大的相似性。从前文德意志模式的五个主要特征来看，日本企业在企业目标、产业特征、劳资关系、治理结构和企业文化的宏微观表现都有很多类似点，所以德日模式并称，两国人互相欣赏和互相影响也是不争的事实。但德日模式是否就是中国企业管理模式的学习对象呢？这个问题还需要继续讨论。我的观点是，从企业管理模式的学习和借鉴的对象来说，中国企业应该向所有卓有成效的企业管理模式学习，无论是德日模式，还是英美模式，还是像新加坡、以色列、意大利、北欧各国等不属于上述两种模式的企业模式，它们都包含值得我们关注和学习的地方。但是从未来企业管理模式的整体发展来说，中国企业管理模式既不会是德日模式，也不会是英美模式，我们必须探索有别于前两种模式的第三种模式，或者就是中国模式。

第三,《转向》一文最大的理论贡献是提醒我们必须用更加系统论和整体论的角度来理解和评估中国企业管理模式,理解和评估企业生存发展的生态环境,把企业自身的成长和生态环境的改善结合起来。我觉得,即使经过了改革开放四十余年的不断努力,中国社会经济中的宏观大三角和微观小三角还是存在不同方面、不同程度的不平衡,尤其是宏观层面和微观层面的匹配程度还有待改善。因此认真全面理解企业管理的英美模式和德日模式,认真反思中国企业管理模式宏微观两个层面的系统性缺陷,非常有必要。

第四,从企业管理模式的跨国比较到相互借鉴,再到有意识的顶层设计和积极探索,这是我们研究企业管理模式的最终目的。我们不是为了比较而比较,而是为了更好地直面中国企业管理实践及其生存环境。由于中国的国家规模和国家政策、国内跨区域跨产业的内部差异、不同所有制企业并存、新一轮产业革命所带来的机会和挑战等原因,我们必须打破经济模式和企业管理模式的宿命论,知行合一,积极探索中国特色有生命力的企业管理模式。

企业管理模式这一课题本身就需要通过全面系统的跨学科分析视角来加以研究,我认为这样的研究有意思,也非常有意义。在当今全球化的时代,中国、德国和日本的政府官员、企业家和学者互相交流的机会越来越多,也越来越深入,期待有关各国经济模式和企业管理模式的生动活泼的交流和探讨。

PART
2

第二部分
国家关系

1

今日的美国,真的病了吗?(上篇)

多年来,我一直拒绝面对摄像机和麦克风,但应机械工业出版社的诚挚邀请,2020年6月,平生第一次参加访谈节目,解读诺贝尔经济学奖得主斯蒂格利茨的新书《美国真相》,对话该书的译者刘斌先生和新浪新闻主持人文晶女士,讨论中美贸易战,以及美国为何走到了今天这个地步。事后,我将访谈中我所讲的内容写成了这篇文章,发表在2020年6月30日的"正和岛"公众号上。

7月中旬,这个长达一个多小时的访谈节目播出以后,引起很大反响。据说超过30万人在线浏览观看,我带货的效果甚至超过斯蒂格利茨本人和林毅夫教授。

关于近年来美国所显现出来的病态和相对衰落,有许多诊断性论著。我经常推荐朋友至少阅读以下四本书,因为它们分别从不同的学科视角深入分析了美国是如何被华尔街金融巨头和硅谷科技巨头所绑架、所裹挟,在全球化时代掏空了美国,造成实业空心化、贫富分化、民意分裂,甚至造成了继南北战争和越南战争之后,美国的第三次大分裂。

第一本书就是斯蒂格利茨的《美国真相》,主要是从经济学和政治学的角度进行分析。第二本书是《冲动的社会:我们为什么越来越短

视,世界越来越极端》,从消费心理的角度开始剖析,逐渐拓展到社会生活的其他领域,偏微观层面。第三本书是《清教徒的礼物》,是从美国管理史的角度分析,聚焦在公司和管理实践,属于中观层面的反思。第四本书是《许倬云说美国:一个不断变化的现代西方文明》,是从历史学家的视角进行分析,上下两三百年,纵横千万里,虽然研究的对象是美国,事实上是写给中国人看的,读来有一种熟悉感。

原文较长,所以我分为上篇和下篇。上篇是关于《美国真相》的比较系统的解读,而下篇更多的是我直截了当地回答文晶女士的几个问题,加入了我自己的很多见解。

一本改变了我关于美国认知的新书

不断升级的中美贸易战、动员整个国家的力量打压华为、新冠肺炎疫情在美国大面积暴发、一个黑人之死引发的广泛抗议……美国为什么会走到今天这个地步？斯蒂格利茨的新书《美国真相》是一本让我对这个问题有了全景式、深刻清晰认知的书。

近年来读过一些关于美国的书，例如，《乡下人的悲歌》《美国陷阱》《出身：不平等的选拔和精英的自我复制》《注定一战：中美能避免修昔底德陷阱吗?》等，我也反复看过美国公共电视台（PBS）2020年重磅政治纪录片《美国大分裂：从奥巴马到特朗普》（上下）。但总感觉它们关于美国的介绍是碎片化的，而我自己对美国的看法也是雾里看花，在黑暗中摸索。直到遇到了《美国真相》，这一切才彻底发生了改变。许多碎片化的认知瞬间聚合在一起，拼凑起了一个完整的认知图像。这大概就是心理学上的格式塔完形。

虽然此书的主题是关于美国的，但是我阅读此书的关注点更多是放在中国，或者放在管理学。我念兹在兹的是：（1）这本书对中国有什么启发？（2）经济学研究对于管理学研究有什么启发？

美国真的病了！而且病得不轻

2017年特朗普任美国总统之前，或者2020年新冠肺炎疫情暴发之前，很多人包括我自己，对美国的认知可能基于如下著作的影响：

200多年前的《联邦党人文集》，历代美国总统的传记，1960年前后历史学家丹尼尔·布尔斯廷出版的三卷本《美国人》（包括《殖民地历程》《建国历程》《民主历程》），以及1980年前后保守主义政治学家拉塞尔·柯克撰写的《美国秩序的根基》等。

我们原来对美国的印象停留在一个青春年少、朝气蓬勃、阳光灿烂的时代。山巅之城、西部拓荒者、三权分立，民主、自由、平等，让人神往。可是，反观当下的美国，许多人和我一样开始怀疑，到底哪一个美国才是更加真实的？

事实上，今日的美国生病了，甚至已经病得不轻！当今美国问题的根源应从20世纪70年代消费主义泛滥开始算起，以金钱为中心的个人利己主义成为美国社会的主流价值观。而斯蒂格利茨在《美国真相》中则把美国衰败的根源追溯到里根时代的新自由主义经济政策。如果要深刻理解美国为什么会走到今天这个地步，必须阅读《美国真相》。

从字里行间解读斯蒂格利茨其人

在解读此书的基本内容和深层逻辑之前，我想先谈谈我对斯蒂格利茨个人的粗浅印象。我和他没有直接的个人接触，仅仅是看过他的几本书，比如《全球化逆潮》《不平等的代价》《自由市场的坠落》。我一直认为，人文社会科学里作者的人品和价值观在很大程度上决定着他的学术立场和水准。因为不同于自然科学，人文社会科学不可能是价值无涉。在某种程度上，作者的学术观点就是他的生活经历的某种反映和理论提升。如果读者不认同作者的人品和个人价值观，就很难喜欢上他的作品，虽然这听起来很主观。

虽然在此书中斯蒂格利茨没有说明自己的政治立场，但通读下来，明眼人一看就知道他是一个典型的民主党人、白人左派。请注意此书的英文名字 People, Power and Profits: Progressive Capitalism for an Age of Discontent（人民、权力和利益：不满意时代的进步资本主义）。美国民主党内部有一个重要的党派，就叫"进步民主党"。斯蒂格利茨在本书中的基本观点和这个党派的政治主张非常相似。我们甚至可以把此书当作民主党关于美国政治和经济改革的纲领和宣言。

我很好奇，不知道此书在 2020 年美国大选中是否发挥了作用，所以特别咨询一位在美国生活工作了几十年的师长。他告诉我，"这本书可能不会对美国的普通民众有任何影响，因为美国民众一般只看政治家推特上的话，很少进行深度阅读"。

事实上，此书通俗易懂，面向一般读者，不是那种面向学术圈的"希腊文字"。同时，它的理论功夫非常扎实，其中的每一个重要观点都是建立在严谨的理论研究和经验研究的基础上。完全没有国内学者那种追热点、煲鸡汤、神逻辑、造名词的现象。这可以从书后的 70 页左右的注释中看得出来，从书中致辞感谢的众多学术界同道中也可见一斑。

虽然作者对"美国为什么会走到今天这个地步"感到痛彻心扉，但是仍然对美国抱有非常深厚的感情。在最后一章"美国的复兴"里，其字里行间更是饱含激情和感情。斯蒂格利茨试图帮助美国人在绝望中寻找希望，建立希望。但是，他对美国的未来，最多只是谨慎乐观，甚至可以说相当悲观。

斯蒂格利茨曾担任克林顿政府时期的经济顾问委员会主席、世界银行副行长兼首席经济学家等，经常在全世界飞来飞去，深入发展中国家，发表演讲和提供政府咨询等，所以他具有极为宽广的、更加平衡的全球视野。不同于某些美国政要的"美国中心主义"和"美国优先"，他非常尊重和理解发展中国家的难处，对中国的经济发展成就尤其赞赏有加。

文如其人。从这本书的字里行间，我们可以看到一个非常有激情、对自己的理论观点有坚定信仰的人，也能看到一个性格宽厚、平易近人的人，一个在生活中你乐于结交的朋友。这可能与他的个人出身和成长经历有关。他出生在印第安纳州加里市，一个没落的工业城市，他的许多中学同学混得非常不好。他的父亲是一个勤勤恳恳的保险销售人员，一直工作到95岁才退休。而他的母亲则在有色人种占优势的地方当小学教师，后来经过不断努力在某个社区大学当老师。

斯蒂格利茨本人就是一个典型的美国梦的见证者。可惜，像他这样的人，现在在美国越来越少。因为在当下的美国，社会阶层日益固化，昔日的"美国梦"真的快要变成一个梦幻了。所以，在斯蒂格利茨的众多研究中，他始终关注贫富差距、分配公平和社会不满。

跳跃式解读《美国真相》中的经济逻辑和政治逻辑

"吾道一以贯之"，这句话放在斯蒂格利茨身上非常合适。斯蒂格利茨的"道"就是信息经济学，这是他的安身立命之本，他也因此获得2001年诺贝尔经济学奖。信息不对称和信息不充分经常导致市场失灵，所以他特别强调垄断企业的危害性和自由竞争的重要性。他所提出的垄断企业滥用市场势力（market power）的观点令人耳目一新。巴菲特津津乐道的企业必须有护城河，企业家彼得·蒂尔在《从0到1：开启商业与未来的秘密》中所强调的"弱者才去竞争，而强者则垄断"的观念，在斯蒂格利茨看来都是不正当的竞争行为。

不同于那些新自由主义经济学家，他特别强调有为政府和集体行动的重要性，强调社会、政府和企业三者之间的平衡。请注意本书的英文名字：People，Power and Profits，事实上分别对应的就是这三者。虽然英文原著的名字忠实地表达了作者的本意，反映了一个学者应有的严谨性，但中文译本翻译成《美国真相》则更加朗朗上口，便于记忆，易于传播，更满足了人性的窥探好奇的心理，也揭示了读者所不知道的美国的另一面（善恶并生、稳乱交错和强弱共生）。

在《美国真相》里，斯蒂格利茨从经济学出发，最后跨界到了政治学领域。他认为美国今天的贫富差距太大，根源在于美国的政治制度出了问题，甚至进一步说是美国的价值观出了问题。未来美国的发展，需要建立新的社会心理契约，需要建立在一种不同的观念革命的基础之上。

《美国真相》的经济逻辑

让我们先看看《美国真相》背后的经济逻辑。从1980年前后开始的新自由主义经济思想（芝加哥学派，以密尔顿·弗里德曼为代表。这本书里竟然一次也没有提及哈耶克！）——里根和撒切尔夫人的市场化改革，崇尚市场至上，放松政府管制（看不见的手、涓滴经济学），认为政府有问题（"政府不能解决问题，政府本身才是问题"）。

从1990年开始，美国变成了一个公司化的世界（大科技和大金融的结合。"金融本来应该是工具，现在变成了目的！"）；

从价格歧视、就业歧视到大托拉斯垄断和市场势力滥用。

斯蒂格利茨甚至借用了马克思关于"剥削"的概念，而不是继续沿用一个软化了的"歧视"概念。

资本逐利的本质和美国政府的弱小，导致管理不善的全球化。中国的崛起和美国产业空心化只是一体两面而已。

新技术带来的挑战进一步加强了问题的严重性。互联网、智能制造、供应链的全球转移，中低端工作岗位的流失。

贫富分化，民众不满。绝大多数美国人在过去四十年里收入停滞甚至下降。1%的富人的财富增长十几倍。2011年占领华尔街运动中，"我们就是那些99%"这个口号就来自斯蒂格利茨在《华尔街日报》上的专栏文章。

《美国真相》的政治逻辑

在斯蒂格利茨看来，美国的民主体制有问题。一人一票，变成了"一美元一票"。尤其是放开企业对政治家的捐赠的限制，"累退税制"为富人和大企业减税。特朗普任期内甚至有可能暂时性地取消遗产税，为富人财富的代际转移提供机会。

美国领导力的缺位和混乱（小布什、特朗普两个共和党人，两个MBA！斯蒂格利茨甚至对里根也有很多批评，对克林顿也不满意，这一点颠覆了许多中国读者的既有认知）。几场昂贵的战争（阿富汗战争、伊拉克战争，美国的花费超过2万亿美元等）；美国对教育和研究投入不足（注意：这是相比美国的GDP和保持"美国第一"的战略需求而言，书中没有言明这一点，中国读者阅读时必须保持清醒）；基础设施陈旧（高速公路破旧和在5G竞争中失败）；公共医疗非常昂贵，不能覆盖全民（美国是西方发达国家中唯一不认可"全民享有医疗保险是基本人权"的国家）；种族、民族和性别歧视，美国在应对新冠肺炎疫情中令人震惊的拙劣表现，黑人乔治·弗洛伊德之死所引发的大规模抗议活动；种族歧视的本质是贫富差距过大带来的阶级矛盾，也就是巴菲特所说的"阶级战争"。

《美国真相》分为两部分：第一部分揭示美国面临的问题；第二部分开药方，提出解决方案。对于中国读者来说，读起第一部分（迷途）感觉很过瘾，有一种"看热闹，不怕事大"的心理。读到第二部分（重建美国的政治和经济：未来之路）时，可能觉得事不关己、高高挂起，缺乏阅读第一部分时的沉浸感。事实上，第二部分对于中国的改革同样具有启发性，是我们在未来发展中需要尽量避免的"坑"。

阅读任何人的书，哪怕是诺贝尔奖获得者的书，都应该保持清醒的头脑，批判性接受。我在阅读时反复提醒自己几个问题：斯蒂格利茨会不会把美国问题说得太严重了？美国谚语"别人家的草坪更绿"，斯蒂格利茨会不会"爱之深，责之切"？甚至有朋友说，斯蒂格利茨根本不了解中国共产党，对中国抱有一种幻觉，真的吗？试问，国内又有哪个学者能把中国问题和中国故事讲得像斯蒂格利茨那样清楚呢？究竟是"只在此山中，云深不知处"，还是"横看成岭侧成峰，远近高低各不同"，或者是因为中国缺乏高度发达的思想市场？

此书对中国的启示

我们读《美国真相》时，不要抱着幸灾乐祸的心态，更重要的是从中吸取美国相对衰败的经验教训，思考中国的未来发展。事实上，中国问题在很大程度上和美国问题在方向上是相反的。

比如，中国政府权力过大，金融市场过于保守，社会组织非常弱小。在某些经济领域，又过于放任和无序（比如，P2P 和共享单车）。中国创业活动中很多都是寻租的，不是在创造价值，而是在转移价值。比如各种各样的针对中小学的辅导班，以摧毁孩子和中国教育为代价，实现个人财富自由和公司利益最大化。

我们一定要始终记住华尔街的危害性，不能让中国经济走上脱实向虚的道路。建立健全资本市场是中国经济改革的一个重点。科创板开板、创业板注册制落地、对上证指数编制方法进行改革等，很好，中国的股市必须配得上中国过去几十年的经济发展成绩。但是，在金融问题上，我们宁愿步子稍微慢一点、保守一些，也不能太快，不能太"创新"。

例如，2020年5月，十三届全国人大三次会议上，有代表提出关于延长股票市场交易时间，与国际市场接轨的问题。我个人认为，这种提案纯属荒谬。熟悉股市的人都知道，任何突发事件对股票市场的影响，在一天内甚至半天内就会在市场力量的反复博弈中充分消化，从而达到某种合理的价格均衡。从长期来看，每天交易四个小时与每天交易六个小时，对股市没有任何影响。相反，斯蒂格利茨在书中建议对目前流行的高频交易提高交易手续费，减少股市投机，我认为这是非常合理的建议。我甚至顽固地认为，股市每天交易半天就够了。我们应该减少交易时间，留出更多的时间用于生产性活动，例如，公司调研、理论学习甚至休息娱乐。

我在2019年9月撰写的《大变局下的中国管理：从以英美为师，转向与德日同行》一文中提到，德国和日本的发达都不依赖一个过度繁荣的金融市场。德日企业的发展更多是靠银行、靠公司的自我滚动式发展，公司内部有充沛的现金储备。有研究表明，如果一个国家要发展高科技、突破性创新，更多要靠风险投资和股票市场，但是，如果要发展实业、渐进性创新，要依靠偏保守的银行和债务市场。如何平衡这两者之间的关系，才是考验政府执政能力的试金石。

如果说以前我们很多人对于"四个自信"还停留在口头，我相信读完此书，结合美国当下的各种乱象，以及此次抗疫中中国的出色表现，许多读者会对"四个自信"有更多的认同，会更加深刻理解过去四十年里中国的成功之道，一个有为政府、集体行动的重要性。

市场和制度是人为建构出来的，市场经常失灵。哈耶克所说的"自发的秩序"并没有想象的那么金科玉律。"中国政府规划森林，让树木自由成长"（约翰·奈斯比特语）是更加正确的道路选择。转移支付、对口援助、脱贫攻坚战、共同富裕真的很重要；不能让资本绑架政府和社会，也不能任由高科技无条件地裹挟社会；要充分估计人工智能对社会带来的巨大冲击，保持充分就业；警惕类似百度、腾讯和阿里这种大平台对企业生态和社会生态的可能危害。

此书对管理学研究的启示

　　心理学、社会学、政治学、经济学和科学哲学等都是管理学的上游和基础。管理学综合运用它们解决组织和管理问题，提高组织生产的效率。以前我们总把《美国真相》中所谈到的很多经济和政治制度当作情境背景，当作限制条件。事实上，经济学逻辑和政治学逻辑是嵌入在管理逻辑之中的，小逻辑必须服从大逻辑。如果看不懂大逻辑，小逻辑必然是盲人摸象。如果大逻辑是扭曲的，小逻辑也好不到哪里去。德鲁克用"器官"来比喻社会、组织和管理三者之间的关系，"企业是社会的器官，管理是企业的器官"。在一个病态社会里，公司作为器官是不可能正常的。

　　多年来，我对管理学科中很多理论观点并不认同，尤其不认同当下中国很多热点创业活动（几年后，许多当红公司都变成被人诟病的对象），就是因为其背后渗透的价值观。读完《美国真相》，有了更多的理论勇气可以进行批判性反思。

　　（1）过度营销。虽然我曾身在营销系，但从不做与营销有关的研究。把梳子卖给秃子的营销，不是真正的营销，而是赤裸裸的欺骗，是诱导消费者。

　　（2）消费主义。买买买，618，双11！真的有必要吗？它们在多大程度上浪费了社会资源，危害了环境？如何在消费主义和可持续发展之间保持平衡呢？

　　（3）股东价值最大化。其他利益相关者放在哪里?！对比日本公司的价值观：员工-顾客-企业。优先顺序真的很重要！

　　（4）效率至上，轻资产运营，精益生产。冗余度、稳健性、可靠性呢？想想疫情突然暴发之后世界各国拦截其他国家医疗物资的丑态吧！

（5）很多管理学的研究都是从强者和既得利益者（公司和老板）的视角研究的，而没有站在沉默的大多数员工的角度考虑问题。人到中年、没有职业安全感的员工呢？被各种营销话术诱惑、过度消费的消费者呢？在股票市场上被恶意收割的韭菜呢？被各种高利贷坑骗的年轻人呢？

读完此书，越发意识到全球治理的重要性。美国的日子不好过，它也不会让中国的日子好过。单靠一个国家的力量，即使强大如美国，也无法阻止大科技和大金融的共谋，以及资本在全球范围内的无节制流窜，流向市场最大或者最肥、劳动力最有竞争力、税收最低、环保要求最不严格的国家。其他国家、其他族群怎么办？

美国对其他国家的人才和财富有虹吸现象。四十年前，邓小平同志提出，"先富带动后富，共同富裕"，问题是当时没有预见到大规模的移民问题，更没有设想到中国有一天会诞生出这么多的千万富翁、亿万富翁、百亿级的富翁，同时也没有想到，众多亿万富翁同时持有其他国家的护照、绿卡，悄悄地进行了资产转移。有数据表明，在过去四十年里，有 2 万多清华、北大毕业生和 88% 的中国籍博士留下来建设美国。现在我们如何大规模吸引全球人才建设中国呢？

疫情过后，未来的全球化必然是有限度的全球化，要考虑到政治主权的全球化。可能会以美国、中日韩和欧盟为中心，形成三个大的经济体循环。跨国公司的利益与母国和东道国的利益在很大程度上是相互冲突的。

疫情过后，美国政府希望美国企业回流美国，我看很难。资本的贪婪本性、对中国产业链的依赖程度和中国巨大的消费市场，决定了这种回归的可能性很小。

关于减税问题，从斯蒂格利茨的观点来看，特朗普的减税主要是有利于大公司和富人，根本无法带动美国经济的发展。他历数了过去四十年的几次重要减税，包括里根、小布什任期内的两次减税，他对特朗普的减税效果很不看好。2019年年初，任正非先生在接受国际媒体访谈时，多次表达对特朗普减税的赞赏。我搞不清楚这是任总的真心话，还是给特朗普"上眼药"呢。从企业家的立场来看，或者从短期来看，减税当然受欢迎，但减税对企业的效果可能完全不同于从整个社会的角度或者从长期的角度来看的效果。经济管理的多层次、长期效果和短期效果的复杂性就在于此！

本书的不足之处

虽然斯蒂格利茨已经花了很大的努力从经济学跨界到了政治学，但他毕竟不是研究思想文化和观念的专家，所以此书对美国价值观和道德在过去四十年的演化情况语焉不详。拉塞尔·柯克在《美国秩序的根基》中把美国当作西方三千年文明的集大成者。那么，自1970年之后，美国的价值观到底发生了什么变化？美国记者保罗·罗伯茨所写的《冲动的社会》（及时满足、以自我为中心、被过度满足的消费主义文化的泛滥）可以作为此书的补充读物。

此书对美国那些伟大的创业者如马斯克鲜有提及，让人对美国社会的创新能力可能低估，产生错觉。我们一边看着马斯克发射可回收式火箭，构建环绕地球的星链，发布科幻般的纯电动卡车，一边读着《美国真相》，真让人搞不清楚，到底哪一个美国更加真实？此外，对类似比尔·盖茨这种从无到有、白手起家的富豪，然后转型做慈善公益的美国精英，此书也几乎视而不见。作为一个读者，我很想知道，美国那些为富不仁的1%到底是谁？他们在哪里？他们是如何左右和绑架美国社会和政府的？等等。

结语

读完此书，掩卷长思。当今美国的相对衰落，在于有一大群以特朗普为代表的反智主义者，他们对真相和理性形成了强大的免疫能力。而美国的强大之处，也在于有一大批类似斯蒂格利茨这样的思想家和学者，他们博学独立，能深入地思考，自由地表达。《美国真相》能在美国出版，就说明了美国仍然有强大的生命力，值得我们学习。

美国的未来，取决于到底是哪一种力量最终能胜出。美国的未来，要求美国人在灵魂深处掀起一场关于政府、市场和社会的观念革命，建立一种新的社会契约。而这一切谈何容易？！

美国的未来，相对衰败是必然的。能否转型成功？很难。斯蒂格利茨所构想的"未来美好世界"有没有乌托邦的色彩？不能说一点都没有。

2

今日的美国，真的病了吗？（下篇）：与文晶女士[①]对谈录

关于美国梦

文晶：在这本书中，斯蒂格利茨教授指出，"贫穷而勤劳的美国人可以凭借自己的努力走向富裕，这是美国立国的初衷。而今天许多人的成功并不是因为努力工作，而是通过不正当的商业行为，或者出生在了正确的家庭"。书中，斯蒂格利茨也大篇幅论述了美国梦已经只是一个神话，美式的个人主义是违背组织管理的常识的。该怎样从经济与组织的角度来理解今天的"美国梦"和美式个人主义呢？

赵向阳：所谓的"美国梦"就是一个贫穷但是勤奋的男孩女孩，靠自我奋斗，白手起家，清清白白，过上自由、富足的生活，生活在上帝的荣光之下。在美国，作为一个拓荒者，曾经享有无上的光荣。但是，现在的现实是商业欺诈横行，歧视和剥削大量存在，阶层越来越固化。说"美国梦"已经破灭，为时尚早。但是，这个梦的合法性、道德感和吸引力大大降低，是毫无疑问的。

[①] 新浪新闻主持人、记者，北京大学博士。创办个人品牌栏目"文晶Talk"对话国际政要及国内外顶尖学者，第一时间解读国际热点事件。

同样地，我们一定要重视"美国梦"或者"中国梦"的价值。社会不像物理世界，是被客观规律所统治的。社会在很大程度上是被集体意义建构和赋予出来的，是一个自我幻觉、自我催眠和自我证验预言实现的过程。不管是"美国梦"还是"中国梦"，都提供了一种动员社会民众的强大心理机制和能量。

从跨文化研究的视角看，美国是全世界 individualism 这个文化维度得分最高的。individualism 可以译成个体主义，也可以译成个人主义，但两者之间存在语义差异。一个社会的高度发展很大程度上依赖于个体主义和集体主义之间的平衡（例如德国、日本、以色列、北欧等）。事实上，美国内部也有集体主义的精神资源，比如，宗教信仰，美国是西方发达国家中宗教信仰最坚实的国家；社区，各种公益和社会组织让美国成为一个大集体；"美国梦"、爱国心、"美国第一"的荣誉感也让美国曾经成为一个文化熔炉。

特别是，20 世纪 80 年代日本对美国形成巨大冲击，来自北欧和日本的自我管理团队的概念对美国的管理影响很大。美国人虽然非常个体主义或者个人主义，但同时强调作为团队一员的重要性。

不过，相比二战之后的黄金时代（1945 年二战结束到 1967 年越南战争开始），集体主义的价值观在过去的 40 年里在很大程度上被消解得七七八八了。这应该从 20 世纪 70 年代消费主义的兴起算起。金融的力量在美国泛滥，华尔街成为英雄（清华、北大的学生也一样，最优秀的学生都去学金融了）。贪婪被认为是好的。上市公司短期导向，以季度和年报为关注点；普通民众举债消费，信用卡透支，发薪日贷款，储蓄率过低。

管理学家明茨伯格认为，这其中一个重要推手就是商学院的异化，用错误的价值观和方式，选拔和培养错误的人，产生严重的社会负面效果。小布什和特朗普都是 MBA 毕业，都被历史证明是最无能和最不称职的总统。

曾经"美国是一个熔炉",但是,现在的美国呢?"美国是一盘沙拉?""美国是一个马赛克拼图?""美国是一碗八宝粥?"我个人觉得,美国越来越变成了一盘沙拉,看起来是一个整体,事实上很分裂,美国丧失了当年的凝聚力。

美国人一定要重新理解集体行动的价值,放弃"贪婪就是好的"和自私自利的个人主义等错误观念;强化政府的作用,制定合理的产业政策;采用长期导向的政策和制度框架。至于美国的选举制度,竟然能选出一个特朗普这样的总统,真的让人大跌眼镜。我回家探亲,陕西老家村里的农民都跟我发感叹:"唉!美国总统怎么能是这样子呢?!连我们村里的一个老农民都不如!"

面对疫情,美国应该加大财政政策,而不是单纯依靠货币政策。采用大水漫灌、推高股市的方法,后患无穷。虽然在 2020 年 3 月中旬,我曾经精准地预测和把握了美国和 A 股的探底机会,在股市上获益丰厚,但我认为美股下半年仍然存在二次探底的可能性。我们不要忘记 1929 年美国股市崩溃的经验教训,要以史为鉴。

关于知识产权

文晶:书中,斯蒂格利茨教授指出:"我们难以判断今日的美国知识产权制度究竟是在鼓励创新还是扼杀创新"。书中多次提到巴菲特的护城河概念,认为现在的知识产权制度已经处于失衡状态,美国的大公司或按照书中的说法市场势力在利用专利制度阻碍创新企业的进入,是在维护垄断的利益。同时还指出,科技是经济前进的最大动力,其实美国大量企业的科技研发能力是受益于政府投资的基础研究的。这与我们传统认知的产权制度不太一样,在中美贸易战与 WTO 诉讼中,实际的知识产权纠纷是怎样的，我们需要一种怎样的专利制度才能更好地鼓励创新呢？在科技发展的过程中，国家与私人部门各自扮演什么样的角色呢？

赵向阳：我对于美国的知识产权制度从来都不以为然。我认为，就知识产权而言，美国保护过度，而中国保护不足。我们尊重美国所建立的世界秩序，尊重知识产权，但并不意味着这种知识产权制度是符合发展中国家利益或者全世界利益最大化的。

斯蒂格利茨在《美国真相》中列举了很多知识产权方面过度保护的例子。（1）版权。作者死后再延长70年，也就是所谓的"米老鼠法案"。（2）药物专利权长青。某些药品专利到期之后，仅仅通过改换药物的部分化学成分，或者改换名字和包装，就再继续延长专利保护二三十年。电影《我不是药神》中就提出了一个重要的两难问题：面对生命权，我们应该如何保护药品的知识产权？印度一直不认同美国在仿制药方面的过度的专利保护。这一直是印度和西方发达国家在签署自由贸易区或者其他国际协议时最大的障碍之一。（3）西方大公司建立了无孔不入的、严密的专利体系，构建专利陷阱和专利护城河。对于市场的后进者或者发展中国家，这是一种极其不公正的市场规则和世界秩序。但目前我们没有能力改变这一切，只能选择遵从。

近来中国政府宣布，"中国开发出来的疫苗是全球公共产品"。我认为这是对西方的专利保护的一次重要冲击，某些西方药企会很不开心。当然，把疫苗当作全球公共产品，并不意味着专利是免费的。但我们可以比那些只关心利润、不关心人命的美国大药企做得更加良善，更加能够平衡好各方面的利益。

知识产权的保护关键是度的问题。我猜想，知识产权保护与创新之间的关系是倒U形曲线。保护不足和保护过度都会严重伤害创新。但是，这需要大尺度的历史经验数据才能检验这个研究猜想。20世纪90年代，当电脑软件从计算机硬件中剥离出来，变成了一种可以单独出售的商品时，美国在软件的知识产权保护问题上就曾反反复复，不断调整政策，其目的是拿捏好分寸，揣摩这个度，既保护在位企业的既得利益，又鼓励新进入者不断创新。

关于美国的医疗问题

文晶：书中提到，"美国是主要发达国家中唯一不承认医疗保健是一项基本人权的国家，美国的人均寿命比主要发达国家都要低"。从这次疫情来看，美国的医疗制度出了很大问题，这与全民医保不能完全覆盖以及医疗资源分布不平等是否有直接的关系？这对中国有什么可借鉴的？

赵向阳：此次疫情在美国泛滥与美国的医疗体系的不平衡之间是有关系的，但疫情在美国泛滥的首要原因是：（1）美国的领导力缺失，特朗普政府失职。（2）美国以自我为中心，不愿意向别人学习，受美国天下第一的观念束缚（例如，戴口罩问题，进行社会管制的问题）。如果我们从个人学习、组织学习、社会学习的角度看，美国过去半个多世纪已经丧失了睁眼看世界、向世界学习的能力和动机。（3）美国超过 70% 的医疗物资（口罩、呼吸机、药物）的生产都在中国，严重远离消费市场，而当疫情暴发，短时间内无法供给。这就是管理不善、自由放任的全球化的恶果之一。大公司一味追求利润最大化，没有考虑到产业链的稳定性和可靠性。

美国药品的采购成本过高。美国的医疗费用是同等发达国家的 2~3 倍。2004 年，OECD（经济合作与发展组织）做过一个不同商品的国际价格比较研究。如果同等药品在澳大利亚的零售价为 1，那么日本大约是 1.2，英国大概是 1.8，美国则为 3.2 左右。在美国，一个普通的四口之家的医疗保险支出每年至少在 5 000～8 000 美元。如果没有医疗保险，生了病在美国只能死扛。截止到 2020 年 6 月 25 日，此次疫情中美国死掉的 12 万多人中，绝大多数是有色人种、低收入人群和老人。优胜劣汰，适者生存，社会达尔文主义，这些观念本质上仍渗透在美国文化之中。

中国的情况则完全不同。面对疫情给中国带来的巨大冲击，为了推动经济发展，"铁公鸡"等老基建仍要继续搞，要适当依靠投资拉动经济。以 5G 和人工智能为代表的新基建也要上马，但短期内靠新基建解决不了大规模的就业问题。更重要的是大力投入软基建，把医疗、教育和社会保障等搞好，让大家有安全感和幸福感。2019 年年初，我因为滑雪断了两根韧带，2020 年 5 月又因为骑摩托车撞断两根掌骨，反复地进出医院，深刻体会到看病难、看病贵。真的是要为此大声疾呼！

关于新自由主义

文晶：书中大篇幅批判了新自由主义，我想反对新自由主义与"华盛顿共识"是斯蒂格利茨教授的一贯立场，甚至也有人认为，斯蒂格利茨教授获得诺贝尔经济学奖的研究成果——"不对称信息理论"本身就是研究市场失灵的问题，是对新自由主义的一次理论批判。真的像本书所说的市场万能理论是美国经济与制度问题的根源吗？应该如何认识新自由主义对中国人的影响？我们该如何破解市场万能的迷信？

赵向阳：新自由主义经济学说的确是美国近四十年衰落的重要原因之一。但我最近开始怀疑我们原来信奉的关于美国强盛的基本逻辑

（主要归因于政治体制的优势）是否正确。我觉得我们很有可能是颠倒了因果关系，做了错误归因。事实上，美国的自然资源、独特的地理优势，赶上第二次工业革命和第三次技术革命，两次世界大战所带来的发战争财的机会，作为一个新兴大国没有历史路径依赖和包袱，以及其他国家的相对衰落等导致的人才流入，特别是以上这些领先优势因素之间所形成的相互强化，所产生的滚雪球效应和领先者优势，才可能是更加根本的原因。当然，美国政治体制的优势也发挥了巨大作用，这一点无可否认。

经过此次疫情，我感觉到风向要变了。越来越多的人从"华盛顿共识"要转到"北京共识"了。当然目前还没有这样一个共识，这只是我的一个比喻而已。近来，福山教授也改变了自己的观点，不再谈"历史的终结"，而是更多地强调国家能力、民众对政府的信任等的重要性。

过去四十年里，美国商学院和经济学院的教科书里充斥着新自由主义的价值主张，很多美国学者和中国学者盲目跟风，缺乏清楚的觉知和反省。中国经济学者中，尤其是50～70岁这一代中迷信新自由主义的学者很多，他们言必称市场、言必称亚当·斯密、弗里德曼和哈耶克。而那些对中国经济发展模式试图进行辩护、合理化论述的学者，要么是为了某种功利，三心二意，自己糊弄自己，自己骗自己，自己压根没有信心；要么就是在学术界受到冷嘲热讽和打击。事实上，马克思和凯恩斯都是重要的思想资源。制度因素和文化因素在经济学里仍然是一个被严重低估的因素。前者严重被意识形态化，后者则进一步被引申到亨廷顿的"文明的冲突"。

在管理学家中，明茨伯格是为数不多的具有宏大视野的学者，他的《社会再平衡》一书从宏观视角谈论政府-企业-社群之间的平衡，深刻分析了美式资本主义的弊端。但是，他号召学习的榜样选择错误。他竟然选择巴西作为学习的榜样！而不是德日和北欧。

德鲁克为什么很伟大？德鲁克虽然被很多人认为是管理学大师，但他自称社会生态学家。他一生写了39本书，其中与商业管理有关的书也就是五六本。德鲁克坚持认为，没有一个健康的社会，就没有健康的企业。我们思考问题的大逻辑一定要正确，一定不能扭曲，不要仅仅专注于组织管理上的局部优化和效率提升。

最后再强调一点：平衡，平衡，平衡。不管是明茨伯格还是德鲁克，抑或斯蒂格利茨所提倡的进步的资本主义，一言以蔽之，其精髓就是政府、企业和社会组织（或者社群、民众）三者之间的平衡和再平衡。我们千万不要非此即彼。

3

疫情过后，中日企业的同参共进，准备好了吗？

2020年，世界经历了百年一遇的新冠肺炎疫情全球大流行。2020年年初，中国在完全不了解这种来势汹汹的瘟疫的情况下，第一个仓促上场应战。当时，国内人心惶惶，国外则是各种幸灾乐祸。在这种情况下，日本对中国进行援助，援助物资上所写的"山川异域，风月同天"的短语，温暖了无数中国人的心。

应微信公众号"正和岛"的邀请，我撰写了《疫情过后，中日企业的同参共进，准备好了吗？》，展望疫情过后，中日关系的未来走向，以及中日企业同参共进的途径。这篇文章2020年2月25日在"正和岛"发表，后来被多个自媒体转载，全网的阅读量超过50万。

这篇文章发表于2月25日，当时中国正身处新冠肺炎疫情的恐慌之中。但是，我坚信中国一定能在3月底之前基本控制住疫情，5月份之后全面复工复产。所以，我在这篇文章里开始探讨亚太地区全面区域经济整合问题、未来签署中日韩自贸区的问题等。

2020年是混乱而动荡的一年，有太多的意想不到，消磨了很多人的信心，让许多人对未来感到迷茫。但是，11月15日，突然传出15个国家正式签署了《区域全面经济伙伴关系协定》（RCEP）。12月30日，耗时7年的关于中欧全面投资协定（CAI）的谈判结束，这是继2001年中国加入WTO、2013年中国开始推进"一带一路"倡议之后，最重要的一个新型全球化的战略举措，必将对世界产生重大影响。本文在2020年年初时已准确预测到了RCEP协议的签署。

屋漏偏遇连阴雨，就在中国举国抗击新冠肺炎疫情的时候，美国仍然在继续打压中国，不给中国任何喘息之机。2020年1月31日，时任美国商务部长罗斯幸灾乐祸地说，"发生在中国的疫情有助于加速制造业回流到美国"。2月13日美国对华为继续起诉，同时对列入实体清单的中国其他五家高科技企业进一步限售芯片。曾经有报道说，美国有关部门打算禁止通用电气公司出口发动机给中国，阻止中国制造C919大飞机。也有报道说，美国试图出台规定，限制其他发达国家销售给中国企业的产品中所包含的美国技术含量必须从25%降低到10%。总之，美国在高科技上与中国脱钩的决心是坚定的，而且已成气候。

在这种情况下，中国要想继续发展，尤其是在核心技术方面，除了依靠自主创新以外，可以依赖和合作的对象主要包括日本、韩国、德国、法国、以色列、瑞典、瑞士等发达国家。要想进一步扩大对外出口和对外直接投资，就不能再依靠美国市场，而是要放眼全球其他市场。

此次疫情中，日本政府和民间对中国的人道主义援助，让中国人感到非常暖心，特别是那句"山川异域，风月同天"，更是传颂不已。2019年年底，安倍首相访华。2020年4月，习近平总书记原定访日，中日双方试图开启外交上的新纪元。在此大背景下，中国企业如何做好与日本企业之间的合作，能否同参共进，共创未来呢？这是一个大问题，值得深思。

个人认为，如果要讨论中日企业合作，需要放在全球化、中日韩自贸区、"一带一路"等大框架下研究，才能看得清楚未来的走向。我们不能仅仅感动于一时的"山川异域，风月同天"，更要"不畏浮云遮望眼，冰雪消融总是春"。

全球化之"钟摆"模型

仔细研究过去两百年的全球化进程,我们发现它就像一个钟摆一样,时而全球化,时而逆全球化。每隔几十年,钟摆就会朝着相反的方向发展。学者把这种现象称为"半全球化"。了解这个全球化钟摆模型有助于帮助我们清晰定位自己在历史长河中的坐标,看清未来趋势。

粗略地划分,近现代全球化的第一个扩张阶段从 1820 年前后开始,一直到 1915 年第一次世界大战爆发之前。它从英国发轫,1870 年前后德国和美国后来者居上,成为并驾齐驱的三股全球化力量。

第二个阶段属于收缩回调阶段,从第一次世界大战爆发到第二次世界大战结束之后的 30 多年的时间。因为 1929 年美国华尔街的金融危机,加上各国以邻为壑,建立了严苛的关税和非关税壁垒,逆全球化浪潮迭起,最后引发惨烈的第二次世界大战。

第三个阶段属于区域整合调整阶段。从 1950 年前后开始一直到 1990 年冷战结束,以美苏对峙为核心,北约和华约所代表的军事组织和小范围内的区域一体化加速。该阶段最大的成就是诞生了东盟(1967 年)、北美自由贸易区,以及一体化程度更高的欧共体,也就是今日欧盟的前身。

第四个阶段属于新自由主义主导下的全球化阶段。1990 年冷战结束之后,以美国为主导的新自由主义市场经济模式在全球滥觞。欧盟成立、中国加入 WTO 等,全球化达到了最高潮。

第五个阶段属于再次收缩回调阶段。2017 年以后,美国主导的逆全球化(特朗普的"美国优先"、英国脱欧、中美贸易战等)和中国主导的新型全球化("一带一路"倡议)形成两股此消彼长的力量,正在左右未来全球化的新态势。

全球化和区域一体化是两股紧密结合，但是又不同的力量。在区域一体化里，我们重点讨论建立中日韩自由贸易区所面临的挑战，而在全球化里，我们重点探讨"一带一路"倡议下中日合作开拓"第三方市场"。通过对这两个关乎未来中日发展的重大主题的讨论，帮助企业家更好地把握时代脉搏，看清未来发展的方向。

建立中日韩自由贸易区所面临的挑战

截至2019年，中日韩三国的人口加起来有16亿之多，三个国家的GDP加起来21万亿美元左右（其中中国14.4万亿美元，日本5.2万亿美元，韩国1.5万亿美元），占世界经济总量的22%左右，与美国势均力敌。

在过去的半个多世纪里，中日韩等东亚国家一直是世界经济增长最重要的发动机。但是，奇怪的是，中日韩之间一直没有建立自贸区。目前有的只是中韩自贸区（2015年成立）。从1999年第一次提出建立中日韩自贸区的倡议，20年过去了，经过16轮谈判，无数次的官产学的研讨，中日韩自贸区迟迟无法尘埃落定。究其原因，是因为其中面临的挑战实在太多，包括农产品问题、知识产权问题、主导权问题、地区安全问题、历史问题、区域外影响因素等。①

大量经济学研究表明，如果建立中日韩自贸区，不仅会给三方带来可观的经济效益（贸易创造），而且具有明显的正外部效应（贸易溢出效应），即促进亚洲乃至全球的贸易与投资自由化。但是，经济因素只是中日韩自贸区形成的必要条件，并非充分必要条件。许多难以量

---

① 李向阳. 中日韩自由贸易区面临的挑战. 北京：社会科学文献出版社，2013.

化的非经济因素甚至比经济因素的影响更大,处理起来更加棘手。

经济因素

首先,不同于一般人的想象,发展水平相差悬殊的经济体之间很难建立自贸区,因为市场一旦彻底开放,发达经济体会对欠发达经济体造成巨大的冲击,特别是某些幼稚产业更可能遭到毁灭性的打击。如果说 20 年前,中日韩三国里中国的产业结构不完善,产业发展水平低下,那么,经过 20 年的发展,中日韩三国在大多数产业上已经齐头并进,而且产业结构的互补性比较强,所以,相比 20 年前,现在建立自贸区的条件越来越成熟。但是,农产品和知识产权一直是其中的两个重要的经济障碍。

农产品问题:日本和韩国人多地少,农林水产属于幼稚敏感产业。日韩政府要么对进口农产品征收高额关税,要么对本国农民进行高额补贴保护,特别是日本的大米(征收 778% 的关税)、韩国的牛肉等。举例说明:虽然日本不产香蕉,但是,日本对来自东南亚的香蕉征收 20% 以上的关税,而且这种关税还随着本地产的苹果上市的时间而变动,因为香蕉和苹果之间存在某种消费上的替代关系。

如果降低甚至取消关税和非关税壁垒,日韩的农产品很容易受到来自中国的价廉物美的农产品的冲击,一定会引起农民、牧民和渔民的抗议。虽然"农林党"在日本(不足 5%)和韩国(不足 8%)的人数有限,但是,政治影响力很大。日本农民就是执政的自民党的重要票仓。

知识产权问题:日韩都非常关心知识产权问题。坦率地说,我们必须承认中国在这方面存在问题,但是,哪一个后发国家没有一个学习模仿的过程?美国在 19 世纪就曾经大规模剽窃过英国和法国,包括狄更斯的小说从来没有在美国拿到过版税。20 世纪七八十年代,日本曾经派出大量的商业间谍在美国活动。而且,英美发达国家一手制定的知识产权保护的"度"真的很合适吗?存不存在很明显的过度保护的问题？尤其是在药品方面。当然存在。但是，这不是本文讨论的重点。总之，经过 2019 年的中美贸易战，中国对知识产权方面的保护会大大增强，但是，外国人关于中国企业山寨他人产品、违反知识产权保护协定的刻板印象很难在一朝一夕之间改变。

非经济因素

非经济因素包括领导权问题、历史遗留问题、地区安全问题和美国的影响等。

领导权问题：在所有的非经济因素中，领导权之争是一个很重要的影响因素。日本因为过去的侵略战争，很难得到亚洲人民的信任，所以，在建立中日韩自贸区的过程中，日本缺乏获得领导权的合法性。2010 年中国 GDP 总量首次超过日本之时，日本人感到非常失落。时任日本首相安倍晋三 2013 年在美国的一次公开演讲中发誓永远不做二流国家，一定要重夺"亚洲第一"的桂冠。时过境迁，2019 年，中国的 GDP 是日本的 3 倍左右，日本人终于在心理上无可奈何地接受了在经济总量上被超越的现实。所以，我认为中日韩自贸区的建立可能会在近期提速。

韩国一直认为，自己是长期夹在中日两个大国之间的"三明治"，所以在民族感情上经常是一肚子怨气。不过，韩国即使想争夺领导权，也没有相应的实力作为后盾。因为它的经济总量位列世界第 12 位左右，只是中国的十分之一，日本的三分之一。所以，从始至终，日韩都惧怕中国崛起，不愿意让中国获得中日韩自贸区的领导权，为此，他们试图把美国纳入几乎所有与亚洲区域整合有关的谈判中，期望作为盟国的自己能顺便获得更大的话语权，才有了后来的 TPP 谈判。

历史遗留问题：对历史的看法决定着三国信任的基础，而中日韩关于历史的看法从来没有真正统一过。关于 80 多年前的"那场战争"，日本更多考虑的是自己遭受原子弹爆炸和大空袭所受到的伤害，甚少反思自己所发动的侵略战争给亚洲人民带来的伤害。而韩国不仅仅对日本在朝鲜的殖民行径、慰安妇等问题心怀怨恨，同时对一千年前中国强加给他们的"华夷秩序"也满腹怨言。

地区安全因素：朝鲜问题和台湾问题一直是笼罩在东亚区域合作中的乌云。以钓鱼岛和独岛（日本称为竹岛）为代表的领土领海争端，也是东亚地区安全问题的核心，进而成为中日韩自贸区协定的最直接的障碍之一。

美国的影响：第二次世界大战以后，美国一直奉行某种分裂亚洲的政策。时不时挑拨离间搞分裂，但又以不擦枪走火引起热战为底线。特别是最近十年来，美国提出重返亚太的战略。所以，美国这一区域外因素成为中日韩自贸区的最大搅局者。中日韩自贸区的未来出路在很大程度上受制于美国的态度，也取决于中美之间能否建立起一种新型大国关系。

中国社科院亚太与全球战略研究院院长李向阳教授（2013）认为："就中短期而言，中日韩自贸区谈判要取得突破，需要成员国具有长远战略眼光的政治家打破目前的僵局，做出方向性选择。世界其他地区的区域经济一体化经验证明，区域经济一体化本身能够增进相互间的信任，消除业已存在的政治、经济、历史、安全障碍。为实现区域经济一体化创造条件固然是一种选择，但首先通过政治决策建立起一体化的制度安排，然后反过来消除一体化的障碍，同样是值得我们考虑的一种选择。"

在"一带一路"中共同开拓第三方市场

2013 年 9 月，中国首次提出"一带一路"倡议，开启了新型的全球化模式。该倡议一开始遭到了许多西方发达国家的抵制，至少是冷眼旁观。欧美某些老牌资本主义国家认为，全球化的游戏岂能让中国人制定新规则？

为了化解冲突，富有智慧的中国人创造性地探索出了与西方发达国家共同开拓"第三方市场"的合作模式，也就是采用"共商、共建、共享"的方式，试图达到"1＋1＋1＞3"的效果（中国＋西方发达国家＋第三方（投资所在国）），有钱大家一起赚！具体讲，所谓共同开拓"第三方市场"，就是将中国的优势产能与发达国家的先进技术，特别是利用中国中高端的生产线和装备制造水平，与发达国家的先进技术和核心装备结合，向第三方提供新的产品服务，共同拓展第三方市场。这样做有助于缓和矛盾，降低对抗，分摊风险，共享收益。

截至 2019 年年底，中国与法国签署合作协议共同拓展欧洲市场，与葡萄牙合作拓展葡语国家市场，与俄罗斯合作拓展中亚市场，与巴西合作拓展拉美市场等。其中的重头戏莫过于与日本签署协议共同开发第三方市场。2018 年 10 月 26 日，在第一届"中日第三方市场合作论坛"的开幕式上，李克强总理表示："中日双方在第三方市场不搞'恶性竞争'，而要更大发挥互补优势，更大拓展合作空间，在第三方市场实现三方共赢。"时任日本首相安倍晋三回应说："日中关系已经开启由'竞争'到'协调'的新阶段。"安倍晋三甚至讲到一个小故事：19 世纪，日本率先学习西洋技术，运用中国的汉字翻译西方思想，创造了大量的新词汇，不仅反向输入中国，还流传到了越南等东南亚国家。安倍首相说："这意味着日中的'三方合作'从 19 世纪就已经开始了。"

此次论坛有 1 000 多位中日企业家参加，签署了 130 多亿美元的合同。例如，在哈萨克斯坦，中国中石化炼化工程（集团）股份有限公司与日本丸红株式会社同当地企业合作，签署深加工联合建设 EPCC 总承包合同，总价 16.8 亿美元；在德国，中国中信泰富有限公司与日本伊藤忠商事联合参与北海海域的 Butendiek 海上风力发电项目，为 37 万户德国家庭输送电能。

日本六大商社是日本企业国际化的先头部队，有遍布全球的商业网络，熟悉当地国情，人脉亨通。2019 年 8 月，日本三井物产株式会社董事长安永龙夫在接受中国记者的采访时表示，日中两国企业在第三方市场合作可以实现优势互补。特别是在基建领域，中国企业拥有很强竞争力，而日本企业则积累了很多项目经验和经营诀窍，将这两者结合起来能创造出非常有竞争力的合作关系。相较两国企业单打独斗，日中合作能提供价格、品质都有更强竞争力的产品。日本、中国和第三方市场将实现三赢。

分析以上因素，我们发现，既然在短期内无法建立一个高水平的中日韩自贸区，也可以先建立中韩自贸区（2015 年已经建立）、中日自贸区，甚至日韩自贸区（虽然从 2019 年 8 月开始，日韩之间发生贸易战，两国关系曾经降到了冰点），然后一步步地进行区域整合。

相比较建立中日韩自贸区的巨大挑战而言，在"一带一路"倡议下，共同开拓第三方市场，对于中日来说是一个更加务实的合作方式，具有更强的可操作性，因为这是基于具体项目的合作。可以在缺乏整体框架的大背景下，一点点逐渐累积信任，实现项目上的合作共赢。

同参互鉴，共创未来

基于以上的全球商务环境的分析，我给出七点建议，仅供企业家参考。

第一，全面认识我们与日本之间的差距，端正学习心态。

首先，需要澄清一个谣言。危机意识很强的日本人，曾经自黑说日本经历了"失落的二十年"（1989—2008年），而许多不明真相的中国人也跟着喝倒彩。这个说法与事实严重背离，有数据可查的是日本只经历了失落的十年（1989—1999年）。"日本的国际贸易在2000—2006年曾经大幅增长。到2007年，许多日本银行已经消除了因为经济泡沫破灭所带来的旧坏账，而且不再产生新的坏账。日本政府已经可以向上微调利率，企业亦可以提高薪水，幅度比过去数年都高。2003—2008年，失业率不高，人均收入提升，成长虽轻微但是持续不断。"①

虽然中国目前的GDP总量近乎日本的3倍，但是，中国仍然相距发达的日本甚远，我们需要奋起直追。而且这种差距在不同领域表现各异。就社会治理水平和国民文明程度来说，不得不承认，我们跟日本还有差距。日本被公认为是全世界社会发展最均衡、犯罪率最低、政府最廉洁的国家之一。

就核心科技的发展来说，我们至少落后日本30年。日本人80年前制造的飞机和航母就可以挑战欧美列强了，而中国海军最近几年才开始走向深蓝海洋。2000年以后，日本几乎每年都有一个诺贝尔奖获得者，更是彰显了日本在基础研究方面的领先优势。一位接近华为的企业研究人士认为，"日本至少有15家像华为这样的企业"（微信私人交流）。言下之意，就高科技而言，中国只在通信领域有世界顶尖公司华为，而日本至少在15个高科技行业里都有顶尖公司。

就经济发展的质量而言，有学者认为，我们至少跟日本有20年的差距，其中包括"企业家和员工素质、企业治理、技术和经济创新、产业结构、资本市场、市场体系、中介组织（如工会、协会）、全国经济均衡性、国际分工等方面"（北京师范大学李由教授，微信私人交流，2020年2月20日）。所以，深刻认识中国与日本之间的差距，摆正心态，既不过于傲慢，也不要过于自卑，同参互鉴，取长补短，才

---

① 安德鲁·戈登. 现代日本史：从德川时代到21世纪. 北京：中信出版社，2017.

是正途。

第二，理解了中日韩自贸区、"一带一路"第三方市场合作等宏大议题以后，企业家应该积极参与，前瞻性地进行战略布局。

我们先来看看一些关键的数据。经过20年的"政冷经热"，甚至"政冷经冷"之后，2016年至今，日本对中国的直接投资呈现小幅增长，但是只有非常有限的38亿美元左右，排在亚洲新兴经济体及英国之后，居第六位。除了一般机械、电子机械、运输机械等传统制造行业，日本企业在中国的批发零售、金融保险等现代服务业的投资也有增长。借助于日本投资，能够为实现我国的产业升级、经济创新助力。尤其是，日本还有很多高质量的产品没有进入中国，完全可以在中国进行生产，满足消费升级的需要，而不用我们辛辛苦苦地去日本背回来或者海淘代购。

2018年中国对外投资达1 430亿美元，是继日本之后的全球第二大对外投资国。可是，中国在日本的直接投资增长缓慢、规模较小，2017年仅有4.4亿美元。不仅落后于欧美发达国家，也落后于亚洲新兴经济体。这些数字说明中日之间的合作关系仍然有非常大的提升空间。

就中国企业在日本的直接投资而言，日本是一个高度发达的经济体，相关配套产业成熟，发展空间相对比较小。同时，日本市场的排外性很强，进入日本市场的难度高。不同于"一带一路"中的国企唱主角，相反，中国在日直接投资中民营企业占据了相对优势。民营企业原来在中国的身份劣势到了日本就变成了身份优势，不会像国企一样受到更多审查。

有远见的企业家可以从产业链整合的角度考虑中日合作中的更多可能性，也可以考虑如何帮助国家降低在建立中日韩自贸区中的那些经济因素上的挑战。例如，为了减少未来的自由贸易区对日韩农业的冲击，企业家是否有可能站在区域合作的高度进行垂直产业链合作，把日韩高水平的农业技术和丰富的资金，与中国广袤的土地资源和有竞争力的劳动力结合起来，在中国进行农产品种植和深加工，然后销售到其他国家，使得相关利益者总体上都受益，而非仅仅局限于一城一地的得失呢？

此外，目前参与"一带一路"第三方市场合作的基本上都是一些大型国企，民营企业参与的很少，而国家也特别期待有更多企业主体参与。如果说前几年这个项目的风险和不确定性过大，许多人看不清楚，那么，现在已经成熟了许多。"一带一路"建设也已经从"大写意"进入"工笔画"阶段。民营企业可以跟着国企、国家开发银行等一起走出去，在参与一些项目的配套工程中，不断提升自己的国际化能力。

第三，深刻理解日本企业的经营特点，尊重他们的经营理念，包括长期永续经营、关注员工和利益相关者、工匠精神、精益求精、规模上适可而止等。

曾经有一个来自浙江的民营企业家看中了日本一家濒临倒闭的中小企业，希望进行收购。第一次与日方进行接触之后，就再也谈不下去了。日方后来跟中间人说："我不喜欢他的经营观念。我们日本人经营企业，即使到了万不得已要把企业卖掉时，我们也希望收购方能保证员工的工作，想着如何把企业长期经营下去。但是，这位中国企业家想得更多是如何获得我们的知识产权、商业诀窍、技术和机器，然后把工厂搬到中国去，降低成本。"

当然，相反的例子也能证明尊重日本企业经营理念的好处。大约10年前，笔者太太所在的背靠背（Kappa）的母公司中国动向收购了日本著名户外品牌菲尼克斯（Phenix），收购价格只有1日元。但是，收购的前提条件是不能解雇Phenix的300多位日本员工，还要承担三四千万人民币的公司债务。收购以后，中国动向很好地经营着Phenix这个品牌，而Phenix的日本员工也与Kappa的中国员工紧密合作，为后者创造了很多价值。最让我太太赞不绝口的是日本人的合作精神，"你自己没有想到的事情，他都给你事先想到了，而且随时准备好补位"。

日本有很多的老店老铺，产品精致，深受顾客欢迎。日本也有许多拥有独特技术诀窍的中小微企业，它们甘愿做隐形冠军，满足于做小做强做久。这一点令中国企业家非常难以理解和接受。这些日本企业不看重规模扩张，更看重质量和口碑。完全不同于我们的餐饮业和酒店业，几百家甚至几千家地开，一旦遇到类似新冠肺炎疫情这种超级黑天鹅，其经营结果自然是惨烈的。

第四，中国企业最欠缺的是日本企业所具备的风险意识和风险管理，急需补上这个短板。日本企业因为经常面临地震、海啸、台风、能源危机、资源短缺、贸易战等问题，所以，居安思危，有很强的风险管理意识。而中国企业在过去的 30 多年里，好日子过惯了，忙于高速成长，没有把永续经营和"活命哲学"作为头等大事来对待。

日本企业的风险意识集中表现在日本企业喜欢存钱（至少持有半年的可用现金是它们的一个经营安全底线），致力于长期的技术储备和人才培养等。稻盛和夫曾经说过，"即使京瓷七年不赚一分钱，企业也可以照样活下去"，因为京瓷有 7 000 亿日元左右的现金储备。徐静波先生在《静说日本》节目里讲，日本企业内部留存的现金几乎和日本国内每年的 GDP 一样多，目前已经高达 5 万亿美元左右。所以，遇到灾害和经济危机的时候，日本企业能不慌不忙地进行转型升级。

在过去的 20 年里，日本人主动或者被动地放弃了原来的许多国际大品牌，例如家电、计算机等领域的一些品牌，而进入高端智能制造业，尤其是在先进的电子元部件、生物制药、新材料、新能源等领域，占据了全球产业链的高端，让自己变成不可或缺的一环，抵御风险的能力极大增强。

《工匠精神：日本家族企业的长寿基因》（后藤俊夫，中国人民大学出版社，2018)（见图1）一书并没有仅仅从表面上讲日本的工匠精神如何厉害，而是一整套风险管理的手册，包括了人事风险管理（尤其是家族传承）、业务风险管理、自然灾害风险管理、商业伦理风险管理等。其中有很多生动的案例，推荐中国企业家一读。

图1　《工匠精神：日本家族企业的长寿基因》

第五，如何进入日本市场。我有一个朋友，家在贵州茅台镇，是赖茅的传人，曾问我如何和日本的烧酒企业合作。另外一个朋友是做分析仪器的，年产值在1亿元左右，请教我如何与日本的分析仪器公司建立合作关系。我告诉他们，最好的办法是上网找到烧酒或者分析仪器的协会，然后顺藤摸瓜就能找到很多可能的合作对象。不同于中国企业，日本企业之间相当抱团，行业协会和地方协会发达。所有的企业至少同时参加两三个行业或者地方协会。行业协会和媒体也经常搞各种各样的排名，比如烧酒的排名、拉面的排名等。从行业协会入手，最有可能找到合适的合作伙伴。

与日本企业合作一定要有足够的耐心，准备花上三四年的时间建立信任，成为可以信赖的伙伴之后，再谈其他更深入的合作。最好是先成为他们的客户，或者供应商。可以先从某个具体的合作项目入手，然后向产业链两端一点点地拓展。先建立战略性的合作伙伴关系，然后再采用合资的方式，最后到独资。如果一开始就摆出一副并购的架势，大概率会吃闭门羹。

当然，类似华为这种财大气粗、有品牌优势的中国企业，也可以在日本直接建立新企业，从无到有招聘日本员工自己做。例如，华为在东京至少招募了 1 500 名日本员工从事与手机有关的业务开发。这样做的好处是，从一开始就可以把自己的企业文化输入进来，而不用受制于被收购企业既有的企业文化、复杂的劳资关系等。但是，这种国际化方式的缺点是比较慢，需要较长时间，品牌认可度在开始的时候比较低。

第六，守法经营，规规矩矩，这是在日本经营企业的底线。在美国或者中国，社会的容错性比较强，如果有违法犯罪记录，或者创业失败的记录，只要改过自新，一般还是会有东山再起的机会。不同于美国和中国，日本社会具有某种程度的道德洁癖，社会宽容度很低，人们生活在彼此的监视之中（道德压力），就像一个无所不在的束紧的铁笼子。学者把这种文化称为紧致型文化（tight culture）。哪怕是有过最微小的犯罪或者犯错行为的人，都有可能被社会摒弃。所以，千万不可把在中国习惯了的那一套玩法，拿到日本去。

虽然日本、韩国和中国一样，政府在制定产业政策方面都有很强大的作用，通过各种产业政策引导企业发展，但是，总体上来说，日本政府更像是一个服务机构，一个信息登记机构。在日本不需要考虑那么多乱七八糟的政商关系。送超过 100 万日元的礼物，会作为重大的行贿受贿行为被法律制裁。2019 年 12 月底，东京地方检察院特别搜查本部逮捕了安倍晋三首相手下的一名众议院议员秋元司，罪名是接受一家中国彩票企业的贿赂，帮助该中国公司试图参与日本的赌博业。行贿受贿的金额据说最多可能是 300 万日元（约 19 万人民币），这一案件给中日关系蒙上了一层阴影。

第七，中国企业不仅要向日本企业学习，更要与日本企业一道同参互鉴，在合作中取长补短，面对新的挑战，发展新的经营理念和管理方式。

曾几何时，精益制造、准时生产、零库存等是日本企业的制胜法宝。但是，此次新冠肺炎疫情给人们的重要启示是：如果中国停工一两个月，全球产业链肯定会严重受损。这个事件提醒我们，不能过度依赖一个或者几个制造商，一定要在全球进行战略布局，做好备份和对冲，保持一定的弹性和冗余度（哪怕这会降低资源使用效率），保持一定程度的自制而非完全的外包（轻资产模式）。特别是对于那些美国集中力量打压的行业（关键技术、关键基础设施和敏感个人数据），中国企业更要具备蓝军思维，建立类似华为的2012实验室、芯片和操作系统备胎，以应对不期而至的打击。

结语

> 樱花绚烂开口笑，
> 牡丹雍容频招手。
> 泰山富士遥相望，
> 面向未来泯恩仇。
> ——马宏伟

2020年年初，不期而至的新冠肺炎疫情让中国社会经济生活一夜之间陷入速冻模式。与此同时，美国对中国高科技企业继续进行打压遏制，更是雪上加霜。加强与日韩等国之间的区域经济合作，在"一带一路"倡议下，加强第三方市场的共同开发，是中国企业重要的战略突破口。有雄心壮志的企业家应该从国家和世界的大趋势出发，对日本历史、文化、法律制度和产业环境等有深刻的了解。未雨绸缪，提前进行战略布局，强化与日本企业之间的合作，同参共进，互惠共赢。

4

解码以色列创新创业的基因

近年来，中国企业家游学首选美国、德国、日本和以色列。2014年5月，我曾经和新华都商学院的EMBA学员一起访问了以色列这个神秘的国度，探寻它创新创业的基因。

在我看来，以色列的创新不是坐在办公室的摇椅上喝着可乐想出来的，而是在艰苦的生存环境中被逼出来的。创新无关乎物质资源的多少，更多是因为高素质的人才和强大的精神信仰、独特的社会价值观等。在这篇文章中，我重点谈及制度因素（例如，基础教育体系、高水平的大学和军队等），也谈及支撑以色列创新创业的其他资源因素（例如，风险投资、广泛的海外关系网络）等。更重要的是，我把这些重要的因素整合在一个系统的框架中进行解读。以色列的成功，不是因为某一个或者几个因素，而是多个因素被整合在特定的时空之中所产生的聚合反应。这对于构建中国的创新创业的制度环境有重要的参考价值。

这篇文章最初发表在《中欧商业评论》（2014年8月），被吴国盛、田松两位教授创办的"科学的历程"微信公众号转载（2016年7月1日）之后广为流传，成为许多人去以色列游学考察的必读文献之一。其中本文所提及的，我们曾经参访过的做自动驾驶视觉系统的Mobileye公司在2017年3月被英特尔公司以153亿美元收购，以色列创新创业公司的价值由此可见一斑。

以色列的经济奇迹

1948 年，以色列建国之初，一穷二白。人口不足 80 万，领土面积大约为 1 万平方千米（根据联合国 181 号决议的规定），没有任何工业基础。建国的第二天，因为领土争端问题，遭到周围五个阿拉伯联盟国家（埃及、叙利亚、黎巴嫩、伊拉克和外约旦）的集体攻击。

六十多年过去了，历经五次中东战争以及黎巴嫩战争，以色列从一个以农业经济为主的国家变成以高科技为主的创新国家。人口超过 800 万，领土面积大约为 2.3 万平方千米，2013 年人均国民生产总值达到 3.47 万美元，创造了经济奇迹。

2009 年，以色列《耶路撒冷邮报》的专栏作家索尔·辛格和美国政府外交政策顾问丹·赛诺合著的《创业的国度》（*Start-up Nation*）把这一经济奇迹归因于高水平的创业活动。截至目前，该书已经被翻译成 27 种语言，激发了全世界对以色列的浓厚兴趣。

2014 年 5 月底，笔者与新华都商学院 EMBA 学员实地探究了为什么以色列能成为一个创业创新的国度，以及它对中国和中国企业有什么启示。为了全面总结以色列的成功经验，我将国家层面上影响创业活动的主要要素和过程总结成了两个模型（见图 1 和图 2）。简单地说，以色列的成功绝对不是因为两三个孤立的因素，而是多种因素所形成的一个复杂自洽的动态系统。

创新动力之一：创新是出于生存的需要，是逼出来的

许多人以为，创新是一种自由闲散的活动，要有充沛的时间和大量的资源。事实上，大多数创新都是被逼出来的，创新更多来自生存

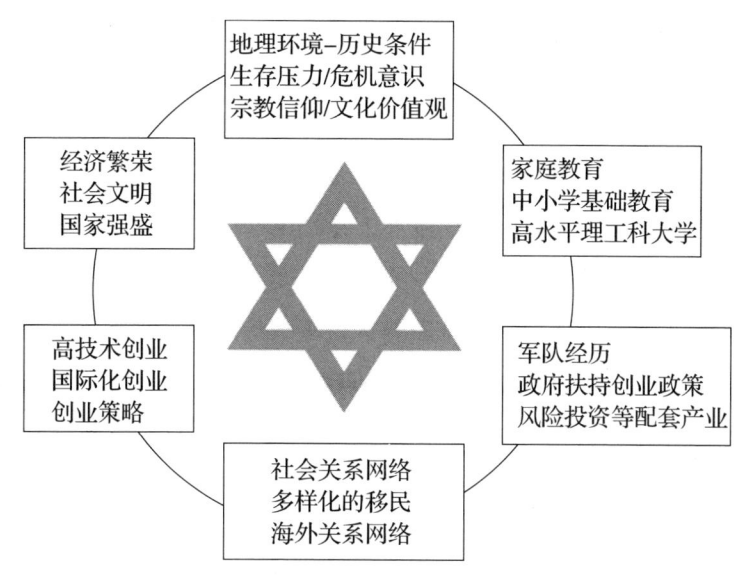

图 1 国家层面上影响创业活动的要素模型

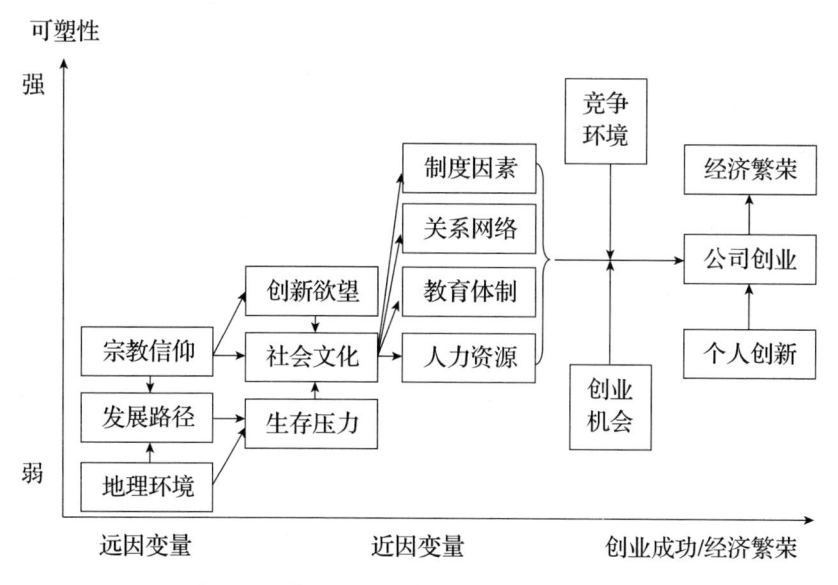

图 2 国家层面上影响创业活动的过程模型

的压力。类似的，有研究表明，从个人层面上说，越是繁忙的时候，作品数量越多的时候，作品所展现出来的创造性越强。

以色列因为地处欧洲、亚洲和非洲的连接处，自古以来就是兵家必争之地。埃及人、亚述人、巴比伦人、波斯人、罗马人、穆斯林、拿破仑、英国人，等等，就如地中海的波浪一样一浪又一浪地涌动着，曾经占领过这片土地。公元70年，罗马帝国镇压了犹太人的起义，摧毁了犹太人的第二神殿以后，犹太人在长达两千年里，一直在世界各地流浪，不断受到排斥和迫害。仅第二次世界大战中，就有670万犹太人被纳粹德国屠杀。1948年以色列建国以后又身处阿拉伯国家的包围之中，所以，以色列人有强烈的危机意识。

为了让年轻人缅怀父辈经历的苦难，每年冬天以色列会送一些年轻人重走从苏联到德国的一条死亡之路（Death March）。因为1944年冬天，当纳粹德国在苏联战场上失利以后，强迫许多犹太人衣不蔽体、饥肠辘辘地从苏联返回德国，走向灭绝营。另外，时至今日，以色列军人入伍的时候，都要去公元73年被罗马人攻占的马萨达（死海附近山上的一座城堡遗址）进行宣誓："马萨达永远不会再次沦陷！"（Masada shall not fall again!）这种强烈的危机意识激发了以色列人在军事工业方面的持续创新，而许多以色列的科技创新都来自军事科技的民用化。例如，我们参观了汽车驾驶辅助系统的全球领导者Mobileye公司，其采用的近距雷达探测技术就来源于军方，其超过80%的客户主要来自一些大牌的汽车厂商，如通用、福特、宝马、沃尔沃等。

同样的，自然资源的短缺也迫使以色列致力于发展高科技。以色列人在干旱地区发展了滴灌技术，极大地提高了粮食产量，培植出了丰富多样的水果和鲜花。如今以色列开发的滴灌技术已经出口到许多国家，中国许多地区都已经引进。据统计，以色列农业80%以上靠科技驱动。

另外，以色列沿海城市的饮用水以前主要靠北部的加列列海，以至于流向死海的约旦河水近乎枯竭，死海的海平面急剧下降，死海沿岸出现许多巨大的坑洞。现在以色列大力发展海水淡化技术，供沿海城市使用。很显然，该项技术将来会为以色列换来更多的外汇收入。设想一下，如果中国能采用海水淡化技术，直接从渤海引水入京，而不是耗资 2 800 亿元搞"南水北调"工程，将节省多大一笔费用呀！

对企业经营的启示：华为是中国企业的珠穆朗玛峰。2013 年，华为超越爱立信成为通信行业的老大，这是中国企业第一次在一个知识密集型的战略性行业里获得实质意义上的成功。华为的成功就是来自领导人的危机意识，任正非先生二十多年来对华为的成功视而不见，每天考虑的是如何生存下去，以及下一个倒下的会不会是华为。

创新动力之二：创新无关乎物质资源的多少，只与劳动力的素质有关

许多人以为，创新是建立在充沛的物质资源基础上的。特别是在参观了谷歌和 eBay 设在特拉维夫漂亮宽敞、充满艺术感的办公室以后，更加强化了这一观念。事实上，创新与物质资源的多少关系不大，只关乎人力资源的开发，尤其是高素质人才的创新精神。因为物质资源在生产和交换的过程中，如果没有人的参与，不会自动增值。

截至 2014 年 1 月，以色列有人口 830 万左右，其中犹太人占 75%，20% 左右是阿拉伯人，还是 5% 左右的外国人。国土面积 2.3 万平方千米，比北京市（1.6 万平方千米）大不了多少，而且大部分是干旱贫瘠的土地，几乎没有任何像样的矿产资源，只是最近才在特拉维夫近海发现了一个天然气田。相反，周围的阿拉伯国家拥有大量的石油和天然气资源，但是，几乎无一成为实质意义上的发达国家，只是以出卖矿产资源为主，经济活动处于"要素驱动型"阶段。根据迈克尔·波特的国家经济发展模型，第一个阶段为要素驱动型，第二个阶段为效率驱动型，第三个阶段为创新驱动型。以色列处于第三阶段，而中国处于从第二阶段向第三阶段的过渡期。

无独有偶，历史有惊人相似的一幕。1492年哥伦布发现美洲以后，西班牙占领了拉丁美洲，从印第安人那里攫取了大量的白银和已经开发成熟的土地。而1620年搭乘"五月花号"到达北美大陆的清教徒，面对的则是难以开垦的森林和荒原。但是，300年以后，情况发生了重大转折，美国一跃成为世界上最发达的国家，而西班牙早已退出了历史舞台的中心，拉丁美洲则一直深陷经济发展的困境，以及"丰富的自然资源的诅咒"之中。这同样证明了一个国家的强盛与其所拥有的自然资源的多少无关，而可能与其他因素，例如，市场经济、所信奉的宗教、文化价值观，以及创业精神等有关。

对企业经营的启示：回想1987年华为创业之初，面临着通信市场上"七国八制"的格局，而国内市场上则有成百上千家国有企业，它们的实力和资源都比华为更加雄厚，而今几乎所有的竞争对手公司都分崩离析、烟消云散了。田涛和吴春波在《下一个倒下的会不会是华为》一书中认为，华为的成功是长期坚持"以客户为中心，以奋斗者为本，长期坚持艰苦奋斗"核心价值观的结果，华为的成功是十几万知识工作者集体奋斗的结果。

创新动力之三：犹太教是以色列创新创业的精神源泉

《创业的国度》一书中有意回避了宗教因素。但是，显而易见，没有犹太教，就没有以色列，也就没有以色列的经济奇迹和国家强盛。虽然在以色列，只有10%左右的犹太人被认为是有信仰的（religious people），剩下的90%都是世俗的（secular people），但是，犹太教、《塔木德》（《旧约》的一部分）和安息日等是维系以色列的精神支柱。《创世记》上说，上帝创造了人，让人管理天上的飞鸟、海中的鱼和陆地上的走兽等。而犹太人则相信自己是上帝的特殊选民，负有神圣的使命。这种宗教信仰对于社会的正常运转、科学研究和创业活动都有巨大的推动作用。

首先，历史经验表明，宗教是人类几千年来经过无数次试错以后，所能找到的最方便、最有效的管理社会的方式之一。犹太教和基督教中包含一个核心的假设，人只有首先与一个冥冥之中看不见的、绝对权威的"第三者"建立联系，人与人之间才可以建立联系，社会才能是一个高信任度的社会，经济活动的交易成本才会比较低，经济活动的规模和范围才能不断扩大，经济活动才能进入陌生人的世界，否则，人类社会要么是一个弱肉强食的丛林，要么经济活动只能局限在狭小的熟人社会里。总之，没有神庙、教堂和寺庙的市场经济是坏的市场经济（请参考经济学家杨小凯先生关于基督教的相关文章）。

其次，科学的起源之一来自犹太教-基督教传统（另一个来自希腊-罗马的工匠传统）。因为在犹太人和基督徒看来，《圣经》是上帝的启示，而大自然是上帝创造的，只有通过科学研究，人们才能更清楚地理解上帝创造世界的基本规则。而科学研究的发展，自从19世纪以后，直接推动了技术进步，进而推动了高技术创业活动。

另外，正如新教伦理所提倡的那样，犹太教要求每个人找到上帝赋予自己的特殊使命，在工作上精益求精并获得世俗意义上的成功，只有这样，才能彰显上帝的荣光。《圣经》中的"原罪"的本来意义是什么？香港中文大学管理学学者罗胜强（Kenneth Law）认为，"原罪"事实上与亚当和夏娃偷吃了伊甸园里的"智慧果"无关，"原罪"的本意指的是人没有领悟到上帝赋予自己的特殊使命，以至于"错过了靶子的红心"（类似禅宗里所说的"被染污的心"）。16世纪马丁·路德和卡尔文进行宗教改革，就是要让每个人摆脱罗马天主教会这个人与上帝之间的"中介"，直接进行对话。经过新教改革，个人的尊严和地位、主动性和进取精神等大大提高，以至于马克斯·韦伯后来将新教伦理与资本主义的发展紧密地联系了起来。

对企业经营的启示：中国有一些企业家是虔诚的佛教徒或基督徒。例如，海南航空的精神教父陈峰是南怀瑾先生的弟子，笃信佛法。顺丰速运的创始人王卫非常低调，认为自己的成功很大程度上来自"福报"。而福耀玻璃的曹德旺先生则宣称"佛教是我的灵魂"，经常阅读《金刚经》。他们都把宗教信仰有意无意地运用在自己的企业经营和管理之中，尤其是企业文化的建设之中。

创新动力之四：独特的社会价值观是以色列创新创业的土壤

虽然宗教信仰是民族文化的内核，但是，我们也不能忽视以色列文化的其他特点。以色列所秉持的独特的社会价值观，例如，水平导向的集体主义（horizontal collectivism）（特里安迪斯，1994）、宽容失败、怀疑和批判精神、多元化等，都是创业创新得以发生的肥沃土壤。在以色列，个人主义和集体主义得到了完美的结合，形成了一种特殊的水平导向的集体主义。一方面，每个以色列人都觉得自己是独一无二的，社会中的权力距离比较小，下级敢于质疑上级的决定等。另一方面，以色列人对家庭、公司、国家和族群又有很强的认同感和凝聚力。

在以色列旅行和参观的时候，本人有幸参加了三个家庭的安息日晚宴。所谓安息日，指的是从周五下午日落开始到周六黄昏之间的时间。在安息日，犹太人放下手中所有的工作，聚在一起唱歌、读经、聚餐和闲聊，关系亲密，令人动容。我的朋友哈雷尔·耶迪森（Harel Yedidson）大约35岁，在本·古里安大学做博士研究，每周五下午他要开车120千米从以色列南部的城市贝尔谢巴回到北部的若纳纳，与他的父母、92岁的祖母、兄弟姐妹和亲戚朋友等一起过安息日，由此可见犹太人既很现代，又很传统。如果用学术语言来说，以色列文化在现代性和传统性上的得分都很高。

另外，以色列文化中对不确定性的规避程度比较低，很能容忍失败，这样的文化为以色列的创业者提供了一个安全的港湾。以色列著名的风险投资基金JVP的一位合伙人向我们提出一个问题："你是愿意投资一个刚开始创业，还没有失败经历的年轻人，还是愿意投资一个失败过一两次的创业者？"很显然，聪明的答案应该是后者。

在《创业的国度》一书中，作者浓墨重彩地描述了一家为未来的汽车提供新奇能源的以色列公司 Better Place，创业者夏嘉曦（Shai Agassi）24 岁的时候创建了 TopTier 公司，后来被 SAP 以 4 亿美元收购。39 岁的时候她离开 SAP，致力于为电动汽车提供充电服务，试图把以色列变成世界上第一个全电动车的国家。这个创业故事曾经激起无数读者的想象力，但非常遗憾，其产品推出之后无人问津，投资人损失了数亿美元，大概是以色列近几年来最著名的失败案例了。可是，即使这样，夏嘉曦仍然准备东山再起。

没有多样性，就没有创新。以色列 75% 的国民是犹太人，但是第一代以色列国民中的这些犹太人是由来自不同国家的移民组成的，有 70 多种不同的亚文化，至少有 40 多种不同的语言（当然，希伯来语和阿拉伯语是官方语言），所以，在以色列存在各种各样的思想和社会实验。其中最有意思的是基布兹（Kibbutz），一种最接近共产主义和中国的人民公社的组织。基布兹在希伯来语里是"团体"的意思。20 世纪 20 年代的犹太人回到祖先生活的土地上时，因为生活条件极其恶劣，劳动力要素资源匮乏，所以，自发联合起来开办集体农场。在基布兹，所有物品采取全体所有制，没有私人财产。甚至没有私人信件，所有的信件每个人都可以拆开看。孩子甚至都不属于父母，孩子只能与父母每周在一起单独待两个小时，孩子的教育问题也只能通过基布兹集体投票来决定。基布兹的宗旨是在生产、消费和教育等一切领域实现自己动手、平等和合作。虽然随着时代的变迁，基布兹原来所坚持的一些严格的规则也在发生变化，但是，目前在以色列仍然有将近 200 个大大小小的基布兹，从 50 人到 200 人不等。

除了基布兹这种集体社会组织以外，另外一种比较温和的、类似社会主义的组织方式摩沙夫（Moshav）更加流行。摩沙夫的主要目的是合作居住（cooperative settlement），其土地和农场属于私人所有，自己决定种植品种；农用机械共同拥有、共同分享，共同进行农产品的销售。目前在以色列有400个左右的摩沙夫。不管是基布兹，抑或摩沙夫，类似的组织只在中国历史上短暂地存在过，而在以色列则有相当长的历史，由此可见以色列的多元化。

借用跨文化研究领域GLOBE（全球领导力与组织行为有效性研究，House et al.，2004）的研究成果，我们可以全面地比较中国与以色列之间的文化差异（参见表1）。从业绩导向上来看，中国虽然在现实的文化习俗上更强调业绩导向，但是以色列在文化价值观（也就是理想的道德标准）上更加强调追求卓越。从未来导向上看，无论是理想的价值观，还是现实的文化习俗，以色列都比中国更加强调未来导向，更加注重对未来的投资。从恃强性上来看，以色列比中国在文化习俗上更加强硬一些，这或许是为什么许多中国人觉得与犹太人谈判的时候对手很精明，咄咄逼人，价格上谈判空间不大。就集体主义而言，中国比以色列更加强调关于社会和小团体的集体主义，尤其注重圈子以及关系。这一点对于创业有好处也有坏处，好处在于容易获得启动资金开始创业，坏处在于很难将企业做大。从权力距离上来说，以色列比中国更加平等，敢于挑战权威。从不确定性规避上来看，以色列人比中国人更能容忍混乱、模糊和不透明等，因此，创业活动很活跃。

表1　中国与以色列在文化价值观和文化习俗方面的差异（基于GLOBE数据）

项目	中国（文化习俗/文化价值观）	以色列（文化习俗/文化价值观）
业绩导向	4.45/5.67	4.08/5.75
未来导向	3.75/4.73	3.85/5.25
性别平等	3.05/3.68	3.19/4.71
恃强性	3.76/5.44	4.23/3.76
社会集体主义	4.77/4.56	4.46/4.27
小团体集体主义	5.80/5.09	4.70/5.75

续表

项目	中国（文化习俗/文化价值观）	以色列（文化习俗/文化价值观）
权力距离	5.04/3.10	4.73/2.72
人际导向	4.36/5.32	4.10/5.62
不确定性规避	4.94/5.28	4.01/4.38

创新的制度因素之一：教育体系

　　创业创新精神离不开教育体制的培养。许多人以为，犹太人很聪明，事实上，犹太人的聪明不在于这个族群的大脑结构，而在于他们的文化、教育体制和对待学习的态度。从对孩子的家庭教育、学校教育到创业教育、宗教教育，以及成年以后的终身学习，以色列与中国存在明显的差异。

　　我曾经在一个犹太人朋友家里住了两天，也走访过五个犹太人家庭，看到了至少四个1~2岁的小孩，发现在教养方式上中国人对孩子保护过度，而以色列人更倾向于让孩子自由探索。例如，让一岁多学走路的孩子跟跟跄跄地自己学走路，即使摔倒了父母也不会忙不迭地冲过去，孩子自己哭两声就爬起来。小孩子啃咬塑料玩具的时候，父母也听之任之，并不会说"脏，别碰它"。在特拉维夫海滩上那些疯玩的孩子，以及在地中海上尽情冲浪的年轻人，每个人都在释放自己的天性。

　　有一个广为传播的故事说，在以色列，孩子放学以后，父母经常会问孩子，"今天你提问了吗?"而中国人则会问"今天你在学校表现好吗?"或者"你今天在学校学到了什么?"提出一个好的问题是培养创造力最重要的方式之一。爱因斯坦就说过："提出一个好的问题远比正确地回答问题困难。我会花90%的时间用于界定问题，10%的时间寻找问题的答案。"以色列文化尤其鼓励辩论和质疑。希伯来文里有一个词Chutzpah在其他语言里是没有的，大概意思是"斗胆、不畏强权、不接受现成的答案，直截了当地去做"。另外有一句犹太谚语说得好:"两个犹太人经常有三种不同的意见。"

以色列人不仅仅在学校里学习,还会去犹太会堂里跟随拉比学习。在我们访问以色列期间,正值五旬节。在五旬节的前一天晚上,犹太人要彻夜研读犹太经书《塔木德》,主要是为了铭记上帝和摩西在西奈山上立约的时候,以色列人晚起迟到的过错。《塔木德》包括五本书,前两本书是故事,也就是《创世记》和《出埃及记》,后三本书主要是关于摩西律法。令人惊讶的是,犹太教没有教会,没有专门的神职人员,这一点比任何宗教(包括基督教和佛教)更去中心化,而拉比事实上就是"关于犹太律法和《塔木德》的教师",只要有学生愿意跟随你学习《塔木德》,你就是拉比。拉比们对于摩西律法不停地辩论,把不同时代不同人的解释,只要言之有理,都写到《塔木德》正文旁边的注释中去。这种辩论和批判精神是科学研究的核心能力,这也许是诺贝尔奖得主中有29%都是犹太人的原因之一。

以色列人对知识和学者的重视体现在许多细节中。在以色列南部的小城贝尔谢巴坐落着本·古里安大学,笔者看到许多街区和道路都是以教授的名字命名的。我的一个以色列朋友尤西·达希特(Yossi Dashit)在硅谷工作和创业多年以后,55岁时回到以色列开始追求精神生活,63岁获得创业管理方面的博士学位,目前兼职于本·古里安大学和北京大学,教授技术创业。另外一个以色列朋友哈雷尔的92岁的老祖母则是终身学习的榜样。她两年前开始学油画,在此之前没有任何绘画基础,但是现在已经画得有模有样了(见图3)。

同样,创业教育贯穿犹太人的各个年龄段。以色列从小就培养孩子的创业精神和对商业的感觉。针对13~18岁的青少年,他们创办了青年企业家计划(Young Entrepreneur Program),许多青少年踊跃参加,而且他们的创业实践更多以实用性的产品创新为主。例如,有一个学生团队买来太阳能电池板,组装起来以后缝在背包上,随时可以给手机充电,获得不少订单。大多数国家的中年人,45岁以后基本上

图 3　90 岁开始学油画的犹太老奶奶的油画作品

就没有创业激情和动力了，但是，以色列每年有专门针对 45 岁以上中年人的创业计划比赛，担任评委的有从以色列的精英部队 8200 部门出来创业的将军，也有以色列前总理佩雷斯的儿子等，我的朋友尤西·达希特也是评委之一。

创新的制度因素之二：高水平大学

高科技创业离不开高水平大学的支持。就国民生产总值而言，以色列从事科学技术研究人数的百分比，以及投入到研发中的资金比例，均名列世界前茅（超过 4%）。以色列围绕杰出的科学家建立了许多高级研究中心，在广泛的科学研究领域中保持相当高的水准。

此次以色列之行，我们访问了希伯来大学和本·古里安大学。希伯来大学 1918 年宣布成立，1925 年正式落成并开始招生，是犹太民族在其祖先发源地文化复兴的象征。成立时的校董包括爱因斯坦、弗洛伊德等，目前至少有 12 位诺贝尔奖获得者在此学习过或者工作过，希伯来大学目前的世界排名在第 50 名左右。而本·古里安大学是为了纪念以色列的建国之父本·古里安，于 1969 年创建的，本·古里安是以色列的第一任总理，其地位类似中国的毛泽东主席。本·古里安退出政坛以后，自愿住到以色列南部的沙漠里，因为他深信："以色列的未来取决于如何与沙漠打交道。如果我们不能发展出有效的办法克服沙漠的挑战，以色列就没有未来。"正是基于这一愿景，后人在以色列南部的沙漠边缘建立了本·古里安大学，该大学在新能源、旱地农业、水资源等领域的研究居于世界领先地位，并且与工业界有着密切的合作，其所获得的非政府资助经费居以色列大学首位。

另外一个值得一提的大学是人称"以色列的MIT"的以色列理工学院。以色列理工学院在纳米科技、生命科学、干细胞、水资源管理、可再生能源、信息科技、生物科技、物料工程、太空和工业工程以及医学等领域备受全球肯定，并一直引领行业发展的方向。该学院是全世界10家曾经组建及发射人造卫星的大学之一。以色列平均1万人当中就有135位工程师，比例非常高，而以色列理工学院功不可没。

此外，以色列大学非常鼓励交叉学科研究和教育。笔者在一个关于技术创新和创业的国际研讨会上曾经幸会丹·谢赫特曼教授（Dan Shechtman）。丹·谢赫特曼教授是理论物理学家、以色列理工学院工程材料系教授、2011年诺贝尔化学奖得主。谢赫特曼教授不仅在科学领域有突出成就，而且对科技创业具有丰富的经验和独到的见解，提出"科技创新与创业是开创美好世界的关键"。他亲自开办了一个面向年轻人的"科技创业班"，邀请技术创新创业的成功人士和专业人士（例如，律师、会计师和风险投资师等）主讲。27年来，该创业班毕业生已经达到1万余人，其成就令人赞叹！

创新的制度因素之三：军队是培养创业者的摇篮

商场如战场。许多优秀的管理者都有军队的经历，例如，任正非、王石、王健林等。有人甚至说，"美国西点军校培养出的世界500强的CEO，比哈佛大学商学院要多"。以色列因为身处阿拉伯国家的包围之中，建立了全世界最完整高效的预备役制度。原则上所有年轻人

18~20岁都要参军，男孩三年，女孩两年。

在军队里，年轻人学会了承担责任，也学会了团队合作、牺牲精神和领导力，学会了如何在不确定的环境下快速进行决策，总之，等他们退役上大学的时候，相对其他国家的大学生，以色列大学生在心理年龄上已经相当成熟，对学习更有主动性，能深刻理解学习的价值。例如，在我的朋友哈雷尔家里，我遇到他表妹的未婚夫，一个35岁的年轻人，他已经在军队服役16年，目前担任加沙地区某坦克团的团长，指挥着大约400人。如此年轻，经历却如此丰富，承担责任如此之大，令人佩服。

在以色列，人们在求职面试时所问的第一个问题往往是："在军队里，你服务于哪个部门？"而不是"你毕业于哪个大学？所学专业是什么？"以色列8200部门是以色列精英情报部门，对人才的遴选标准非常高，能加入这个部门是许多以色列高中生梦寐以求的。在8200部门，年轻人有望学到最先进的计算机、通信和电子工程方面的知识和技术，在多个项目小组中进行工作，所以许多从8200部门退伍的老兵独立创业之后成就斐然，而且互相帮助，形成一个紧密的关系网络。

创业的资源因素之一：风险投资为创业活动推波助澜

根据《全球创业观察》（GEM，2013）的研究，中国的创业活动主要是效率驱动型的，而以色列的创业活动主要是创新驱动型。在纳斯达克上市的公司中，除了美国以外，来自以色列的公司最多。而支持创新创业，离不开风险投资。2010年前后，以色列人均所获得的风险投资是美国的2.5倍，欧洲的20多倍，中国的200多倍。

风险投资在以色列是1990年前后发展起来的。以色列政府成立产业引导基金，与经验丰富的国内外风险投资公司进行合作，一起对种子期的创业公司进行投资。一旦创业企业达到盈亏平衡点，或者有其他风险投资愿意接盘的时候，它们就以很低的价格（例如，成本价）

退出，将股权转让给其他更加以市场为导向的投资者。

访问以色列期间，我们造访了以色列最大的投资基金之一 JVP。JVP 旗下的创业园区在英国人统治期间是一个印钞厂，在以色列建国以后也是一个印钞厂。后来曾经废弃一段时间，现在又变成了 JVP 基金的"印钞厂"。目前园区内入住了近 30 家充满活力的企业。在 JVP，所有的基金合伙人都有自己成功创业的经验，可以手把手地帮助创业者将最简单的想法变成产品，找到合适的商业模式。相反，中国的风险投资者大多缺乏深厚的产业经验，其一般合伙人大多是一些 MBA 毕业的年轻人，急功近利。

当然，除了充沛的风险投资以外，为以色列创业活动保驾护航的还有许多其他相关的创业服务，例如，律师。据说以色列的律师占人口总数的比例在全世界是最高的，这就有效地保护了知识产权和创新劳动的成果，这也是生生不息的创业生态环境中必不可少的一环。

创业的资源因素之二：社会关系网络是以色列创业活动的润滑剂和凝聚器

二十多年前，美国学者萨克森宁出版了《硅谷优势》，重点比较了硅谷与波士顿 128 号公路地区的创业活动，研究发现硅谷崇尚团结与合作，而后者崇尚等级和独立。正是这种社会关系网络方面的差异，导致硅谷和波士顿 128 号公路地区在创业活动上的大不同。

因为以色列国家很小，而且人与人之间的权力距离很低，信任度很高，所以形成了紧密而自由的社会关系网络。在以色列，最多通过三个人，你就可以认识任何一个你希望结识的以色列人，所谓的社会网络中的"六度隔离"在以色列就变成了"三度隔离"。我与我的朋友尤西·达希特是在一次学术会议上偶然认识的，当我们聊起心理学时，发现双方都认识米拉姆·埃雷斯（Miram Erez），以色列一位著名的组织行为学方面的教授，主要研究文化和创新。而当我的一个企业家朋友想在以色列建立一个研发中心的时候,我在临上飞机之前约尤西·达希特在机场与我们会面,聊起来以后发现大家都认识以色列某创业公司的创始人扬基·马格里特(Yanki Marglit),因为该公司十多年前希望收购我的企业家朋友的公司。两天以后,尤西·达希特在一个会议上与扬基·马格里特见面,特地合影一张发给我和我的企业家朋友。这不由得让大家感叹以色列很小,以及社会关系在以色列创业活动中所扮演的润滑和凝聚作用。

移民在以色列的创业中扮演着至关重要的角色。以色列建国之初大约只有 80 万人,1949 年开始实行《移民法案》,积极鼓励全世界的犹太人回归以色列,没有任何条件限制。可以说,以色列完全就是一个移民国家,有 70 多个不同的亚文化,非常多元化。移民从来都是冒险家,从来不排斥重新开始。因为要生存,所以移民的创业动机很强烈。因为有丰富的移民资源,以色列公司在国际化过程中,想去哪个国家开拓市场,都能很容易地找到相关的人才开疆辟土。

除了国内 650 万犹太人以外,海外还有大约 700 万犹太人,尤其是在美国,犹太人的势力很强大,不仅仅活跃在华尔街(例如,全世界最大的另类资产管理公司黑石集团的创始人苏世民就是犹太人),而且潜移默化地影响着美国国会和政府的对外政策,使得以色列和美国在过去的半个多世纪里紧密地结盟在一起,帮助以色列获得了大量的风险投资和最新的高科技。

以色列人的国际化程度很高。几乎每个人都会说两三种外语,尤其是英语。因为阿拉伯国家的包围,以色列人患有某种程度的"幽闭症",为了克服这种地理和心理上的包围,许多以色列年轻人在服完兵役以后,就会迫不及待地背起行囊穷游世界。我的朋友哈雷尔·耶迪森虽然只有 35 岁,但是已经去过至少 30 个国家。而他的妹夫,也就是前文中所说的驻加沙地区的某坦克团团长,9 年前曾经在中国旅行了半年时间。这种海外旅游的经历,既扩展了以色列年轻人的眼界,更有助于发现商机和积累广泛的海外关系，有助于国际化创业。

以色列创业活动的主要特点

首先，以色列的创业活动有明显的产业聚焦的特点，与军事、医疗、生物科技、太阳能和农业等领域高度相关。以色列公司主要专注于 B2B，而 B2C 相对不是很发达。这主要是因为以色列国内市场相当小。当然，以色列也曾经产生过许多优秀的 2C 方面的产品和服务，例如 ICQ、Skype 等，前者催生出了腾讯的 QQ，而后者被微软在 2011 年重金收购。

最近一个著名案例是谷歌以 10 亿美元收购了以色列的众包地图服务商 Waze。我猜想，大概是因为耶路撒冷和特拉维夫的道路状况太差，经常堵车，所以才激发了创业者利用每个司机的手机所能提供的地理位置信息，直观地反映每条道路的拥堵情况的创业灵感。另外一个著名的案例是，五个年轻人做了一个网站"礼品计划"（Gift of Project），一些人可以联合其他朋友给另外一个朋友凑份子送礼。我了解到，目前在以色列结婚，和中国一样，也基本上只收贺礼（现金）或者事先搞清楚主人想要什么礼物。该公司创业一年半后以 5 000 万美元卖给了 eBay，30 多岁的创始人马坦·巴尔（Matan Bar）现在担任 eBay 在以色列的创新中心的总裁。

其次，以色列的创业活动具有天生全球化的特点。这是因为高科技创业研发成本高，而复制成本低，再加上以色列国内市场非常小，所以以色列公司开发任何一项技术或者产品的时候，一开始瞄准的都是全球市场。以色列公司创业一般采用技术导向，持续不断地围绕同一个技术开发多种应用，寻找多种市场用途。在经营哲学上坚持"一英寸宽，一英里深"的战略。例如，自动驾驶视觉辅助系统 Mobileye 公司的创始人阿蒙·沙舒亚（Ammon Shashua）教授又建立了一个新的公司，试图将 Mobileye 开发出来的计算机视觉技术用于帮助盲人或者视力不佳的人。公司生产一种特殊的眼镜，可以产生黑白视觉，售价在 14 万美元左右，市场前景可观。

最后，以色列创业活动主要专注于早期创业，等找到了成熟的、可复制的商业模式之后，一般就把公司卖给国际性大公司。例如，全球领先的农作物保护方案提供商，以色列 Makhteshim Agan 公司于 2011 年将公司 60% 的股权出售给了中化集团，最近改名为 ADAMA 公司。当然，以色列人现在也在反思这个问题，反思以色列人是否有可能把公司从小带到大，变成一个国际性的大公司。或者，是否只专注于自己所擅长的事情——创建新的企业，而对其他事情放手。

以色列经验对中国的启示

中国与以色列之间的诸多差异，无法一一枚举。特别是，中国是个大国，以色列是一个小国，中国的事情比以色列复杂无数倍，小国的经验可以借鉴，但是很难复制到大国。《创业的国度》的作者辛格在与我们交流时说："如果说以色列是一个经济奇迹，那么，中国则是最大的经济奇迹。每个国家都有自己的优势，你们不要对自己的优势视而不见。"这一观点，与我们关于国家文化影响创业活动的权变理论（《管理世界》，赵向阳，李海，Rauch，2012）非常一致，也就是每个国家应该将自己的独特优势与创业创新活动匹配。

事实上，每个国家只能做好与自己的优势（例如，国家文化、劳动力素质、市场特点和其他自然资源等）相匹配的产业（见表 2）。例如，如果让德国人做手机，则研发周期太长，根本无法与那些把手机当时尚产品来做的公司如三星、苹果或者华为、小米等竞争。但是，如果让他们去做需要花很多时间才能打造成功的精细化工、精密机床和汽车等，则更能发挥德国人严谨和精益求精的文化优势。相反地，法国、意大利和西班牙等国家，国民性格热情似火、喜欢追求新奇和浮夸的事情，更适合做时尚产业和快消品，例如服装以及食品加工业等。

表2　国家文化特点与组织管理和优势产业之间的匹配关系

权力距离低 对责任的承诺	不确定性规避弱 基础性的革新	集体主义 员工承诺	阴柔气质 个人服务 客户定制产品 农业/食品/生物化学	短期导向 快速适应
权力距离高 纪律	不确定性规避强 精密工作	个体主义 管理流动性	阳刚气质 规模生产 效率 重工业/大规模化学工业	长期导向 开发新市场

资料来源：霍夫斯泰德. 文化与组织. 北京：中国人民大学出版社，2010.

可以预见，中国巨大的市场和高效的生产效率，再加上以色列的高科技创新，两者相得益彰，有足够的想象空间。华为多年以前就已经在以色列建立了研发中心，目前至少有150人。而腾讯、小米、奇虎360、黑马营等最近也纷纷走进以色列，或者进行收购，或者参观学习。但是，中国公司近年来的收购行动也引起了以色列人的恐慌，尤其是在那些关乎老百姓日常生活的产业。2013年某中国奶业公司收购了当地一家奶业公司，引起人们的普遍担心和骚动。就在我抵达以色列的前一天，2014年5月28日《耶路撒冷邮报》的头条新闻报道说，一家中国保险公司打算收购一家以色列保险公司，经过长达半年的政府审查以后，以色列政府决定：不同意（Not for Chinese）。

很显然，涉及最先进最核心的技术以色列也不会卖，我们必须自主创新。正如习近平总书记在两院院士会议的讲话中（2014年6月9

日）所说的那样：我们不能总用别人的昨天来装扮自己的明天，不能总是指望依赖他人的科技成果来提高自己的科技水平，更不能做其他国家的技术附庸，永远跟在别人的后面亦步亦趋。我们要抓住新一轮科技革命和产业变革的重大机遇，就是要在新赛场建设之初就加入其中，甚至主导一些赛场建设，从而使我们成为新的赛场规则的重要制定者、新的竞赛场地的重要主导者。

最后，我要提醒中国企业家收购以色列企业的风险。自从 2008 年以后，以色列涌入了大量的风险投资，尤其是自从《创业的国度》一书出版以来，以色列吸引了全世界的投资者和企业家的目光。目前以色列创业公司的价格已经过高，其人力成本甚至比硅谷的还高。在这种情况下进行直接收购，价格很高，风险太大，不如直接在当地建立研发中心或者少量参股创业公司，一步一个脚印地国际化来得比较稳妥。大量研究表明，至少 70% 的并购都没有达到并购前的目的，没有产生预料中的协同效应，中国公司对此应该有更加清醒的风险意识。

5

"一带一路"上的国门和企业国际化

　　本部分节选自我的一本未出版的考察报告《阿尔泰山一瞥》,节选入本书的主要是序言、第3章和第6章,仅仅与企业层面有关的研究。另外,在"我们的彷徨:如何引进和培养国际化人才?"和"全球化时代,如何提高跨文化沟通能力?"中,我把《阿尔泰山一瞥》中第8章和第10章的绝大部分内容纳入其中。

《阿尔泰山一瞥》序言

新疆、西域、丝绸之路、草原帝国、游牧民族、沙漠戈壁……我痴迷于所有遥远而荒凉的事物。对于这片广袤的土地上所发生过的错综复杂的历史事件，我曾经研读过二三十本书，以及长达两三百个小时的影像资料，这个领域一直是我个人喜爱的知识花园。

但是，我对于这块土地的亲身体验是非常有限的。1995年8月，我在索尼公司工作时，第一次去乌鲁木齐出差四天，调研当地的电器经销商的业务情况，抽空游览了美丽的天山天池。再后来，就是2012年7月，我随同北师大经管学院去蒙古国进行为期一周的文化交流。当大部队回国之后，我自己又单独在蒙古国待了四天，其中两天时间里，我一个人徒步穿越乌兰巴托附近的博格达汗保护区，而且没带指南针，晚上露营于一个破败的喇嘛庙。其他的旅行经历主要集中在青海、内蒙古和西藏等地。这三个省和自治区，有的我去过两三次，例如青海和西藏，有的去过五六次，例如内蒙古，有许多令我难忘的经历，包括我的电影《一个人的战斗》就是在青海湖拍摄的。

2018年7月，我获得了一次难得的机会，随同清华大学新闻与传播学院李希光教授组织的"大篷车课堂"一行48人，一起进行环阿尔泰山的考察活动。"大篷车课堂"是清华大学的两个挑战性课程之一，是由李希光教授发起组织的。十多年来，每年暑假（偶尔也在学期中），李希光教授会带领少则十几位，多则二三十位学生，在亚洲腹地进行教学和考察活动。他们的足迹曾经到过尼泊尔、斯里兰卡、图瓦共和国、堪察加半岛、贝加尔湖等地。

李希光教授认为当前主流的民族志研究是西方价值观主导的，有浓厚的殖民主义的色彩,而他所组织的"大篷车课堂"则秉持人文主义的新闻写作态度,以中国与亚洲为焦点,秉持人类学视角进行实践性教学。

2018年的"大篷车课堂"是围绕阿尔泰山进行考察的。阿尔泰山是一座横亘在中国和俄罗斯之间的山脉,北边是俄罗斯的阿尔泰共和国和阿尔泰边疆区,南边是中国新疆,东侧是蒙古国的科布多地区,西侧是哈萨克斯坦的东哈州。阿尔泰山在中国称为阿勒泰,因为在历史上盛产金银铜铁,所以又名"金山"。

此次"大篷车课堂"是历年来参加人数最多的一次。考察团的主体成员是清华和西南政法大学的40多位老师和学生。除此之外,还有五六位来自其他学校的教师和学生,甚至包括一名北京四中的高二学生。清华的学生也不限于新闻与传播学院,而是面向全校进行了广泛招募和筛选,包括材料、工程物理、电机工程、美术、哲学、社会学等院系的学生。

2018年5月底,我无意中从朋友圈里别人转发的一篇文章中了解到这次考察活动。看了他们的考察路线之后,我非常感兴趣,立刻和组织方联系。在其他人已经于4月底把申请签证的材料都提交了的情况下,我通过自己的诚意,加上三寸不烂之舌和不屈不挠的说服,终于让领队老师同意把我加入考察团。

此次环阿尔泰山的考察路线,核心部分长达5 000千米,全程依靠大巴车进行,基本上都是穿梭在山区、戈壁、沙漠和半干旱性草原。如果是单枪匹马的话,交通和后勤都难以保证。即使单枪匹马是可能的,成本也是非常高的,所以加入一个考察团一起进行游学和游历是一个比较经济实惠的策略。此次考察活动,学生的报名费用大约是24 800元。不同于学生或许有科研项目的资助或者补贴,我主要是依靠自己和其他来源的经费赞助,总共花销在34 000元左右。

不同于一般意义上的新闻写作,也不同于严格意义上的人类学研究，我此次考察的目的和兴趣主要是集中在两个问题：阿尔泰山的历史地理文化，以及中国政府目前所倡议的"一带一路"的实际进展情况。如果说前者是因为我的个人知识爱好，它提供了对当下问题的深入理解的背景视域，那么后者则与我的经济管理研究的本职工作更加紧密相关。

"大篷车课堂"的考察活动是7月13—25日，我提前三天离开北京出发到兰州进行调研。在主体考察活动结束之后，我又在乌鲁木齐多待了两天，在这四天时间里（2018年7月11日、12日、26日、27日），我走访了四家企业，对它们进行了比较深入的调研。这种在正常的出差安排或者大部队调研之外，额外多加几天的旅行安排，是我经常采用的一种时间管理方式。它让我比其他人对当地有可能获得更深入的了解，而且很多有趣的故事都是发生在我单独行动的时候。因为当一个人单独行动的时候，需要更加借助外力，更加专注于与当地人的交流，而不用浪费时间在团队协作的内耗上。

为了叙述方便起见，本考察报告把许多紧密缠绕在一起的内容分成10个相对独立的主题进行论述。我希望本调查报告能在历史、地理文化的背景下，折射当下的社会经济热点问题，并对未来的社会经济发展能有所启发。

在写作的过程中，我尝试采用一种多重镜头语言。每一个镜头都提供了某种特定的视角，而镜头与镜头之间层层递进，或者不断切换，从广角镜头到望远镜头，再到显微镜头，再拉回到广角镜头。我希望全局与细节之间能做到某种平衡。这与我所秉持的多元化、多视角、无立场的学术理念是一致的。所谓的"无立场"，就是不固执于某种特定的立场，而是试图从不同的角度看问题，尽量逼近真相。这是哲学家赵汀阳教授首创的一个概念（请参考《坏世界研究》序言），我对此非常信服，但是，我是第一次尝试。

第一章，从地理学的视角探讨阿尔泰山的特点和对历史的影响，并提出阿尔泰山的历史归属问题。我邀请读者和我一样，带着这个问题一起开始考察。

第二章，从个人的视角，也就是从一个普通旅行者的视角概述此次考察的路线图，希望快速地给读者一个比较完整的印象。

第三章，重点深描旅行过程中我所观察到一些现象，例如，新疆反恐和治安问题、四次通关的经历等。这些观察点的选择和呈现，都与本调查报告所要探讨的主题之一"一带一路"紧密相关。

第四章，采用一个更加结构化的框架，重点比较四个国家或者地区在基础建设、商业环境和宗教信仰等方面的差异，把前面两章关于旅行考察的描述更加推进一步。

第五章，重点借助历史资料，回答前面所提出的阿尔泰山归属的历史变迁过程。理清历史脉络，可以加深对环阿尔泰山周边地区当下的社会经济发展问题的理解，尤其是对中俄关系，以及俄罗斯人的谈判风格等有深入了解。

第六章，再次回到比较微观的企业运营层面，借助我所调研的四家企业的情况，更深入地探讨"一带一路"中所遇到的商业上的挑战和机遇。

第七章，我打算从国家政策的层面，提出一些关于新疆问题的政策建议。我在写作的过程中，越发意识到新疆问题不是一个地域性问题，而是一个全国性的甚至是全球性的问题。它折射出宗教信仰、文化冲突、国际关系、国家战略等，我试图把本章的写作当作一个问题解决的思想实验。

第八章，立足教育工作者的本职工作，我提出了一个与"一带一路"有关，但是不限于"一带一路"建设的国际化人才的培养方案，也就是国际研究专业硕士的培养方案（Master of International Studies，MIS）。

第九章，除了以上围绕主要线索展开的叙事和论述以外，在考察的过程中，我还遇到几个对我个人特别有启发意义的小事情，但是，它们无法归类，我又难以割舍，所以单独列出一章记录这些小而美的事情。这些小事情，对于外人来说，可能是根本不值得一提的。但是，在某个时刻，对我的认知则有醍醐灌顶，或者一语惊醒梦中人的作用。通过描述这些小事情，我要强调"读万卷书，行万里路"，实地考察的重要性。

第十章，围绕此次考察活动出现的一些问题，我打算从跨文化沟通的角度，提出一些出国旅行中应该注意的事项、陷阱和最佳实践，让中国人在国外成为受欢迎的人，而不是引人侧目的人。

在撰写调查报告的过程中，我越来越发现，我把一个本来是"游山玩水"的事情，诠释成了一个科考活动，最后又上升到了学术讨论。我必须坦率地承认，这并非考察活动一开始时我的原初心理状态和期望，也并非开始写作本文的时候的出发点，而是一个不断演化和重塑的心理过程。

如果说，别人是"十年磨一剑"，而我则是"十天写本书"。虽然《阿尔泰山一瞥》的写作只花了10天时间，但是这本小书中渗透着我将近30年的学术积累。动笔之初，我本来只想写10页，后来变成30页，最后打算在60页的时候收笔，但是写到了90多页，还觉得有一些东西需要充分表达，干脆写本书吧。我顺乎自己的灵感和激情，驾驭着"心流"（flow experience），顺势而为，最后变成了一本9万多字的小书。

在某种程度上，我试图以小见大，围绕着我在环阿尔泰山考察中的所见、所闻、所思、所想等，以问题为导向，发散开来，把我将近30年的学术训练，包括历史学、地理学、考古学、宗教、管理学、心理学等熔为一炉。写到最后一刻，我才意识到，我是在向曹锦清先生的《黄河边的中国》致敬。但是，因为时间关系，我现场调研得远远不够，无法成为一个典型的社会学或者人类学的著作。

此外，写作本书也是一种新的尝试。我边写，边把一些章节发给一些朋友或者专家阅读，然后，再把有价值的反馈意见加入进去，形成一个互动性的开放文本。不同于作者先写，读者再读的单向沟通模式，我希望本书的写作是作者和读者共同建构出来的。

最后，我尽量在严肃的学术讨论中穿插一些有趣的个人见闻，希望读者阅读本调查报告的过程中不会感到枯燥和沉闷。我认为，任何作者或者导演，不管你要展示的主题多么崇高或者宏大，有趣有料是第一位的，要让读者或者观众能看进去，不能板着脸，假装道学先生。

四次通关经历和相关的边贸情况

我以前从来没有过从某一个陆路口岸到另外一个国家的经历，而这次考察中的四次通关经历令我感受很深，值得大书特书。因为这代表了普通当地边民的日常生活，对于了解"一带一路"的实际进展有重要意义。

中蒙边界上的塔克什肯口岸

塔克什肯口岸属于新疆清河县，离县城 70 千米左右，干净整洁，规划得很好，但是街道上人流稀少，四五分钟才能看见一辆车经过。口岸核心地带有一个巨大的环形边贸市场，以前从 4 月份到 10 月份开放半年时间，上半月开放，下半月关闭。但是，自从我国新疆和蒙古国之间的道路交通越发通畅以后，这个边贸市场变得更加萧条。因为蒙古国商人到中国来采购的，如果采购量比较大，基本上就不在塔克什肯停留了，而是直接去乌鲁木齐。自己开着车，一次购买三四万元的货物，三四天就能往返，价格上能便宜不少。

在后来的一次访谈中，新疆一个对外贸易的大企业的高管说，"他们甚至都不一定来乌鲁木齐了，而是直接到内地去采购了"。所谓的他们，泛指中亚五国、俄罗斯和蒙古国的商人。因为最近10年左右，特别是2009年"7·5暴恐事件"发生以后，对外贸易出现了大幅度停滞，这些中亚国家的商人就直接到浙江义乌或者广东汕头等地去采购了，慢慢熟悉了中国的市场。他们这才发现，中国内地有很多高水平的厂家，产品丰富、物美价廉，所以直接与生产厂家建立了联系，或者通过类似阿里巴巴这样的跨境电商采购。因此，我所观察到的短途的、小批量的边贸，非但没有因为"一带一路"倡议变得更加繁荣，反而更加萧条了。

2018年7月16日早上，趁着其他人还在睡觉，我一个人早早地在塔克什肯的边贸市场里做调研（见图1）。在这个边贸市场里，至少有40家商铺，商品五花八门，包括电器、房屋装修建材、服装等。商铺老板几乎全都是来自山西、河南和河北一带的汉民。我与一位正在刷牙的河南来的中年汉子聊了一会儿，以上的观察得到了他的佐证。

图1 塔克什肯国际商贸城

此外，7月15日傍晚20点左右，我在塔克什肯的街上偶遇一位开着一辆卡车卖面粉的、来自河南周口的中年人，他的名字叫王百顺

（见图 2）。他已经来新疆 30 年了，一直扎根在清河县，从来没换过地方。在谈及当地的哈萨克人和国家政策的时候，在半个多小时的闲谈中，他发出过 10 次以上的如下赞叹："这地方人好得很，国家政策也好得很。""哈萨克人非常尊敬长辈，从来不在长辈面前抽烟喝酒。公共汽车上，男人总给妇女和老人让座。如果你饿了，或者遇到麻烦，你去哈萨克人的家里吃几天、住几天，不用有任何担心，他们非常好客"。我们的导游后来也告诉我一句哈萨克人的谚语："祖先留下来的财产里面，有客人的一份"，更进一步证实了这种文化传统。

图 2 在塔克什肯偶遇卖面粉的河南人

谈到住房条件，王百顺说，"当地住房便宜，一般每平方米 2 500 元，而且政府会补贴相当一部分。如果你不愿意住楼房，也可以自己盖，政府也会补贴不少。每家的家庭收入都被统计得清清楚楚。如果你家有困难，年收入低于 3 万元，政府也会补贴。这里治安非常好，你把东西放到街上随便去转转，不会有人拿的"。

谈到气候条件和生活习惯，他说，"这地方好呀，吃喝不愁，瓜果蔬菜丰富。空气好，气候也好。你看着夏天好像很热，只要一走到阴凉的地方，立刻就觉得很凉快。唯一的不好的是蚊子多，但是也就仅限于七八月，这两个月一过，立刻就没有了"。塔克什肯的蚊子我是领教过的。就在15日的晚餐之后，大约22点钟，我一个人沿着塔克什肯的街道一直走到了接近旷野的地方，突然窜出一群蚊子，虽然我已经是长衣长袖，头戴防蚊子的户外帽子，喷足了花露水，也不得不落荒而逃。塔克什肯的蚊子，我服了你。

同行的48人，绝大多数没有经历过站在祖国边境线上的感觉。那种感觉和你坐飞机去另外一个国家的感觉完全不同，它让你真真切切地感觉到国家的存在。所以，考察队的老师和同学们欢呼雀跃着，在界碑边上拍照留念。而我不是一个合群的人，更不喜欢照相，所以率先独自进入了口岸的边检和海关。中国边防军人高大帅气，海关人员彬彬有礼。我也有目的地从他们那里了解我所关心的一些数据。例如，这个口岸每天通行的人数有两三百，中国人和蒙古国人双向通行的比例差不多，每年不超过6万人次，冬季很少。

通过中国边防和海关，花了大概一个小时，没有遇到任何障碍。但是，进入蒙古国就不是那么容易的了，前后总共花了三个小时左右，而且我是最后一个通过的。因为我是整个考察团中最后一个申请签证的，虽然我合法地拿到了签证，但是我的名字不在考察团事先提供的花名册上。所以，虽然我百般解释，蒙古国的边防还是迟迟不放我入关。

蒙古国边防站一个看似级别最高的官员，操着破碎的英语问我（以下都是翻译过来的内容）："你看着和他们不一样呀，不属于他们这个群体，你看着更高级一些，你会说俄语吗？蒙古语呢？你的英语很流利呀，你是在哪里学的英语？"我告诉他，"我的英语是在陕西一个小县城的农村里学的"，他表示不相信。他好像把我当作间谍似的，怀疑我怀有不可告人的目的来蒙古国。后来我把这个经历发到朋友圈，一个北大心理系的教授，也是我的同门师姐说，"你可别把蒙古人忽悠到陕西农村去学英语呀"。可是，我没有说假话呀。

经过来接应我们的蒙古国当地导游的反复解释，我总算通过了第一关。事实上,当他们刁难我的时候,故意做手势让我回到中国那边去的时候,我心里很坦然。我一点都不担心,我相信我一定能过关,因为我的签证是合法的。我是否能通关与我的名字在不在那张表格上关系不大。万一过不去,我就打道回府,去南疆自由行,看看喀什噶尔的老城,那是我一直想去的地方。

蒙古国-俄罗斯边界上的塔尚塔口岸

2018年7月18日早上,我们从风光无限的桃鲁普湖出发,8点半左右抵达塔尚塔口岸,准备从蒙古国进入俄罗斯。9点钟,蒙古国边防和海关正式上班。在我们之前,至少已经有了30辆汽车,其中小客车居多,货车只有五辆,还有两辆大巴车(见图3)。最拖延时间的就是大巴车,就是我们这种考察团,人数众多,通关时间非常长。

图3 蒙古国到俄罗斯的塔尚塔口岸排队的汽车

除了蒙古国的车辆牌照以外,我还看到至少有1/3的哈萨克斯坦的牌照。我很好奇,怎么会有这么多哈萨克斯坦人在蒙古国,由此要去俄罗斯呢?我查看了一下地图,发现哈萨克斯坦和蒙古国之间有一个尖尖角是接壤的,估计两国的边境线长度大约100千米。

蒙古国的边防检查很"变态"。在蒙古国实在没有任何值得购买的纪念品,所以我在16日下午在戈壁滩上徒步的时候,捡了一块很漂亮的石头，白色大理石，形状很像假山，有点山水形胜的意味，我打算带给女儿。这一直是我的一个习惯，每去一个地方，回来的时候我就给女儿带一块当地的石头做纪念，久而久之，我们家里就有了全世界不同地方的石头，包括珠峰北坳 7 000 米附近的石头。但是，我还没有来得及给这块石头照相，这块石头就被查没了。每一个国家的海关都有自己的制度，我理解，但是这种连一块石头，或者从戈壁滩上捡的一块骨头都要罚没的海关，只能显示出这个国家的封闭性。

与进入蒙古国时完全不同，这次我是第一个顺利通过边检和海关的。正当我轻松愉快地走出大楼，准备下楼梯的时候，那个在大厅里值勤的五大三粗的蒙古国军人跟着我出来，用我听不太明白的英文比比画画地问我："有没有钢笔？"我一愣，当时没有反应过来，我说，"抱歉，没有"。事后我想起来，如果有下次，我会带一些钢笔或者其他小礼物促进中蒙两国人民友谊的。

据后来我所访谈的一个企业高管说，这种现象在中亚五国和蒙古国非常普遍，甚至已经形成了一种惯例。他说他有一个朋友，从中国过境哈萨克斯坦，知道他们有这种习惯，就在护照里夹了 5 000 滕格（相当于人民币 100 元）。最令人惊讶的是，边检人员觉得多，违反了他们的惯例，主动还给他 3 000 滕格。这不由得让我想起了经济学家杨小凯在一篇文章里探讨拉丁美洲制度性贪腐问题的说法，"一三五我贪，二四六你贪，然后周日大家一起上教堂忏悔"。我问那位从事了 20 年中亚贸易的高管："相比我们，这些国家的贪腐情况是更严重，还是更轻？"他拉长了声调，斩钉截铁地说："那当然是他们严重多了。"随后他给我举了几个例子。这些例子，有的来自新闻报道，有的是从私密途径了解的，我在这里不再一一列举。

不同于我们所经历的其他三个口岸，一个国家的边防站与另外一个国家的边防站之间只有短短三五百米远，而从蒙古国的边防站出来，我们要开车 10 千米以上，才能到达俄罗斯的边防站，这中间 10 千米全是无人区。在这个无人区，我们发现自然环境发生了明显的变化。蒙古国干旱的戈壁逐渐变成了俄罗斯的有绿草覆盖的山谷。虽然道路蜿蜒曲折，但是道路状况良好，有非常明确的交通标志。"俄罗斯毕竟是一个大国，瘦死的骆驼比马大"，这个印象在此次旅行中得到了一而再，再而三的强化和确认。

特别是，一到俄罗斯边防站，立刻感觉好像从蛮荒世界来到了文明世界。边防站的军人虽然也会反复强调大家遵守纪律，例如，不允许用手机拍照等，但是其中一个年轻的军官，非常热情开朗，英文讲得非常流利，跟我们的学生有很多互动，带来一片欢声笑语。他说他去过北京，对中国的发展印象深刻。而那些坐在房子里，隔着窗户与我们交流的海关人员，穿衣打扮非常考究和整洁，一切井井有条。

特别值得一提的是，来了两个俄罗斯美女，她们是我们的俄罗斯地陪，一个叫列娜，热情开朗，汉语说得相当不错，本科是在新西伯利亚大学读的汉语语言文学，去年刚刚在大连外国语学院的孔子学院（旅顺）学习过一年，去过中国不少地方。另外一个姑娘比较沉静，还是大三的学生，正在新西伯利亚大学攻读汉语。相对于她的同伴列娜，这个姑娘的汉语就显得不够流畅。她们两个都是兼职在暑假当导游（见图4）。

图4　我们的俄罗斯导游

有了她们的帮助，我们的俄罗斯之旅充满了乐趣。特别是，因为我坐在汽车的前排，和列娜坐在一起，所以我抓紧机会，向列娜求证了我在"跨文化管理"课堂上讲述的关于俄罗斯人谈判风格的一些内容，而列娜也告诉了我们许多关于阿尔泰共和国和阿尔泰边疆区的当地知识。

俄罗斯-哈萨克斯坦边界上的鲁布佐夫斯克口岸

2018年7月21日，我们从俄罗斯的小城巴尔瑙尔出发，一路向西南方向前进，打算进入哈萨克斯坦。但是，早上发生了一件意想不到的事情。一位西南政法大学的女学生，在酒店住宿的时候她的护照被前台无意中损坏。护照的首页有明显的裂纹，但是没有被完全撕掉。当领队和导游发现这个问题后，立刻和酒店进行了交涉，酒店迟迟不愿意承认错误。最后，他们叫来了当地警察，让警察开具了护照被损坏的证明。我们带着侥幸心理，希望能顺利进入哈萨克斯坦，而不是把这个弱弱小小的姑娘留在人生地不熟的俄罗斯。整个交涉过程耗费了两个多小时，而早晨9点多的大雨也让我们错过了在鄂毕河边流连的机会。

中午12点左右，我们在一个叫做阿列伊斯克的村子用餐。为什么要单独记述一下这个村子呢？因为它提醒我们社区的重要性。村子里人比较少，偶尔才驶过一辆汽车。有的房屋是崭新的，钢筋水泥结构，但是大多数房屋比较破旧，是那种深褐色的，经历过至少半个世纪风雨的木屋。从外观上看，我们就餐的乡村餐厅很不起眼，但是一进门，我才发现它的大厅异常宽敞，可以同时容纳200人就餐，或者举行集会（见图5）。整个餐厅装修非常简单，屋顶上只是用大幅华丽的布营造出类似吊灯的感觉。沙拉、汤、主菜和茶，一道一道地上，虽然许多人觉得有点咸，但是我觉得非常可口。临走的时候，我特意走到那些俄罗斯大妈面前道谢，不知道她们是否听得懂我的话。

图 5　俄罗斯边境口岸的乡村餐厅

我觉得这是一次重要的机会让我们有可能观察到俄罗斯农村的繁荣和衰落，以及作为社区中心之一的俱乐部。我猜想，那个餐厅应该是个俱乐部，而非经常性营业的餐厅。当地人在举行婚礼、葬礼、过年或者重要的节日时，大家都会聚在那里，而在中国，我们完全缺乏这种公共社交场所，缺乏这种非营利的公共场所，而它是社群凝聚力的重要纽带之一。

在整个旅行中，我对俄罗斯的印象得到了前所未有的改变，我发现这是一个被中国人低估和误解的国家，我们许多人对俄罗斯的印象仍然停留在苏联解体时的认知水平，觉得俄罗斯经济萧条，民不聊生，俄罗斯的东西傻大粗，俄罗斯人很冷漠，等等。事实上，俄罗斯人文明程度很高，整体素质很强。虽然这么多年，他们承受了很多来自美国和欧盟的制裁，但是他们对苦难的承受力很强，对自己的国家抱有信心。他们很羡慕中国快速的经济发展，希望加强和中国的联系。我遇到的不少俄罗斯人，都会几句简单的汉语，比如"你好"。

下午四点半左右，我们到达了俄罗斯与哈萨克斯坦的边境口岸鲁布佐夫斯克（见图 6）。令人提心吊胆的事情还是发生了。因为那个女孩的护照问题，俄罗斯和哈萨克斯坦两边交涉了很久。俄罗斯方面说，"如果你们收，我们就让她过"，但是哈萨克斯坦方面迟迟不给一个肯定或者否定的回复。在边境线那边接应我们的当地导游，一位中年妇女艾姐，把习大大、纳爷爷（纳扎尔巴耶夫）、"一带一路"所有美好的名词全部抬出来，说得口干舌燥，但是都没有用。最后，俄罗斯边防站以使用非法护照的名义罚款 2 600 卢布，让那个小姑娘退回到俄罗斯境内。

图 6　俄罗斯-哈萨克斯坦边境口岸

这个非常特殊的突发事件可以让我们有机会观察两个国家在制度和文化上的差异以及具体的运作方式。俄罗斯人在处理这件事情时，看似相对比较人性化，能够变通，但是这种人性化和变通到底是文化的原因，还是制度的原因？还是因为拥有更多的信息，觉得酒店方面有过错在先呢？我无从得知。而哈萨克斯坦方面所表现出的刻板，到底是制度原因，还是文化原因，还是因为个人特点？我们是否有可能通过金钱的方式来解决呢？如果我们在哈萨克斯坦那边找到最高长官，在他的口袋里塞上一两百美元的话，事情是否会有不同的结果呢？是否这个小姑娘就不用第二天飞到莫斯科，去找中国大使馆办理临时护照或者旅行证呢？我也无从得知。后来当我在乌鲁木齐做企业调研的时候，把这个问题抛给一个企业高管，她们公司是当地最大的贸易公司，与哈萨克斯坦等中亚五国打过 20 多年的交道，她说，"哈萨克斯坦人讲的是规则下的交情"。

而当我把这段刚刚写完的文字发给全程陪伴我们的导游胡总的时候，胡总从俄罗斯和哈萨克斯坦两国关系的角度提出了一个我以前没有想到的解释："在历史上，哈萨克斯坦一直受俄罗斯的欺负和侵略，被俄罗斯统治多年，所以哈萨克斯坦人一直对俄罗斯人抱有猜疑和担忧。我们事后才了解到，哈萨克斯坦认为，既然这种情况国际上是有明确规则的，我们就应该按照规则办事。但是，你们为什么不先放人，而是先试探我们的态度呢？你们是不是又想抓我们的小辫子呢？"

中亚的历史非常复杂，民族冲突不断。丝绸之路，不仅仅是贸易之路，也是战火纷飞，鲜血横流，生灵涂炭之路，各民族相互征伐，抢夺土地、人口和牲口，经常尔虞我诈，朝三暮四，出尔反尔。这种深入骨髓的不信任绝非短期可以化解。导游胡总告诉我说："五六年前，当哈萨克斯坦刚刚变成中国的旅游目的地的时候，哈萨克斯坦旅行社的一位 70 多岁的顾问来和我们谈判，他问我们，如果你们的旅行团里有间谍的话，这种责任我们可负担不起。既然他连这种问题都想到了，可见信任是多么难以建立。"

在申请这次环阿尔泰山的三国签证中，最后一个拿到的是哈萨克斯坦的签证。13 日晚上，当我们在兰州聚餐的时候，清华大学的副领队和我坐在一起，闷闷不乐，一脸忧虑。他偷偷地告诉我说，"哈萨克斯坦的签证现在还没有拿到"。此时已经是周五下午六点半，离新疆下班时间只有一个小时了，哈萨克斯坦在乌鲁木齐有一个签证代办处，我们在这个签证代办处申请签证。当快吃完晚饭的时候，领队突然高兴地宣布，我们终于拿到了哈萨克斯坦的签证。胡总告诉我说："这就是他们的特点——深刻的怀疑和恐惧,所以与他们打交道一定要有耐心,他该给你签证就会给你,他如果不想给你,你拿他一点办法都没有。"可见,"一带一路"所提出的"五通"中,道路相通是最容易进行的,货币相通就很难了,而最难的则是民心相通。

从阳光灿烂的下午,我们一直等到夕阳西下。又从夕阳西下一直等到了夜色浓浓。这里是南西伯利亚的旷野,周围没有一星半点的灯火。我想起了新疆阿勒泰富蕴县作家李娟的《阿勒泰的雪》和《冬牧场》,想起书中的一个情节:几个哈萨克牧民在寒冷的冬夜,在冬牧场上,在凌晨三四点钟,用温水泡方便面。他们直接把开水倒进撕开一个口子的方便面袋子里,用手捂几分钟之后,水的温度就急剧下降,方便面也没有泡开,但是他们吃得仍然很香。于是,我拿出一包方便面,倒进一瓶矿泉水,泡了十分钟。虽然品相难看,但是吃起来的味道和平时差异不大(见图7)。作为老师,我肯定无法自己在车上独享,而且我也不饿,只是想做个试验而已,所以我就把泡好的方便面让给了一位喊饿的女生。

图 7　凉水泡面

晚上 10 点钟,我们终于进入了哈萨克斯坦的边防站和海关。大厅外面有一个接待室,里面非常闷热,蚊子猖狂。外面倒是比较凉爽,但是蚊子同样猖狂。那个北京四中的高二学生不停地跑圈,试图躲避蚊子的袭击。哈萨克斯坦边防倒是没有故意刁难我,但是工作效率很低。我甚至听说过,在蒙古国的边防站,如果一个旅客的通行时间低于10分钟,是要被问责的,我不知道哈萨克斯坦是否也有类似的潜规则。总之,凌晨一点半左右,我们终于进入了哈萨克斯坦境内,继续开车前往70千米以外的城市塞米。舒服的酒店和前一天晚上已经准备好的哈萨克马肉大餐已经等候我们很久了。

中国-哈萨克斯坦边界上的吉木乃口岸

中国与哈萨克斯坦之间有七个口岸,最著名的估计是霍尔果斯口岸,因为有太多逃税避税的影视公司都是在霍尔果斯口岸注册的,而吉木乃口岸非常小。中国边防的工作人员告诉我,霍尔果斯口岸每天的通行人数有五六百人,而吉木乃口岸只有五六十人。当然,新疆境内最大的口岸是乌鲁木齐,每天通过航空进出国境的大概有5 000人,其中2/3是去中亚五国、中东和俄罗斯等。至于其他五个口岸,包括阿拉山口、巴克图、都拉塔、木扎尔特、阿黑土别克,也都比较小,甚至不是经常性开放的口岸。根据这些数据,我们可以对"一带一路"的实际情况有所了解。

从哈萨克斯坦过境到中国时,哈方边防人员特意从我的行李箱里拿出了我带的望远镜,几个人相互传递着,看来看去,包括看远处的山,以此来确定这是不是一架军用望远镜。这架望远镜是很多年前俄罗斯产的,大概也就两三百元,是我在东北的海拉尔旅行时买的。我曾经用它在蒙古国的呼斯台看过普氏野马,也用它在甘肃张掖远眺过祁连山上的冰川,我可不想把这个带有我个人经历和温度的望远镜送给他们。所以,当他们比比画画,希望我把望远镜给他们的时候,我装糊涂,听不懂。

同行有一位中国传媒大学的女孩,在提交给"大篷车课堂"的团队手册中的照片时，非常不谨慎地选择了一张军装照，被哈萨克斯坦的边防人员发现，单独请到一个小房子里去，询问了半天才放出来。出来之后，那个平时咋咋呼呼的姑娘终于安静了，用她的话来说，就是"丧"。

从哈萨克斯坦到中国的通关，我们花了三个多小时，其中有一个小时都是在等待中国边境检查手机、电脑和硬盘中是否有暴恐视频和音频，这也是四次进出不同国家口岸中唯一查软体内容的。虽然等待的时间比较长，但是这种情况大家是可以理解的。在等待的时候，我看到旁边有一个"吉木乃一日游"的广告牌。我问海关工作人员，如果每次通关都三个小时，来回六个小时，怎么可能一日游呢？他解释说："对于哈萨克斯坦那边的居民，我们双方有一个快速通关的服务，而且是团签的，但是我们这边还没有开放团签，所以更多的是那边的人到这边来探亲访友，采购货物。"

企业调研的主要发现

7月12日下午，7月26日和27日，我在兰州和乌鲁木齐先后走访了四家企业。这四家企业中，有三家是本地企业。只有一家是全国性的民营企业，甚至在全球都有广泛的业务分布，在乌鲁木齐的分公司只是其全球性业务分布的一个据点而已。所以，前三家企业更有代表性，它们立足本地，发挥当地资源优势，面向本地市场、中亚五国和俄罗斯等进行国际贸易。

7月23日早上，当我们在哈萨克斯坦的乌斯卡缅酒店里用早餐时，偶遇了一位来自西安的赵先生。他是甘肃人，但长期在西安工作。最近四五年里，一直在从事与中欧货运班列有关的工作。李希光教授和一位学生对他进行了采访，并与我分享了他们的采访所得。所以，在本文中，我打算比较深入地分享一下我所了解的这五家企业在"一带一路"上的机遇和挑战。

为了保护企业的商业机密，同时又为了能获得足够多的真实信息，我在做企业调研时一般不录音，也不做笔记。未经采访公司的许可，我一般也不发表任何文字，或者撰写案例。即使发表文字，也是做了充分的掩饰性处理。所以，我在这里分享的很多信息是概括性的。我需要事先声明一点：凡是我讲的，一定是尽可能客观真实的；凡是我有意忽略的，一定内有隐情。

在进行企业调研的时候，我很享受这样一种场景：当我与初次见面的企业家或者高管进行访谈时，当谈话进行得非常流畅时，我会逐渐提出一些非常有挑战性的问题。当坐在对面的被采访者发出感叹，说："赵老师提出的问题好尖锐呀"，或者嫣然一笑："您刚才提出的问题，就是我（或者我们老板）最关心的问题，也是我们企业（或者部门）努力的方向"时，我内心里会有一种成就感。因为我知道，我和这些企业家在同一个频道上对话，我正在逐渐深入了解企业的核心问题，走入企业家的内心世界。

在进行企业调研时，陌生拜访在中国是非常困难的，尤其是访谈大企业的高管或者创始人的时候，所以，以上四家企业都是通过当地大学的教授介绍的。一般来说，在去企业调研之前，我都会提出一个简单的访谈大纲，表明我所关心的主要问题，也会给谈话框定一个大致的方向，让对方了解我的真实意图。但是，访谈大纲只是一个敲门砖而已，不可过于细致，也不可过于苛求。很多问题只能在谈话的过程中，相互碰撞，相互激发，因势利导，顺水推舟，让谈话逐渐升温，进入佳境之后再提出来。

此外，我会事先上网搜集和阅读尽可能多的二手信息，包括企业网站、公众号、新闻报道中的信息。同时，我也会要求对方提供一些官方材料，让我事先学习准备，以使谈话能快速进入主题，不至于浪费太多的时间在企业的基本历史和业务介绍上。下面是我此次调研中提前发给每一个企业的问题清单：

  1. 贵公司业务简介。

  2. 贵公司目前国际化的重点和动机？

  3. 为什么要在丝绸之路沿线国家进行投资？

  4. 你们是如何进入这些国家的？这些国家与中国最显著的文化、制度和经济差异是什么？

  5. 为什么你们觉得这是个机会？当前又面临什么困难和挑战？

  6. 你们是怎么应对这些挑战的？效果如何？

  7. 如何看待"一带一路"倡议？你们觉得这个倡议成功的可能性大吗？

  8. 当地政府（甘肃或者新疆）对于鼓励你们走出去有没有具体措施？

  …………

  2017年新疆的GDP刚刚超过1万亿元，而甘肃的GDP大约7 600亿元，在全国排名倒数第五和第六，排在其后面的只有海南、宁夏、青海和西藏。可以想象，当地的民营企业经济不发达，但是我所采访的这几家企业，规模在当地都是数一数二的，属于民营企业中的龙头。而且与当地政府关系很紧密，成立时间也都有二十多年了。它们深耕当地市场，人脉资源和商业经验丰富。所以，可以在短时间内帮助我迅速了解新疆或者甘肃商业环境的重要信息。

A公司

  A公司早年在甘肃武威创业，后来总部落户在兰州。在1998年前后的国企二次改革的过程中，老板敏锐地抓住机会，兼并收购了当地几家濒临破产的小型国企。在为政府排忧解难的同时，也获得了政府的一些优惠条件。主要的优惠条件或者交易方式就是在尽可能不裁员，保证就业和社会稳定的同时，在旧厂房搬迁的过程中，把一些污染比较严重的工厂迁移到城市郊区甚至沙漠边缘，而空余出来的土地就可以进行房地产开发了，所以，A公司就顺理成章地进入了建筑业、房地产开发业。

目前，该公司年销售额大约30亿元，利润有5亿元左右。从财务指标来看，好像活得挺滋润。该公司业务板块分布非常广泛，包括十几个细分市场，例如，造纸业、线缆厂、食品饮料等领域。如果说十年以前中国的市场还是高度分割性的，公司的部分产品在当地还有一定的竞争力，那么，当全国性市场形成以后，该公司目前的绝大多数产品已经没有竞争力，只是在勉强维持。

每一个细分市场都由一个副总来主管，这些副总很多是以前被兼并的国企的总经理，所以公司在关键岗位上保持了一定的连续性，也有利于充分发挥既有人才的行业经验。虽然该公司的老板只有初中文化程度，但是人非常聪明，善于在实践中学习。从他的简历上来看，人大代表、政协委员等头衔一大堆，一看就是和当地政府走得非常近的人，是一个长袖善舞的，经常帮助政府解决困难，同时也能从中获得机会的人。借用蓝海林和皮圣雷2011年发表于《管理学报》上的《经济全球化与市场分割性双重条件下的中国企业战略选择研究》的分析框架，A公司就是典型的"坐地虎"，属于高度的当地化和高度的行业多元化。

随着"一带一路"倡议的提出，A公司是怎么布局的？根据我的了解，甘肃省政府当然希望抓住"一带一路"的契机能有所作为，所以积极鼓励这些和自己走得很近的企业加快步伐走出去，做出亮丽的政绩工程。在这种期待下，A公司在白俄罗斯投资了三个项目。一个是位于首都明斯克的餐厅，属于当地第二大中餐厅，装修豪华，大厨都是从中国派过去的，是当地华人和中国企业（例如华为、中石油等）的首选聚餐地点之一。该餐厅是一个信息的集散地和人脉网络的中心节点。该餐厅投资三年，目前已经盈亏平衡。

另外一个项目是位于白俄罗斯一个城市的酒店，花了大概 1 亿元人民币购买产权、进行装修等，目前还没有正式对外开放。接受访谈的高管说，该项目目前前途未卜。首先，该酒店不是位于首都，客流量有限；其次，当地政府办事拖沓，事先承诺的很多招商引资的条件都没有到位。当地政府可能因为缺乏外汇，所以该公司在参与招标时所缴纳的 15 万美元保证金迟迟没有退回。当地政府甚至说，"要么给你们一些税收方面的优惠进行抵扣，要么再给你们批一块土地作为补偿"，总之，就是不想退钱。再次，该高管告诉我，当地工人远远不如中国人勤奋。即使他们收入有限，也不愿意加班。周末和节假日即使支付两三倍的工资，也要正常休息，这给酒店的装修和经营造成了一定困难。最后，白俄罗斯的外汇管制很严格，资金进入容易，但是退出非常困难，据说要征收至少 37% 的所得税才有可能退出。即使这样，能否把利润转换成美元带回国内，也充满了不确定性。

第三个项目是一个外贸进出口项目。他们曾经设想把白俄罗斯的优质牛肉和奶制品等进口到国内，同时把甘肃有特色的农产品出口到白俄罗斯和其他周边国家，但是目前中国与白俄罗斯之间还没有就牛肉进口达成协议，所以他们只是在白俄罗斯做了几百吨以白桦树的树液为原材料的果汁，进口到甘肃试销。但是因为进口过程耗时很久，到了甘肃以后，已经过了销售旺季，所以只能中秋节的时候当作福利发给员工。

B 公司

B 公司是新疆当地最大的外贸企业之一，曾经连续 9 年进出口贸易额是当地的第一名。有意思的是，该企业的办公地点位于新疆商务厅的大楼内，给人一种很"官方"的感觉。接待我的企业高管解释说，"这是因为当时新疆商务厅建设资金不足，号召大家进行集资，所以我们公司就买了两层楼而已，没有其他含义"。

该公司早期创立于新疆塔城，后来总部落户乌鲁木齐。早期主要从事对中亚五国和俄罗斯的进出口贸易、工程承包等，经营历史已经超过26年。在业务鼎盛时期，公司营业额曾经高达200亿元人民币。其中对哈萨克斯坦的出口是公司业务量最大的，"日子过得非常滋润"。但是，自从2009年"7·5暴恐事件"之后，外贸业务受到一些影响，再加上俄罗斯推出的"欧亚经济联盟"和中国政府提出的"一带一路"倡议，公司目前在布局一些实业，进行企业转型升级。包括依托消费升级，进入汉堡店连锁、电影院连锁等领域。在垃圾发电、生物制品等领域进行大力投资，某些生物制品在国内细分行业占据了50%以上的市场份额。此外，作为纯粹的财务投资，公司也入股当地的基建、商业银行和城市银行等。总之，又是一个典型的多元化经营的企业。

因为中亚国家政局不稳定，所以该公司事实上没有任何直接对外投资（比如建厂或者独资公司），采用的都是轻资产模式，与当地的合作伙伴建立一些项目型的公司，从事一些工程承包或者交钥匙工程。依托对国内装备制造业的熟悉，和对中亚五国国情的深入了解，他们把中亚五国在石油化工等领域的需求与国内的供给进行匹配和整合。

接受我访谈的高管在该公司已经工作十五年，属于中高层管理者。目前开始负责一个新的业务板块，主要从事对外的高端商务考察和咨询等。她认为，这非常有助于发挥公司和个人深耕中亚国家多年积累的丰富的人脉资源和隐性知识。谈及对外贸易中的各种"坑"，该高管说，"我们扎根中亚市场已经二十多年了，相当了解这些国家的市场。最近几年许多国企盲目地冲进这些国家，犯了很多不应该犯的错误，交了太多的学费。不仅如此，还扰乱了当地市场的秩序，给了当地公司挑拨离间和压价的机会，所以我们公司目前对外贸易的业务量和利润有一定的下滑。不过，现在这些国企终于也明白过来了，很多公司都回过头来经常咨询我们，这样就可能给我所负责的业务，也就是关于中亚贸易和投资的服务带来了新的机会"。

谈及对中亚国家和俄罗斯的贸易，该高管认为，相对于欧美的巨大市场，"一带一路"的市场目前非常有限。例如，哈萨克斯坦与中国之间的贸易量每年大概只有 200 亿美元，而中亚其他四国与中国之间的贸易额的总和不到哈萨克斯坦与中国贸易量的 80%。而中俄之间的贸易量是中哈贸易量的 5 倍左右，2018 年达到 1 000 亿美元。但是，相对于中美之间 5 700 亿美元左右的贸易量，仍然是小巫见大巫，所以中美贸易战关系到全局，如果中美贸易战继续进行和持续恶化，仅靠"一带一路"国家的贸易是根本无法拉动中国经济的。

中亚五国是俄罗斯的传统势力范围。自从 2015 年俄罗斯发起组织了"欧亚经济联盟"以后，因为"欧亚经济联盟"国家之间互免关税，而且工业标准是按照俄罗斯的标准进行，所以，门槛提高了，更加有利于俄罗斯产品的销售。特别是，俄罗斯继承了苏联的一些工业优势，例如，重型卡车的质量还是有技术优势的，所以该高管觉得，对外贸易生意越来越不好做了。

谈及对外贸易中的挑战，她认为最缺乏的还是熟悉当地语言和商业环境的高端人才。目前，B 公司重点依靠中亚五国在中国的留学生，或者一些外语人才，但是外语人才一般缺乏广泛的国际贸易方面的知识和经验，是一个明显的短板。她建议中国大学应该培养复合型的经贸人才。

C 公司

C 公司是一家非常有特色的公司，深深地刻上了创始人的人生成长轨迹、个人爱好和品位。该公司的创始人当过兵，曾经是某刊物的美术编辑。1992 年苏联解体的时候，他从阿勒泰起家，开始从事对外贸易，首先是进行易货贸易，包括收购当地的废旧钢铁，出口中国的轻工业产品等，开始了致富之路。目前该公司对外贸易的业务交给几个兄弟去做，而自己一心一意从事与文化创意产业和个人爱好有关的事业。

当接待我的高管告诉我说，他们的文化创意产业打算独立上市的时候，我内心里表示非常质疑。但是，当我参观完该公司位于乌鲁木齐市内占地300亩的产业园的时候，我不得不为新疆有这么有特色的企业感到骄傲。

该产业园是公司在1996年前后买入的地皮。公司大楼里面每一个环节，都有很强的设计感。例如，楼道内陈列着众多雕塑。公司大楼洗手间旁边设计成树林，一转弯，门前突然出现几头熊和狼的动物标本，真的能把第一次参访的人"吓尿了"。占地300亩的园内风景优美，有多个巨大的喷水池和群雕，还有数量惊人的硅化木、铁陨石、枯死的胡杨。最令人印象深刻的还是那200多匹汗血马、大宛名马甚至三五匹普氏野马。那些高大英俊的"天马"令我心潮澎湃，平时很少照相的我也主动提出与这些漂亮的动物合影留念（见图8）。

而当我参观两层楼的油画展厅的时候，再次惊叹不已。该老板自己就是著名摄影家，多次获得国家级的大奖。他拍摄了很多新疆和周边国家的人物照片，然后，请哈萨克斯坦和其他国家的国宝级的艺术家把这些摄影作品以油画的方式表现出来，极具艺术感染力（见图9）。这些丰

图 8　大宛名马　　　　　　　图 9　根据人物照片创作的油画

富多彩的作品，是了解新疆和周边多民族文化特色的重要方式。我在内心里赞叹，这样的公司值得一来再来，也有上市的雄厚资本。

除了这些生动具体的实物参观以外，接待我的高管还向我介绍了他所了解到的"一带一路"的一些情况。首先，中亚五国国情非常复杂，不了解情况的企业很容易处处碰壁，他所见到的刚刚上路的国企赚钱不易。中亚、西亚一直是大国角逐的战场，俄罗斯视其为自己南下波斯湾的重要通道，而美国则视其为扼制中俄的重要战略支点。

谈及正在进行的中美贸易战，他强调改革国企管理体制，建立更公平公正的贸易体系，保护知识产权才是关键。

谈及中亚五国的文化习惯，他认为因为当地国家有漫长的游牧民族的历史背景，所以在工作意识和工作价值观上，与中国员工有非常明显的差异。例如，当地员工在下班铃响的时候，甚至可以让吊机上的重物悬挂在空中，第二天接着干。当地员工不愿意加班，把工作和休闲时间分得非常清楚，他们认为："如果不能享受假期，干吗非得要辛辛苦苦地赚钱呢？"所以，发薪之日后的三五天里，当地员工的旷工率明显提高。他们觉得有了钱，就应该痛痛快快地乐活一下，明显缺乏中国人的节俭、储蓄、长期导向和计划性等行为。

他告诉我一个他的老板早年在哈萨克斯坦收购废钢铁的过程中遇到的离奇故事。当时苏联刚刚解体，当地经济一下子跌入了谷底，所以许多人抢掠工厂和社区的设备进行变卖。有一个哈萨克斯坦人问他，要不要铜线？他说要。晚上他去这个哈萨克斯坦人家做客时，突然停电了。原来这个人把周围小区里的电线全切割下来，现场交给他换钱。

根据我的理解，这些中亚国家的员工之所以缺乏计划和长期导向，主要是因为这些国家没有经历过长时间的工业化过程，时间观念还没有被西方模式"校准"过。同时，游牧民族经常性抢掠的传统也没有让他们建立起西方的那种对私有产权的尊重和保护。至于中亚五国的腐败问题，他觉得很严重。

D 公司

D 该公司的总部在福建，主要是做矿产资源开发的，尤其是金矿、铜矿和锌矿等，是一家在 A 股上市的大公司。在新疆的公司事实上是该公司的一个办事处或者分公司，负责西北市场的开发。在他们的商业语言体系中，所谓的"西北市场"包括我国新疆、中亚五国、俄罗斯等。因为该公司的业务是全球布局的，所以他们与新疆当地政府之间没有太多深入的接触和利益纠缠。

谈到他们在塔吉克斯坦所投资的金矿时，接待我的高管告诉我，在当地，不仅仅要遵守法律，还要特别注意维护社区关系。他们在当地的企业是与当地政府合资的，政府以矿山资源入股，占 20% 的干股，同时，公司的收入还要缴纳 25% 的资源税。除了遵守这些合法的规则之外，他们还要帮助当地社区修路、建学校、打水井等，尽量处理好与当地社区的关系。前几年，他们曾经因为处理不当，与当地人发生冲突，引发长时间的罢工。当地人甚至围攻公司，他们最后只能依靠当地政府和军队把中国员工悄悄地运出来。

E 公司

最后一位公司高管事实上并不是我亲自进行访谈的。7 月 23 日早上，在哈萨克斯坦的乌斯卡缅，我 6 点多就起床，吃完早饭外出散步了，所以错过了这次偶然的但是重要的采访。这个采访是李希光教授和一个同学一起进行的。主题是关于中欧货运班列，一个时下争议很大的热点问题。我直接引用参与访谈的学生所撰写的报告中的部分内容，对人名、单位名称等做了掩饰性处理。

赵总已经在西安工作 13 年了，是在 XXX 国际港务区负责国际班列物流的，每年会来哈萨克斯坦七八次。国际班列现已开通四条线，分别去往莫斯科、德国汉堡、哈萨克斯坦的阿拉木图和阿富汗。目前我国与中亚国家的贸易往来仍是不平衡的，这体现在我们运过去的货物品类多，数量庞大，而拉回来的货物不能达到均衡。

当我们询问赵总关于"一带一路"倡议提出之后的变化时，他说："有了很多便捷，现在火车过海关只需要一天时间，不管是从新疆的阿拉山口还是霍尔果斯过来都是一天，现在从西安到阿拉木图只需要一个礼拜，到德国和伊朗都是15天，各国各关卡内部有协调机制，远远比以前便捷和省时多了。"

赵总告诉我们，他自己还在阿拉木图开了一家中国茶馆，"我的茶馆就在阿拉木图最繁华的地段，旁边就是中国商品的展销中心。我们中国人有个传统是以茶会友，我的茶馆叫'YYY'，古代中国的商人们走丝绸之路让中国的茶叶走向了世界，如今我也想让我们陕西的茶叶走向中亚"。

李希光教授问赵总："目前最大的障碍是什么，是语言吗？是海关吗？""不是的，"赵总回答说，"原来最大的障碍可能是海关，因为茶叶属于食品。但是现在海关统一标准，不为难了。现在最大的问题是国际协调，降低物流成本，达到贸易平衡和民心相通。"

赵总坦言，民心相通方面还是存在问题。现在语言并不是障碍，哈萨克斯坦的年轻人会说哈萨克语、俄语、英语和中文。因为现在中国发展得很好，很多年轻人愿意学中文，和中国做生意，去中国留学。哈萨克斯坦政府对"一带一路"是比较支持的，但是具体项目推动难，比较受排挤，工作效率低。我不禁想起哈萨克导游加姐之前跟我们说过的类似情况，在这里真的是又一次得到了验证。

赵总告诉我们，哈萨克斯坦虽然不是发达国家，但文明程度很高，人们从小接受西方化的教育，言谈举止和待人接物都可以体现出来，是懂礼节的，并且哈萨克斯坦很安全，投资环境好。

事实上，该学生所撰写的报告中没有提及的，但又是非常重要的一个话题是政府对国际物流班列的补贴问题。因为这个问题比较私密，所以当李希光教授问到这个问题的时候，赵总压低了嗓门说，"我们公司目前当然是亏损的，只能依靠政府补贴"。至于补贴的力度，李希光教授等也没有好意思继续追问。根据我掌握的二手资料，每货柜每次补贴 3 000～5 000 美元。

不同于很多人对中欧班列的批评和质疑，我个人觉得补贴问题很容易理解。对于发展中国家，在早期发展阶段，对某些幼稚产业（infant industry）进行补贴是其产业政策的一部分，不应该被诟病。这就像开一个公司，或者开创任何一个新事业一样，前期都需要巨大的投入。经过多年以后，才能开花结果。但问题是，补贴是不是公平的、透明？是不是对所有人开放的、一视同仁的，抑或有进入的门槛等？关于补贴的效果，是否在短期亏损之后，最后能达到盈亏平衡甚至盈利？或者我们在国际班列上亏损，在别的地方盈利了呢？是否"这一盘大棋"在总体上是赢的呢？这才是问题的核心。时间太短，目前无人能回答这些问题。

四个公司之间的横向比较

从国际化的程度来说，A 公司的国际化程度最低，主要是扎根本地市场，经营好自己已有的一亩三分地。因为中国市场的分割性，这些看似不起眼的企业事实上利润相当不错。当然，随着全国统一市场的形成，以及全球化的深入，这类企业的经营会面临很大困难，增长乏力。在这个时候，企业业务转型升级，更多地表现在从资源依赖型和政府关系导向型，转移到基于能力和市场导向型。

此外，虽然该公司的老板才 55 岁左右，年富力强，但是接班人的问题非常关键。公司有 12 位之多的副总经理，每个人各管一摊，现代管理制度并没有很好地建立起来,所有的重大决策老板说了算。接待我的高管说,有时候老板教训起副总简直就像是教训自己的儿子。而他 30 多岁的儿子主要是负责公司内部事务的管理,缺乏业务层面的锻炼,短时间内无法独当一面。

B 公司和 C 公司都是从外贸起家的企业,国际化程度相对高一些。但是,它们基本上不进行对外直接投资(FDI),主要靠进出口贸易,以此来降低国际商务中的多种风险。2009 年"7·5 暴恐事件"发生以后,新疆有一年时间彻底断网,失去了与外界的联络机会,外国客商进不来,自己人也出不去。特别是 2015 年,俄罗斯发起组织"欧亚经济联盟"之后,中国与哈萨克斯坦之间的贸易量显著下降,B 公司的销售额曾经下降多达 30%,C 公司至少也下降 10%。在遇到外贸瓶颈的时候,这两个公司选择了不同的路径进行转型升级。B 公司开始进入金融行业、高端服务业,与当地消费升级有关的产业。C 公司则按照公司创始人的个人爱好,向文化创意产业发展。这些都是做大做强企业的很好的尝试,有助于公司摆脱"靠天吃饭"(指外贸)的偶然性,有利于企业的可持续发展。这些转型路径,目前看不出来高下之分。个人认为,只要是与制度因素(正式制度和非正式制度)和内部的核心资源一致的,转型升级都是有可能成功的。

D 公司是一个国际化程度很高的公司,主要是矿产资源的全球获取型,所以它不是新疆企业的典型代表。它的国际化经验中最重要的教训就是一定要重视与当地社区关系的建立和维护,采用当地代理人出面来做一些事情。而 A、B、C 公司因为在境外的投资都属于蜻蜓点水式的,所以不存在这方面的困扰。

放眼整个新疆,当地工业基础相当薄弱,产业链不健全。有人甚至说,"新疆自己都无法独立生产出一条毛巾来",因为生产毛巾需要配套的产业链,比如染色,如果没有足够多的纺织业,就无法支撑大型的染色工业。新疆也很少有高科技公司,最著名的可能是金风科技、特变电工等，这些都与当地丰富的风力资源有关，或者与"西电东送"工程有关。工业基础薄弱，产业链不完整，再加上新疆的反恐形势，使得新疆在吸引优秀人才和招商引资方面存在巨大挑战。

更为严重的是，当地有一句调侃的话道出了新疆的困境，"新疆缺的不是人才，而是人"。事实上，人口数量不足，甚至最近十年里，汉族迁出到内地 200 万左右，给新疆的社会稳定和经济发展带来了一定的挑战。而如果经济不能快速发展，不能在发展中解决少数民族的某些生活困难，尤其是南疆少数民族的就业问题，新疆的稳定总是存在很大的隐患。

"一带一路"与社会规律的建构性

社会规律不同于自然规律。自然规律是关于物的，有很高的一致性，无例外性。它可能是很复杂的，例如，爱因斯坦的广义相对论方程，或者基因检测技术，需要高深的物理、化学或者生命科学知识。但是，这些规律一旦为人所掌握，就可以进行精确预测和分析，并且比较确定性地改变世界。

而社会规律是关于人和事的，不存在一般性的普适规律，存在非常多的特例，而且是高度情境性的。如果说，自然规律关乎高深，那么社会规律关乎高明。自然规律是想到就可以做到，社会规律则是想到很容易，知行合一最难，与问题的情境性有关，其中处理事情的分寸感最难把握。

虽然"一带一路"面临很多挑战和不确定性，从短期来看，它很可能是入不敷出的，但是，从长期看来，它能否成功很大程度上取决于是否有人坚持不懈地干二三十年。只要认真总结经验，所有的前期成本都会获得巨大的收益。

结语

因为时间非常仓促,我们每天都在赶路之中,有的时候一天甚至要长途奔袭 700 多千米,所以,此次环阿尔泰山考察中我也有很多的遗憾。例如,没有机会在鄂毕河和额尔齐斯河边散步,没有机会进清真寺或者穆斯林的墓地(麻扎)深入观察。在蒙古国和哈萨克斯坦,几乎没有任何机会和当地人近距离接触。所以,我无法采用真正的人类学或者社会学的方法,进一步完善我在本书中的深描,我的文字仅仅是关于阿尔泰山的短暂一瞥。

我期待以后能有机会更深入地了解这些国家。我甚至在考虑,将来去中亚五国进行考察,环喜马拉雅山旅行……然后,每次写一篇考察记,最后合起来出版一本书,名字叫《21 世纪中国的亚洲边疆》,以此来回应 100 年前的美国汉学家和历史学家拉铁摩尔的《中国的亚洲边疆》。

就在即将结束本调查报告的写作时,哲学家赵汀阳教授给我在微信上转发了一篇文章,是他针对青年学者施展最新出版的专著《枢纽》的一篇评论。我看了之后,觉得这个问题和本调查报告讨论的主题很有关系,因为施展主要的兴趣就是从边疆看中国,认为中国是一个枢纽。所以,我即兴写下如下的评论,作为结语。

施展的新作《枢纽》,把中国诠释为一个"枢纽",这在学理上很难成立,与历史事实不符合。从大的历史尺度来看,公元 7 世纪之前,全世界各个地方只存在区域化的小枢纽,例如中国的中原地带,就是一个群雄逐鹿的枢纽,赵汀阳教授所提出的"漩涡模式"(请参考《惠此中国》)很好地解释了形成中国的内生力量。

而公元 7—12 世纪，阿拉伯半岛和两河流域成为欧亚大陆的枢纽。通过丝绸之路，它们连通了中国和欧洲。9 世纪的时候，巴格达是世界的政治经济文化中心，其地位如同今天的纽约、伦敦、巴黎和上海。

13 世纪，蒙古帝国和游牧民族第一次成为世界的枢纽。但是，这个"枢纽"和以前的枢纽不一样，它是一张连通从地中海到太平洋，从西伯利亚到印度次大陆的大网，而非几个地理上的枢纽。

再到后来，从 16 世纪开始，偏安一隅的欧洲，一个曾经的蛮荒之地，突然因为新大陆的发现和大航海时代的不期而至，成为世界的枢纽。世界真正开始进入全球化时代。欧洲的权力、经济和知识中心先后在热那亚、威尼斯、阿姆斯特丹、伦敦、巴黎和柏林之间动态地交替。

进入 20 世纪之后，美国成为世界的枢纽。华盛顿成为权力的枢纽，波士顿成为知识的枢纽，纽约成为金钱的枢纽。至于 21 世纪，中国能否成为世界的第二个与美国同时并存的枢纽，我表示相对乐观。"一带一路"倡议的提出，本质上，就是希望中国成为多极世界的一个重要枢纽。

PART
3

第三部分
企业应对

1

疫情之下，中小企业不要过度恐慌！

最近十年，有一个术语"VUCA"（易变性、不确定性、复杂性和模糊性）广为人知。最能体现VUCA的莫过于2020年的新冠肺炎疫情以及过去两年里的中美贸易战。

面对突然出现的新冠肺炎疫情，中国管理学界紧急动员起来，各抒己见，提出自己的对策，出版了《逆势突围：56位管理学家建言》（中国人民大学出版社，2020），其中收录了我的一篇文章《中小企业不要过度恐慌》。事实上，这篇文章写于2020年1月底，首发于"中国管理50人论坛"的公众号（《19位管理学家为中小企业渡难关支招》，2月4日）。经过扩展，这篇文章发表于"正和岛"公众号（《赵向阳：中小企业不要吓死自己》，2月13日）。为了证明自己的"先见之明"，不放马后炮，在将这篇文章收入本书的时候，我严格保留了当时的内容。"有好事者"可以找到原文对照阅读。

2020年所发生的事情颠覆了很多人的预期和认知模式。但是，有几件事情超出了我的想象和预测。第一，美国疫情彻底失控，截至2020年年底，超过2 000万人感染，将近35万人死亡。第二，美国股市在3月初经过四次熔断之后，3月21日快速V型反转，竟然在2020年内屡创新高，没有二次探底，这是我难以理解和接受的。在我看来，一场类似1929年的金融危机一定会重现，美国股市会先经历一次快速探底回升，半年多之后二次探底，继而陷入漫长的萧条，由此引发某些国家的局部战争或者政权变动。

那些活跃在我的微信朋友圈里的人目睹了我在2020年所做的大量预测性分析，其中90%以上都被证明是正确的。比如，2月初，我就坚定地相信疫情很快会在中国被控制住；相反，首先是欧洲，然后是其他国家，特别是印度，会成为疫情的重灾区。中国会变成全世界最安全的"孤岛"，产生一种"反向围城"效应（这是我发明的一个术语）。我甚至在4月初发起了一场为印度穷人募捐的活动，到4月7日募集了47 520元。

我认为，在这种情况下，中国会加大投资，老基建（"铁公鸡"）、新基建（5G和企业数字化转型）以及软基建（医疗改革、教育扩招等）等会一齐上马。而其他国家的产业链则会受到严重影响。只有中国有能力向全世界出口，特别是基本生活物资和医疗物资的出口会大幅上升，所以，总体上，2020年我国的出口不会受到大的影响，甚至可能有所增加。相反，因为无法出国旅行或者消费，国内的消费不会减少，只能加大。总之，我的结论是，三驾马车（投资、出口和消费）不会停下来，中国会成为2020年全球唯一GDP正增长的国家，我甚至一度乐观地认为2020年中国GDP增幅为3%～4%。

此外，我还收获了"股神""预言家"等美誉。比如，我在3月初开始买进A股的ETF指数基金，3月19日之后A股探底回升，我一直买到了3月底。3月20日我写信给我的德国导师迈克尔·弗雷泽，建议他"在未来的两周内全力买进美股，有多少钱就买多少"。事后证明，3月21日是美股的最低点。

有人感到好奇，为什么我有如此准确的预测力？原因很简单：扎实的理论研究和广博的知识储备，以及经历人生风雨之后的平和心态和判断力。我始终相信心理学家勒温的一句话，"Nothing is more useful than a good theory"（没有什么比一个好的理论更有用）。尤其是最近几年我开始教授"全球商务"，得益于Mike Peng（彭维刚）教授所撰写的优秀教材《全球商务》（中国人民大学出版社，2016），我感觉自己具备了将全球各种事件整合在一起，观察它们相互作用、相互影响的能力。但是，更直接的影响来自斯坦福大学周雪光教授的《中国国家治理的制度逻辑》（三联书店，2017）。这本组织社会学的名著对我透彻理解中国政府的运作机制有莫大的帮助。2019年年底，我刚好开始阅读此书，随着新冠肺炎疫情的暴发和不断演化，我越发理解书中某些内容的现实意义，比如，相对于"一统体制"的某些弊端，间歇采用的"运动型治理"方式在特殊情况下（例如，疫情和救灾）的高效。

朋友圈里的很多人认为我是一个很右的人，以为我对中国的政治体制牢骚满腹。他们忽然发现，原来我是一个很中道的人，充满正能量，甚至是一个在谣言满天飞的时代几乎很少被"打脸"的人。他们惊讶地发现我的朋友圈信息丰富，很有营养。有一位从事外交工作的朋友甚至开玩笑说，"你像是从中宣部出来的"。

事实上，我既不是党员，更不会为了个人利益刻意迎合政治需要。我对中国国家治理模式的理解完全来自自己的理论研究和生活观察。所有学过管理学的人都应该知道没有放之四海而皆准的管理模式，每种管理模式都要与特定问题和具体情境相结合。只有在匹配的情况下某个特定的管理模式才能有效运行。但是，为什么有那么多公知非得抱着某种不变的立场，对中国40年改革开放的伟大实践选择性失明呢？一个人秉持某种政治观点或者价值立场是可以理解的，但是，作为一个学者，如果否认基本事实，放弃理性思考，不断传播谣言，反复被事实"打脸"，那么有何颜面"混迹"于管理学界，而且号称"著名管理学者"呢？

对此次危机严重程度的基本判断

不同于缓慢来临的经济萧条，2020年年初的这场新冠肺炎疫情让中国的社会经济生活陷入速冻模式，几乎停摆。本来大家一直在忙着准备应对缓慢逼近的庞大"灰犀牛"（中国经济下行），但凌空飞出来的却是一只超级"黑天鹅"。而应对"灰犀牛"的方法根本无法应对"黑天鹅"。

微信朋友圈里传播的一些企业经营类文章，例如，《稻盛和夫致敬中国企业：把萧条看作再发展的飞跃台，我的五项对策》，有一定的参考价值，但是，不一定能很好地解决我国中小企业当前面临的危机。比如，这篇文章所讲的是在日本长达10多年的泡沫经济破灭之后的企业突围经验，而且京瓷公司有世界顶尖的技术和庞大的现金储备。

面对不确定的未来，首先需要有大致清晰的方向感和对危机严重程度的判断，以此来制定应对策略。我认为，疫情在2月下旬应该会被基本控制住，但是消费者的信心要到4月底左右才能恢复。对于绝大多数中小企业主来说，必须死扛两三个月。在此期间，不要过于惊慌失措，乱了阵脚，自己吓死自己。心理学研究表明，应激反应既可以帮助人快速摆脱危险，也可能让人产生木僵、痉挛等躯体反应，以及思维和行为混乱。个人如此，企业经营亦如此！关键时刻，一着不慎，满盘皆输。

我的一个企业家朋友（这是一家我长期跟踪研究的云计算企业）在春节前已经拿到上市批文，即将在创业板敲钟。2月1日，他在发给公司高管的微信里这样说：

> 根据防疫的要求，人力资源部已通过邮件通知相关工作安排

并对具备条件的员工启动在家远程办公（而不是继续放假）的模式。疫情虽然严峻，但我们要理性对待，管理好自己的恐惧。整个社会生活的停滞和萧条并不比疫情造成的损害轻。在认真做好防护的前提下，我们必须鼓起勇气恢复正常的工作和生活！可以远程的就远程，必须到办公室、机房的就到办公室和机房，每个人都要恪尽职守。我们都有家要养，有客户要照顾。怎么死不是我们该考虑的，怎么活才是！

是的，怎么死不是我们应该考虑的，这是老天爷的事情，作为个人更应该考虑的是怎么活，怎么活得更好！危急时刻，定力很重要，企业家尤其需要保持战略定力，每临大事有静气才行。

关于企业经营的基本理念急需改变

"祸兮福所倚，福兮祸所伏"。此次疫情肯定会让一批企业死掉，但是也会大大加速中国企业的转型升级，倒逼企业苦练内功。从组织生态学的视角来讲，不要为每一个死掉的中小企业流泪，这不符合优胜劣汰的市场经济规律。塔勒布在《反脆弱》里鲜明地提出了一个观点：宏观经济层面的反脆弱性建立在微观企业层面脆弱性的基础之上。前几天，福耀玻璃的曹德旺先生在接受媒体采访时说得很好，"挨不过三个月是你自己的事情，企业跟国家讲这个没意思"。此话说得很冷静，也很残酷。政府从来都不是保姆，市场经济更不是和风细雨，企业只能靠自己。

此次突然降临的黑天鹅，充分暴露出我国中小企业严重缺乏危机管理意识，因为以前的好日子过得太久了。作为一个陕西人，我喜欢去西贝吃饭。我也很欣赏贾国龙先生的某些经营理念，包括以客户为导向的极致的菜品开发，重视与骨干员工分享企业的利润，拒绝风险投资，坚决不上市等。但是，此次疫情暴发以后，第一个站出来大声求助的恰恰是贾国龙先生，他说西贝的现金流只能支撑两三个月。这令我们这些企业研究者感到非常惊讶，至于其他餐饮企业的真实经营水平就可想而知了。个中原因很多，包括中国市场巨大，许多企业粗放式经营，疯狂加杠杆，前20年扩张太快。尤其是，酒店和餐饮企业动辄几百家几千家地开店面，这两个行业也恰恰是此次疫情中受冲击最大的。

相反，日本企业因为经常面临地震、海啸、战乱、贸易战等，所以居安思危，一直有存钱的习惯。稻盛和夫曾经说过，"即使京瓷七年不赚一分钱，企业照样可以活下去"，因为京瓷有7 000亿日元左右的现金储备。留日华人徐静波在喜马拉雅的《静说日本》里讲，日本企业内部留存的现金几乎和日本每年的GDP一样多，目前已经高达5万亿美元左右。所以，日本企业在"失落的20年里"能不慌不忙地进行转型升级，抛弃了原来的家电、计算机、钢铁等行业，进入高端智能制造业，包括先进的电子元部件、生物制药、新材料、新能源等领域，占据了全球产业链的高端，让自己变成不可或缺的一环，所以，抵御风险的能力极大增强。

《工匠精神：日本家族企业的长寿基因》一书并没有从表面上讲日本的工匠精神如何厉害，而是一本风险管理手册，包括人事风险管理、业务风险管理、自然灾害风险管理、商业伦理风险管理等。其中有很多生动的案例，我在这里就不一一赘述了，衷心希望中国企业家在疫情过后静下心来好好研读。

再举一个例子，华为是中国企业里最有危机意识的企业。《下一个倒下的会不会是华为》的作者田涛先生认为，任正非长期信奉的就是"活命哲学"。

华为32年历经沧桑，磨难无数。一部华为发展史就是一部危机史、冬天史。任正非在2001年写下那篇著名的《华为的冬天》，还在2002年写了《华为的红旗到底能打多久》，不仅表达了企业家强烈的忧患意识，也吐露了真正的现实。

长达十多年甚至更长时间，华为随时可能由于各种内外因素而垮掉。但也正是一个接一个的危机，使得华为永远不抱幻想，永远把明天当作"倒下去"的那一天，所以不断加强管理，不断进行文化和制度建设，不断开展组织变革，持续加大面向客户的技术创新和面向未来的研发投入；使华为不仅活了下来，而且活得更强壮（田涛，《危机时刻，拒绝悲观主义》，2020年2月）。

2019年8月，在根本不缺钱的情况下，华为第一次面向国内发行了300亿元的企业债，以4%左右的利率借了大笔"粮食"，就是为了准备应对美国的打压和凛冬的降临。

总之，经过此次突发危机，我期待我国中小企业能很好地借鉴德国隐形冠军和日本长寿企业的一些经营理念，借鉴国内领先企业的宝贵经验，包括可持续经营（活命第一），家业传承和关键人才内部培养，规模上适可而止（而非成长第一），专注主业反对多元化，持续进行技术积累和创新，任何时候企业内部至少留存够用半年的现金储备等。

充分发挥自己的生存智慧渡过难关

以上这些观点好像站着说话不腰疼，又好像对一个濒临死亡的人讲养生之道。且慢下断语！只有廓清大的思路，才能举重若轻，忙而不乱。除此之外，我给出几个短平快的建议，帮助中小企业应对当下危机。一般来说，企业家都是应对危机的高手，经常处理各种突发事件，企业家依靠自己的生存本能、直觉和实践智慧会想出更多更好的应对策略，而我的这些建议更多是朋友式的叮嘱、危机时刻的情感陪伴。

在危机时刻，企业必须做减法。白刃加身，不计流矢。与其伤十指，不如断一指。相比大企业而言，中小企业有船小好掉头的优势。必须大胆突破某些制度约束条件，挖掘内部潜力，充分与相关利益方（银行和产业链上下游）沟通，争取活下来。活下来才有一切！活下来才能谈及未来的发展，才能谈及承担社会责任。但是，企业经营一定要有道德底线，不能发国难财，不能靠卖伪劣口罩等求生存。宁可站着死，不能"诡"着活。考验企业家良心和境界的关键时刻到了！

第一，防疫第一，这是底线！病毒是沿着人际关系网络传播的，谁是人际关系网络的中心，谁就容易被感染。老板和骨干员工处于人际网络的中心，每天接触的人多，最容易被传染。如果自己被传染，即使不死，隔离住院几十天，企业很可能就乱套了、玩完了。

第二，采用灵活用工的办法。向员工说明企业的难处，在保证大部分员工就业的情况下，适当降薪，尤其是高管团队带头降薪，相信员工会同甘共苦。这是一个真正考验劳资关系质量的时刻。那些牢骚满腹而走掉的人，本来就不是同一条船上可以命运与共的战友，不必惋惜。为了最大限度地保证活命的现金流，老板可以考虑采用其他替代性方法来激励员工，比如，采用股权和期权，给予员工更多的认可和更响亮的头衔。

第三，创新营销方式，全员营销。德鲁克说过，"企业只有两个基本职能，营销和创新"。一定要想办法稳住现有客户。对于个别利润低的产品线要坚决关停，节省成本。即使不能面对面营销，也要通过其他有创意的方式开发新的客户。

比格比萨的老板是我的朋友。危机一发生，我们就经常在微信里讨论餐饮企业如何应对此次危机。前不久，我建议他在微信朋友圈里做广告，因为这个时候大家天天刷微信，而且在家吃腻了，希望叫外卖。在我看来，目前微信朋友圈的广告投放乱七八糟，根本没有做到精准营销。例如，我使用微信七年了，按理说腾讯根据我每天发的朋友圈信息应该对我有清晰的客户画像，但是，很奇怪，我的朋友圈广告既推荐专升本和考研（我都是博士、副教授了，需要这个吗？），又有百万级的路虎（我买得起吗？我愿意买吗？）。所以，我建议比格比萨进行大数据营销时，一定要采用地理位置标签，把潜在客户标签紧紧锁定在自己店面数量最多的城市，例如北京。同时，比萨饼的照片一定要拍得让人馋涎欲滴，产生购买的欲望。最好能一键下单，而不是先链接到美团或者饿了么。因为搜索半天之后，客户很容易放弃，只有一键下单才能降低购买门槛，显著提高销量。

第四，生产运营方面，以空间换时间。尽量拉大工作场所里人与人之间的空间距离，采用在家办公、远程会议、两班倒等方式，尽量减少人际接触的机会和界面。多用手机和对讲机，多用企业微信或者钉钉，减少面对面接触。例如，华为出台了非常详细的管理规则，例如鼓励员工自带餐具和餐食，就餐时不允许面对面坐着等。只有采用更精细化的管理，把所有风险都最小化，企业才能尽快复工。

第五，充分用好政府的帮扶政策。各地政府正在紧锣密鼓地出台扶持中小企业政策，出台的速度甚至比社会舆论提出建议的速度还快，而且出台的政策比很多专家所建议的更有针对性。但是，这些政策令出多门，可能缺乏统筹，彼此之间存在冲突，所以，建议企业指定专人负责研究政府的相关政策，用好用透。

第六，实在不行了，别跑路，也别跳楼。生意可以失败，但是，人品不能出问题，不可丧失信心。公司倒闭了不等于创业失败。只要有信誉和信心，做一个连续型创业者，还可以从头来过。褚时健、史玉柱等都是东山再起的典范。

这不是一个人的战斗

最后，重点关注一下企业家的心理健康。

2015年7月，我曾经拍过一个纪录片《一个人的战斗》，此片后来入围蒙特利尔国际电影节，全网播放量超百万，温暖和感动过很多人。但是三年前，我不再从事相关的公益慈善活动，所以，我一度把它从各大视频网站上下架，也很少向人提及它，除非是非常要好的、需要帮助的朋友。

拍摄这部纪录片的初心是帮助抑郁症患者。北京师范大学纪录片研究中心的张同道教授看完此片之后给予高度评价。他说，"我们每个人在一生中可能没有患上忧郁症，但是总会遇到黑暗的东西，不可能一直都是莺歌燕舞、阳光灿烂！所以，这个电影从名字来看，不只是针对抑郁症，而是针对人生各种黑暗的状态。这个价值可能超越了对抑郁症本身的表达"。知我者，张同道教授也！

企业家群体经常面临高压，非常容易焦虑甚至抑郁，严重的时候甚至会产生自杀的念头。事实上，这不是什么见不得人的事情，任正非、张朝阳、毛大庆等都经历过和重度抑郁症的漫长战斗。经过此次疫情防控战，一些企业可能会倒下，一些企业家可能非常焦虑和抑郁，所以，企业家需要做好自己的心理保健。请记住我在影片中的那段话，"这不是一个人的战斗。每个人的背后都有许多支持者"。"在这个世界上，没有什么东西是不可克服的，包括重度抑郁症，甚至是死亡。肉体可以消亡，而灵魂不死"。希望此片在艰难时刻给大家带来些许激励和安慰。

2

VUCA时代，公司内部创业的反脆弱四原则

  这是我和孙黎教授2014年7月合作发表于《中欧商业评论》上的一篇文章。在收入本书时，我对这篇文章的文字表达方式进行了润色，使其可读性更强一些。同时，基于多年对反脆弱和效果逻辑（effectuation reasoning）的研究和反思，我适当地削弱了原文中某些武断决绝的语气。

引言

在这个 VUCA 时代,随着新技术、新进入者、新竞争者的加入,企业在某时某刻的战略制高点,可能由于其他公司在一项颠覆性技术上的投入,突然变成了战略洼地。除此之外,不期而至的各种黑天鹅事件,例如,政策变化或者全球性的传染病,也可能导致全球营商环境突然变化,使得未来的可预测性变得非常低,企业对环境的控制能力降低。

管理学者威廉·斯塔巴克(William Starbuck)认为,战略规划会使公司的行动方针过于僵化,以至于无法把握稍纵即逝的机遇。塔勒布在《反脆弱》一书中更是尖锐地指出:战略规划是一种迷信,生存其实取决于适应性和环境条件的相互作用。虽然以上学者关于计划的看法有过激之处,但是也从另一个角度证明了中国人早已知晓的那句话,"计划赶不上变化"。为了适应动荡的竞争环境,许多企业开始推进内部创业。借鉴塔勒布在《反脆弱》中的观点,我们提出内部创业的四项基本原则。

原则一:允许"摔坏东西"

让企业内的项目组织或子公司暴露在风险中能够加速优胜劣汰的过程,容错思想和试错机制从总体上会让企业从不确定性中受益。

塔勒布认为很多大型企业、组织甚至金融系统是非常脆弱的,在负面的黑天鹅事件下不堪一击。相反，另一些事物却能从冲击中受益，因为它们经常暴露在各种波动性、随机性、混乱和压力下，反而茁壮成长。"反脆弱性"（anti-fragile）一词正是用来描述这类事物。

大型组织的反脆弱性往往取决于各组成部分的脆弱性。以经济为例，要让整体经济具有反脆弱性并进化，每个独立的企业都有必要暴露在风险之中。同样的道理，企业的内部创新或者创业活动实质上就是在企业内部组建一系列项目组织或子公司，让它们暴露在各种风险中，加速优胜劣汰的过程。

例如，谷歌成立终极实验室"Google X"来试验各种疯狂的创意。虽然许多项目失败了，例如，喷气式飞行背包和太空电梯等，但多年前看似无关紧要的一项投资——安卓操作系统现在已经成为全球75%的手机的标准操作系统。谷歌对各种新项目的长期信心以及"摔坏东西"的意愿，造就了它的反脆弱能力。Google X 与传统企业实验室有很大的不同。AT&T 的贝尔实验室和施乐的帕洛阿尔托研究中心同样在科技领域实现了突破，但母体企业却没能从新技术中获得实质的经济效益。组织内部官僚担心丧失既得利益可能是部分原因，但最重要的原因或许是企业没有正确使用"实物选择权"（real option）的概念（见图1）。

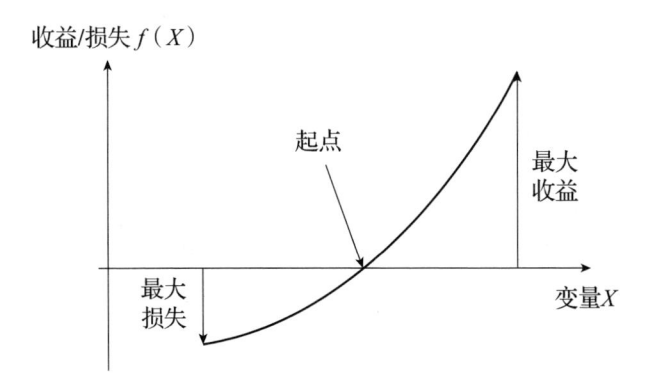

图1　实物选择权的潜在收益与损失的非对称性

资料来源：纳西姆·尼古拉斯·塔勒布. 反脆弱. 北京：中信出版社，2014.

从图 1 看，实物选择权事实上是一种试错机制，也称快速失败模型。右边是公司内创业的潜在收益；左边则是公司内创业的潜在损失。如果潜在损失很少，犯错误的机会成本就低。如果潜在收益更高，就能让企业具备反脆弱性。企业可以从不确定性的积极面中受益，同时也不会因其消极面而受到严重的伤害。很大程度上，美国和以色列旺盛的创业精神就表现为敢于冒险和运用可选择性，即参与合理的试错活动，即使失败了也不觉得耻辱，重新来过即可。相比之下，在经济长期衰退的日本，创业者对于失败的耻辱感摧残了日本企业的创新精神。

对于大企业来说，如果能有意识地在内部创业中创建各种可选择性，也许就不用依赖外部费用高昂的管理顾问的建议，也不用依赖卓越领导人的复杂计算和商业直觉。毕竟，企业不需要也不可能每次都正确——这种容错思想让其获得更多的收益。

原则二：用杠铃策略部署内部创业

积极主动与保守偏执的组合策略可以让企业免受极端伤害。内部创业项目之间的关联越少，项目组合抵抗风险的能力就越高。

一般来说，内部创业中，项目组合之间的差异越大，企业的长期绩效与创新能力可能就越好。虽然这种策略可能会被贴上"非相关多元化"的标签，受人质疑和诟病，但是，采用这种策略的企业的生存概率比较大。企业如果应用反脆弱的选择权思路，将自己置于"错误偏好"的情形下，可以采用杠铃策略。杠铃策略是由两个极端条件组成的，两者的收益和损失是非对称的。依照这种逻辑，企业可以在某些领域采取保守策略，从而在负面的黑天鹅事件面前保持足够的韧性；

同时在其他领域承担许多小的风险，以开放的姿态迎接正面的黑天鹅事件。例如，企业可以将70%的资源用于持续开发现有技术和产品，另外30%的资源用于大胆试错。积极主动与保守偏执的组合可以消除不利因素，让企业免受极端伤害，同时让有利因素或正面的黑天鹅事件顺其自然地发挥作用，这与《基业长青》中"保存核心，刺激进步"的理念一致。

资源充沛的大公司可以进行多种组合的尝试，加快学习和试错的速度，也就是采用组合创新的方式。而新创企业由于资源有限，多数情况下只能采取顺序试错的方法，一个项目接着一个项目做，这也是它们创新效率较低、死亡率较高的原因。事实上，所有与公司创业有关的概念（项目组合、创新矩阵、创业投资等）都可以这样部署。

图2展示了一家公司风险投资的组合。在25个投资项目中，近一半颗粒无收，1/3的回报马马虎虎，而有3个项目的回报在10倍以上，使风险投资整体上保持较高的回报率。

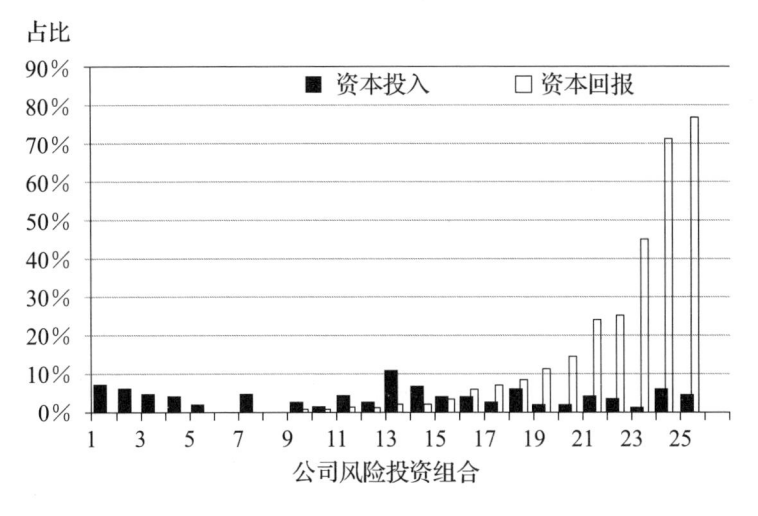

图2　公司风险投资通过项目组合实现反脆弱

同样，内部创业项目之间的关联越少，创新组合抵抗风险的能力就越高。Google X 实验室的理查德·德沃尔（Richard DeVaul）曾说，

"Google X 主动关注的是那些谷歌不会做的事情。火箭发射台必须远离零件工厂,即使火箭爆炸,也不会干扰核心业务"。

企业不仅可以通过强化项目的差异扩大机会集,还可以对科研前端项目、最小可用产品(MVP)、原型(prototype)、实验上市项目、规模扩展(scale up)项目在时间上形成不同梯次的分布。在合作伙伴的选择上,可以与大学、供应商、下游客户形成多种方式的合作。

原则三:扁平化组织与平台协作

除了以扁平化组织主导不同业务模块,公司还可以建立内部孵化机制以促进内部创业。

中心化(垂直型)组织与扁平化组织对创新起到不同的作用,并且各有优劣。在管理学家赫伯特·西蒙(Herbert Simon)看来,扁平化组织将内部创业的各项业务组成模块,能够使每个项目专注核心知识领域,服务不同的客户,从而对该领域的变化更加敏感、反应更加敏捷。以小米为例,2014年,公司5 000多名员工只有三个层级:创始人组成高管团队,每人分管一个大部门,其中有若干小团队,每个小团队5~10人,并设一个小组长。根据项目需要,团队成员可以随时流动,从而实现以客户为中心的快速反应。

自下而上的驱动方式与扁平化组织结构更为契合。稻盛和夫先生提倡阿米巴经营,将公司分成小的集团,通过与市场直接联系的独立核算制运营,实现全员参与。海尔将五六万员工变成2 000多个"小微",采用"人单合一"的方式激活员工和组织,提高经营绩效。华为则是"让听得见炮声的人指挥战斗",提倡"班长的战争"。越来越多的大公司不断对自身进行分拆,这些做法都是在增强企业的反脆弱性。

企业需要扁平化组织与自下而上的信息传递机制来促进分散化决策、非正式的组织内部合作、横向团队的工作流以及复杂的营销能力。小米联合创始人兼总裁林斌曾表示,"我们鼓励小组尽量从客户那里找到自己该做的事情,而不是去听领导的指令。这种以客户为中心的运作方式让一线员工尽量做主,减少了很多不必要的上下沟通和等待的时间"。

虽然扁平化组织有许多优势,但是也有弊端。例如,各个子项目可能自成一派,阻断了项目间的知识流动与交流。一些想法会因为缺乏内部协调最终无法产业化。这方面最著名的失败案例是施乐公司的研究院,它在20世纪80年代就有了图形界面、鼠标和网络等重要发明,但因为内部协调不力,新技术最终"墙内开花墙外香",造福了苹果、微软和3Com等企业,自己却收获甚微。

可见,中心化组织对于内部创业并非一无是处。它能够将决策和权力集中起来,统一各种资源,协调与优化各个项目的发展路径。如何平衡组织的中心化与扁平化?一种解决方案是增设多个跨项目的内部协调组或者咨询联络顾问,将内部创业中分散的项目联合起来。西蒙认为,高管团队中的主要领导人扮演协调、联系的角色,可以促进新知识在组织内部的扩散、共享、重组与再利用,在保护内部创造性的同时,加速组织知识的积累。海尔模式显示,企业越是自组织化,越要依靠强大的平台提供协作和后援支持。

除此之外,建立公司内部孵化的制度机制,例如,组建企业内部的加速器。公司内部创业的分拆机制与公司风险投资结合,可以减少总部的干预,利于内部创业的发展。例如,猎豹移动从金山软件剥离之后,专注于安全业务,与奇虎360公司竞争,最终获得小米风投和百度风投的投资,赴美上市。此外,金山还对旗下的核心游戏工作室西山居进行分拆,小米风投投资2 000万美元,成为西山居集团手游业务的战略分销伙伴。

这种公司分拆模式可以使内部创业项目获得独立地位，同时与母体保持协作关系，更利于与外部企业实现战略联盟。因此，中国几家大规模高科技集团纷纷创立风险投资部门，扮演传统风险资本家角色：它们能够帮助分拆的小公司进一步壮大产品，与自己的大战略相整合。如此一来，大公司可以从机械式组织和严格的管控中解放出来，变成一个有机体，增加自身的反脆弱性。

原则四：寻找新的业绩考核方式，让员工获得真正激励

一般的绩效考核很难衡量内部创业，因为创新项目在初期往往靠无定向的、自由探索或试错的方式来推进。

在绩效管理方面，企业应采取什么手段激励员工、推动内部创业？传统的KPI（关键绩效指标）往往是自上而下的，可能会使员工过度关注一些效率指标，将注意力从创新上转移。

与人们的普遍观点相反，一个复杂的系统并不需要复杂的管理机制和绩效管理政策。事实上，少即是多，越简单越好。我们必须为内部创业构建新的业绩指标与考核模式。谷歌创投的约翰·杜尔（John Doerr）提出"目标和关键成果"（objectives and key results，OKR）的内部员工考核制度，风行硅谷企业。OKR是一个简单的指导性绩效导向工具。每个谷歌的员工、团队或项目都会提出自己的OKR。项目团队制定大的目标，在团队成员中分解成子目标，并设置优先级。目标导向使每个员工知道当前主要和关键任务是什么。在每个季度结束之后，同事需要相互评价。评分高低并不与薪酬或晋升直接挂钩，而是给员工一个复盘反思的机会：这个季度工作完成得如何？哪些未完成？下一阶段应设置哪些工作重心？在具有高自由度的谷歌，这种方

式能够保证员工相互协作，共同向着一致的标杆前进。OKR 不会涉及具体数字，也不会给人很大压力。由于目标设定是自下而上的，也就不存在 KPI 中弄虚作假、掺水和流于形式等问题。同时，OKR 不像 KPI 那样强调执行力，而是更加鼓励员工运用创造性的方法达到目标（见表1）。

表 1　OKR 与 KPI 的异同

		OKR	KPI
相同点	前提	企业存在明确的价值取向和目标；员工职责明确；企业愿意支付一定的考核成本	
	假设	员工会采取一切积极的行动，并达到事先确定的目标	
	指标和目标产生	在组织内部自上而下，公司与个人同时参与，共同确定指标和目标	
不同点	定义	是一套定义和跟踪目标及其完成情况的管理工具和方法、工作模式	是根据企业（功能）结构将战略目标层层分解，并细化为战术目标，来实现绩效考核的工具
	实质	管理方法（测量员工是否称职）	绩效考核工具
	本质	我要做的事	要我做的事
	关注点	关注的是员工有没有好好干活。主要目的不是考核某个团队或者员工，而是时刻提醒每个人当前的任务是什么	关注的是财务和非财务指标，默认工作完成的情况对于财务结果有直接影响，侧重考核工作量
	导向性	是产出导向（outcome-based），而不是做事导向（task-based）。所谓产出导向就是关注做事情的成果，而不是仅仅关注事情做了没有	纯粹的结果导向

哈佛商学院教授乔希·勒纳（Josh Lerner）认为，在过去的十年里，许多美国大公司推出多种措施鼓励创新，但内部创业的收效甚微。摩托罗拉、柯达等老牌企业纷纷以失败收场，其中很大一部分原因是这些企业不愿提供足够的激励机制或放弃对员工的控制。他建议大企业采取将研究实验室和风险投资相结合的"混合体制"。而风险投资中的里程碑管理机制（milestones），可以为内部创业提供最好的激励与

绩效管理模式。在软件开发项目中，里程碑一般是项目进程中阶段性工作的标志。到达里程碑时，一般要对项目进行检查与复盘，比较实际进度与计划之间的差异，并根据差异调整计划。其管理优势在于将大项目划分成若干个子项目或子阶段。其次，里程碑管理通过每一阶段对各人员角色职责的考核和监管，保证开发的进度和质量。

结语

传统战略推崇规模经济，在难以预测的新环境下，规模却可能让我们受到更大的伤害。在这个时代，"小"反而在许多方面表现出一种优势，许多"小"事物汇总起来的多样性组合比单一的"大"更有反脆弱性。后者如果出现战略方向性错误，公司很可能会分崩离析，这种现象普遍见于大公司。例如，在从 3G 演进到 4G 的过程中，北美的电信技术公司如摩托罗拉、北电网络押错了宝，错过了 4G 的发展，让华为实现从追随到赶超。

恐龙和猛犸象曾经统治地球几千万年，但这些庞然大物最后都进了博物馆。而老鼠和蟑螂今天仍然很猖獗，活得很自在。今天的大型企业如果不想成为恐龙和猛犸象，何不以内部创业这四大原则改造自己的创新基因？在 VUCA 时代，活下去是最低纲领，也是最高纲领。公司内部反脆弱四原则即使不能让其活得更强大，至少可以让其活得更长久。

3

是时候，应该理性地反思一下创业了！

这篇文章是根据我在2020年12月6日一个全国性的创新创业教育大会上的主题发言改写的。我投稿给"华夏基石"公众号，非常感谢宋劲松主编的大力支持，他的回答简短有力，"明天发头条"。

这篇文章发表之后，很多公众号纷纷转发，使该文博得了广泛关注和赞誉。在发表或者转载这篇文章时，"华夏基石"公众号使用的标题是《它是一个美丽的理论，但可能是错误的》，"中国管理50人论坛"公众号使用的标题是《中国管理学界缺乏实质意义上的学术争论》，"正和岛"公众号使用的标题是《是时候，应该理性地反思一下创业了！》。这反映了这篇文章在内容上的复杂性和多面性，不易准确提炼。正如上海财经大学商学院的刘志阳教授所说的，"你是对创业教育真正有感情、真正有深度思考的"。我从来不是为了批评而批评，批评只是为了更好地建设。

2020年的冬天，寒冷而且混乱。

"蛋壳破了"。蚂蚁集团在最后一刻被叫停上市。5 000多家P2P彻底清零。多个被寄予厚望的芯片项目变成了"烂尾楼"。但是，"大众创业，万众创新"的浪潮仍然在某些领域狂飙突进。阿里、腾讯、滴滴等互联网巨头继续在疯狂烧钱，而且把手伸向街角的便利店和菜市场的小贩。下沉、内卷，扫荡一切，把开发核心技术等硬骨头留给华为等公司去啃吧！

创新创业教育的会场里人头攒动，各个学术大咖粉墨登场。大词新词层出不穷，好像每个人都患上了塔勒布所说的"新事物狂热症"。人们害怕落伍，害怕听不懂，害怕赶不上新时代的脚步。

个人创业、团队创业、公司创业、公司内创业、裂变式创业、联盟创业、平台创业、生态创业、连环式创业、组合式创业、数智创业、社会创业、学术创业、制度创业……没有你想不到的词儿，只有你不曾听过的术语。绝大部分词汇都是舶来品，而且新词和旧词之间存在非常多的重叠。很多时候，学者们发明或者研究一个新词不是为了准确地描述和解释现实，而是为了争夺话语权以及话语权背后的利益。

穿梭在关于创新创业的现实世界和概念世界之间，人们需要某种选择性遗忘和自由切换的能力，否则会感到精神分裂。会场和书斋里的管理学者好像对周围的创业实践非常关注，密切地追逐着每个热点现象，却经常缺乏对表象下面的深层动机和诡秘机制的冷静判断，缺乏穿透泡沫和骗局的远见和定力，所以，今天刚获得"全国百优"案例，明天就被残酷的现实打脸。甚至很少有人基于自己的学术信仰和理论研究，对这场声势浩大的"双创"做出深刻的、建设性的反思。

2020年12月6日，在一个全国性的创新创业教育会议上，当着在场200多名参会者和线上300多名参会者，我做了一个主题演讲，题目是"It is a beautiful theory, but perhaps wrong"（它是一个美丽的理论，但或许是错误的）。虽然主办方邀请我演讲的目的是讨论一个称为效果逻辑的创业理论，但我是借效果逻辑这个"坟头"哭自己的伤心，借题发挥，讨论"学术对话"和"学术精神"，反思近几年的"双创"。

在我的心目中，a beautiful theory 中的 theory 可以指代一切，既可以是理论，也可以是公共政策。而且我特意对 perhaps 做出强调，只是为了表达谨慎的怀疑而已，并没有决绝的断言。我一直相信，相比答案本身，思考问题的过程才是做学问的关键。

下面摘取其中的部分内容，分享给大家。我的演讲的大纲如下：

- 我为什么在"双创"中缺席了？
- 我对"双创"的反思
- 中国管理学界缺乏实质意义上的学术争论
- 关于效果逻辑的学术争论
- 不同创业方法的比较研究
- 我对效果逻辑的整体评价
- 采用整合性的方法教授"创业管理"
- 我们应该如何走向未来？

我为什么在"双创"中缺席了？

我与创业的结缘始于 1999 年，我当时在北京大学心理系读研。阴差阳错，我卷入了当时热火朝天的互联网大潮，成为中国互联网早期的创业者之一。我也是大学生创业的代表之一。2000 年 1 月 18 日，我代表北京大学获得第一届"挑战杯"商业计划竞赛的金奖（北京赛夫心理测评公司）。

后来我创建了一家信息咨询有限公司，从事考研专业课的信息咨询。特别有意思的是，我把自己在创业中遇到的管理问题变成了硕士论文——《在线信息咨询中的匿名性对咨询员工作绩效的影响》（北京大学心理系，2001），这应该是中国互联网心理学的开山之作了。

2002年8月，我把公司的股份卖掉之后去德国攻读博士学位。我的导师迈克尔·弗雷泽是IAAP（国际应用心理学协会）的主席，他采用心理学的方法研究创业，这是我最感兴趣的研究领域，所以，虽然我的博士学位是在心理系读的，但我研究的是创业管理。我的德国导师可能是唯一在《科学》（Science）上发表过关于创业的研究论文的学者，而我则是在德国拿到博士学位最快的人之一，仅仅两年半左右。博士毕业之后，我在浙江大学管理学院工作过，后来就一直在北京师范大学经管学院工作。

前几年我曾创办一个社会企业，以帮助抑郁症患者群体。我还主持翻译了《卓有成效的创业》第一版和第二版（见图1）。

图1 《卓有成效的创业》（第二版）

从个人资历来看，我应该是有资格在"双创"中获得资源和利益，干得风生水起的人，但非常奇怪的是，我在"双创"中彻底缺席了。为什么？因为我压根就不是一个从众的人。我总是习惯性地跟别人对着干，至少是在思想上跟别人对着干，总是喜欢以不同的方式思考。关于"双创"，我有自己与众不同的看法，我得坚守自己的学术观点和立场，不能打自己的脸。

斯科特·沙恩（Scot Shane）在 2009 年接受瑞典中小企业研究奖（有人把这个奖项比喻成创业研究领域的诺贝尔经济学奖）时提出一个观点，"Encouraging more entrepreneurship is a bad policy"（鼓励更多人去创业是一个坏的公共政策）。请大家注意，是 bad policy，而不是 wrong policy。社会生活和公共政策中没有那么多黑白分明的、非对即错的事情，更多的是好和坏、好一点和坏一点的程度上的差异。作为有限理性的我们没有能力彻底分辨出哪个公共政策是错误的，哪个是正确的。因为社会生活和国家治理实在太复杂，我们没有机会去做控制实验，得不到因果关系。

斯科特·沙恩认为，政府的基本职能应该是创建良好的、服务创业的制度环境，然后引导资源配置在那些高成长、高创新的公司，因为这些公司所创造的经济价值更大，能提供更多的就业机会。比如，一个生存驱动型创业公司大概只能解决两三个人的就业，而高成长、高创新的公司用同样的资源可能会解决七八个人的就业。这个理论或许是错误的，但是我非常认同这个观点。所以，2011 年 2 月 1 日，我写了一篇文章发表在牛文文先生所创办的《创业家》上，题目是《不要毫无原则地鼓励创业》（见图 2）。大家在网上很容易找到这篇文章。

图 2 《不要毫无原则地鼓励创业》(2011)

我对"双创"的反思

这就是为什么当"双创"来临的时候,我选择旁观。说得更远一些,自 2011 年移动互联网热潮以来,我一直对某些创业活动保持怀疑态度。大量的经验研究表明,很少有人具备创业者或者领袖的潜质和能力,我估计人群中不会超过 5%。说"人人都是 CEO",人人都是创客,人人都能逻辑性地创新思考(真的有一本书叫 Logical Creative Thinking),绝对是夸大其词。

另外,从组织生态学的角度来说,企业生生死死本来就类似达尔文的进化论,符合"变异—选择—保留"的模型。现在突然一下增加了变异的数量(这也是创业活动的供给侧),在资源和环境约束相对不会发生太大变化的情况下,只能是生得快,死得也快,浪费了社会资源。还不如细水长流,顺其自然,慢慢来。

回顾过去十年,我们虽然看到社会生活领域的许多巨大进步,但是也看到许多一地鸡毛。想想那些风靡一时的互联网思维,"以交易代替管理"的说法,占用街道、堆积如山、颜色不够用的共享单车,已经彻底清零的 5 000 多个 P2P 项目,许多关于芯片的"烂尾楼"。总之,"双创"的实际效果如何?我觉得这是一个大问题,值得深入思考和研究。

所有的创新一定要考虑它的总收益是否大于总成本或者所付出的代价,特别是,创新一定要站在弱势群体的角度,考虑如何造福他们。改革开放 40 多年,我们的国家现在处于一个分水岭。我们不仅要考虑效率,更应该考虑社会公平;不仅要保护企业家精神,更应该保护普通人。

正如证监会和银保监会的领导所说的那样，一定要分清楚"伪创新"、"乱创新"和"真创新"之间的区别。不应该一提到"创业""创新"这两个词，就觉得神圣不可侵犯、不容置疑。

更进一步，仅有"双创"是不够的，还应该有"三创"，也就是创造力或创造性。没有创造力的创新或者创业是无源之水、无本之木。我们不应该在大学里大面积推广创业教育，而应该强化关于创造力和创新的教育，创造力和创新教育可以成为通识教育，是不分学科广泛适用的。当然，创造力和创新教育一定要渗透到每个课程的细节之中，而不是流于形式和皮毛。为此，我给北京师范大学心理学部的应用心理硕士（MAP）开设了一门课程"创意思维"（正确地说，创造力不仅是思维，还有行动、过程和情境）。

有"三创"还不够，更重要的是坚持"有所为，有所不为"的商业伦理，这一点非常重要。每次提到这一点，我就感到愤怒。作为两个孩子的父亲，我觉得中国的教育彻底被那些过度创业和创新的教育公司绑架了、摧毁了。它们不是在创造价值，而是在转移价值，甚至是在摧毁价值。它们挖空心思，催生出名目繁多的教育项目，然后通过各种手段贩卖焦虑。美其名曰是为了孩子，事实上是盯着家长的钱包，想让公司上市。这些教育公司比P2P企业更可恶。P2P企业拿人钱财跑路，那是有限的。而五花八门的教育公司摧毁的是这个国家的未来，后果很严重。

让我们听听某些教育公司是怎么做广告的吧！"科学研究，一个人要记住英语单词至少需要50遍，但是，跟我学，把单词拆解成400个词根，可以轻松搞定20 000个单词。"对不起，证据在哪里？哪个"科学研究"表明？再说，我学20 000个单词干什么？美国人用5 000个单词就可以写出非常漂亮的文章，一个中国人记住20 000个单词有什么用？

还有那些鼓吹"告别死工资，考个心理咨询师证"的广告。让我来告诉你这个行业的真相吧！即使你教育背景良好，性格合适，如果没有 10 年坚持不断的学习，至少花七八十万元去参加各种严格的资格培训，你想靠心理咨询师这个工作实现自助助人、生计独立，连门儿都没有。我对这个行业很清楚，因为我做过三年，纯公益性的。

类似这种虚假宣传的广告，政府必须严加打击。我甚至建议某些人专门成立打假公司，通过法律的手段打击各种虚假广告，并且从中盈利，这才是创造价值的创业。记得 1995 年我在索尼公司工作的时候，王海成立了一个这样的公司，专门"知假、买假、打假"，不知道他最近去哪儿了。

如果我是教育部部长，我会严禁教育领域的创业创新，因为教育是一个特殊的行业，我建议采用审核准入制。如果不这样干，学生减负纯粹是空谈，素质教育更是水中望月，家长的钱包会被榨干。北大教授渠敬东在一个研讨会上说，"今天教育的双轨制成了家庭资源投入的无底洞"，我完全赞同这个观点！

关于"双创"，我提出三个亟待检验的研究假设，请大家慎重地思考一下。

假设 1：根据塔勒布的《反脆弱》，一个社会在宏观层面的反脆弱性依赖于它微观层面的脆弱性。如何证明"双创"在社会层面的整体收益大于它在微观层面所造成的伤害？

假设 2：关于创业教育的时间延迟效应。那些在大学阶段积极参加了创业计划比赛的学生，五年或者十年以后，他们是否有更大的概率进行各种类型的创新创业活动，他们创业的成功率是否更高？

假设 3：如果进行一个假设性的社会控制实验，相对于仅仅改善创业环境和给予高成长企业选择性支持（也就是斯科特·沙恩所建议的观点），目前的"双创"策略会比前者产生更加积极的社会效应吗？

类似这样的研究假设，我还可以提出很多。即使我们无法做这么宏大严谨的社会研究，想想总可以吧？想象多种可能性，是保持心灵自由和创造力的保健操。

中国管理学界缺乏实质意义上的学术争论

中国学界缺乏实质意义上的学术争论，尤其是在管理学界。具体到创业管理领域，我好像从来没有听说这个领域有过什么学术争论。没有学术争论，我们如何把学术做好呢？

我参加过中国管理学界少有的两次学术争论。第一次是2014年，大概在5个月的时间里，在《管理学报》所组织的一个150人左右的电子邮件群里，许多学者争论研究范式问题。来来往往，至少300多封电子邮件，积累了20多万文字。荒诞的是，这个辩论后来因为我的一声断喝戛然而止。深圳大学的韩巍教授后来写了一篇很有意思的回溯文章，题目是《管理学在中国：学术对话和意义生成》，发表在《管理学报》上。他对参与这场学术讨论的诸多学者的观点有精练的概括，对各色人等的行为表现有入木三分的描述。推荐大家看看。

有意思的是，2015年8月，我在转发和评论《管理学报》前任主编蔡玉麟老师的一篇文章时，无意中引发了第二次学术争论，这次我变成了故事的主角，单枪匹马舌战群儒。第二次学术论战持续了不到两个月，9月底，我对这些学术争论感到厌倦了，宣布休战。后来我和韩巍教授写了一篇文章，将我们的立场观点表达得更加明确和严谨，题目是《"非科学性"让管理学变得更好："蔡玉麟质疑"继续中》。我相信百年之后，如果有人回溯我们这个时代的管理学研究，偶然看到这篇文章，应该会承认至少还有一些人真诚地思考过一些深层次的管理研究问题。但这种学术争论是非常少见的。更多的时候，开会变成了一场学术表演！各谈各的，没有时间提问、追问和辩论，缺乏实质意义上的"坦诚辩证，理性对话"。

我读博士的时候就发现,那些德国同事看着很笨,做一个博士论文需要五六年,但是,每个德国人坚持把自己的工作做到极致,不跟风,时间长了就跑到前面去了。而像我这样三天打鱼两天晒网、兴趣点转移太快的人,短跑绝对赢过他们,长跑就不行了。所以,如果每个人踏实一点,埋头苦干,把每件事情做到极致,减少重复劳动,降低社会交易成本,这个国家就会变得更好!我们根本没有必要这样心急火燎地"赶火车""赶飞机"。应该慢下来,至少在心理上慢下来。

总之,如果要建立中国的学术传统,必须强化学术自信和学术对话。

关于效果逻辑的学术争论

说完学术争论,现在终于要进入主题了,也就是围绕效果逻辑的学术争论。我们来看看别人是怎么进行学术争论,怎样做研究的。

效果逻辑的基本理论大家耳熟能详。简单地说,就是萨拉斯瓦斯(Sarasvathy)在2001年所提出的一个理论。她认为,创业者在面临高不确定性和资源短缺时,经常采用五条基本原则。

第一条是"手中鸟原则"。基于自己是谁,自己知道什么,自己认识谁,创造性地想自己能做什么。也就是依靠已有的资源,采用工具驱动而非目标驱动。第二条是"可承受的损失原则",而非收益最大化。第三条是"疯狂的被子原则",也就是广泛地建立合作伙伴关系,而非进行竞争分析。第四条是"柠檬水原则",鼓励创业者充分拥抱偶然性,把它们当作机会利用起来,而非当作威胁加以规避。第五条是总括性的核心原则,叫"飞行员原则",强调参与和控制,而非预测。

该理论认为如果你控制了未来，就不需要预测未来。总之，"控制"是这个理论的一个核心思想。

萨拉斯瓦斯认为，与她所提出的效果逻辑相对应的是因果逻辑（causation reasoning），也就是传统管理学和商学院所强调的那种更加重视愿景、目标、战略、计划、竞争分析等的方法。她认为创业，尤其是在高不确定性的环境下（行业和市场），创业者更多采用的是效果逻辑，而在相对比较稳定的市场和行业中，更倾向于采用因果逻辑。

2003年我第一次读到萨拉斯瓦斯发表在《美国管理学会评论》（AMR）上的那篇经典文献的时候非常兴奋。时至今日，我还记得我在走廊上和端着咖啡的导师讨论的情景。他对这个理论也很感兴趣，觉得这个理论和他基于行动理论（action theory，一个源自德国心理学的大型理论）所提出的积极主动的创业方法（active approach）很一致，但是，他对效果逻辑中缺乏目标和计划非常不认可。

2013年11月，导师来北京访问，我们俩坐在出租车里，我又一次提起了这个话题。他的回答更加干脆，"It is a beautiful theory, but basically wrong"。甚至就在两天前，为了准备这个演讲，我又一次给他发电子邮件，询问他对这个理论的看法。他回复说，"这个理论正确地建议了如何开发商机，至少是在简单产品和服务的开发上，但是，它不适合复杂的大型产品（例如，新冠肺炎疫苗的开发）；它错误地区分了效果逻辑和因果逻辑。我们的两项研究表明，效果逻辑和因果逻辑经常是正相关的。最后，这个理论正确地建议了试验的方法，但是，试验方法不仅适用于创业者，也适合其他工作类型"（以上是我的导师的电子邮件的译文）。他给我发来三篇文章，其中一篇是《创业的心理学》（Psychology of Entrepreneurship）。在这篇文章中，他结合自己半个世纪的理论功力，对效果逻辑进行了深入的分析，其中的许多观点我非常认同。

我的德国导师是一个伟大的老师，我一直充满感情地称呼他是我的"博士之父"（dokotorvator），他彻底改变了我对老师这个职业的印象，对我当老师的价值观和行为产生了巨大影响。但是，博士毕业之后，我走上一条和他完全不同的学术道路，我背离了他所遵循的严格的实证主义研究方法，走向诠释学和建构论。然而，这丝毫不影响我们之间深厚的感情。

读完这三篇文章，我意识到导师的思想比我想象的更加丰富和深刻，他基于行动理论所开发出来的积极主动的创业方法比效果逻辑更加平衡（balanced），更有融贯性（coherence）。我感觉自己终于完成一个学术大家和他的弟子之间经常产生的关系模式，也就是"始于忠诚，继而背叛，终于和解"的心路历程。

这仅仅是围绕效果逻辑的学术争论之一。事实上，有许多围绕效果逻辑的争论，这才是正常的学术生态。回顾一下文献，大家就会发现顶级期刊 AMR 在 2015 年和 2016 年发表了一组关于效果逻辑的争论文章。这是一场重量级的学术争论，包括一篇正文，四篇评论，以及一篇对评论的评论。阿兰德（Arend）教授带着两个博士生与拥护萨拉斯瓦斯理论的四拨人进行了针锋相对的学术争论，其风格之凶悍、逻辑之强大、文笔之犀利，我在中国的学术圈里从来没见过。每次看到你来我往的攻防，我都惊叹，"哎呀，完了，完了"，看到对方的回应，又开始惊叹，"哇，精彩，精彩"。（关于这个论战的具体内容，我一带而过。研究效果逻辑理论的学者请仔细阅读相关文献。）

我最近开始读《资本论》，我觉得我需要对马克思和我导师这样的德国学者重新再认识。不管他们的学术观点如何，我对他们的学术精神由衷地佩服。他们几十年如一日地致力于发展一个理论，我们只能"高山仰止"，向他们学习。

不同创业方法的比较研究

过去 20 多年里,涌现出很多不同的创业方法。除了效果逻辑之外,最著名的还有精益创业、设计思维、商业计划、发现驱动的计划(discovery-driven planning)和规范性创业(prescriptive entrepreneurship)等。下面讨论一下前四者之间的关系。

2013 年 6 月,精益创业的创始人史蒂夫·布兰克(Steve Blank)访问北京,为他的新书《创业者手册》进行宣传,我去听了他的演讲并和他交流。我告诉他,他所提倡的客户开发的方法和学术界研究出来的效果推理的方法很相似。我问他有没有听说过萨拉斯瓦斯和效果逻辑。他说没听说过。事实上,美国的实业界和管理学院很隔膜,甚至比中国管理实践界和管理学界更隔膜。

在 2015 年 10 月南开大学的创业会议上,我最早明确指出效果逻辑与精益创业和设计思维之间存在一致的底层逻辑。2018 年,我和两位学者在《小企业经济学》(Small Business Economics)上发表了一篇论文,第一次采用经验研究的方式证明了在商业模式的探索阶段,效果逻辑使用得更多;而在商业模式的执行阶段,因果逻辑使用得更多。但是,很遗憾,我从来没有对以上 6 种方法进行过系统性的比较,所以,当我看到 2019 年 Mansoori & Lackeus 所写的下面这篇论文时,我觉得非常好,推荐给大家(见图 3)。

作者分别从基础逻辑(logic)、模型(model)和工具方法(tactics)的角度,对以上 6 种方法进行了比较。进一步地,作者清楚地识别了 9 个维度,采用 9 维度框架对 6 种不同的创业方法进行更加深入具体的比较分析。9 个维度的框架包括不确定性管理、资源管理、知

> Small Bus Econ
> https://doi.org/10.1007/s11187-019-00153-w
>
> **Comparing effectuation to discovery-driven planning, prescriptive entrepreneurship, business planning, lean startup, and design thinking**
>
> Yashar Mansoori · Martin Lackéus
>
> Accepted: 7 August 2018
> © The Author(s) 2019

图 3　Mansoori & Lackeus 关于 6 种不同创业方法的比较研究（2019）

识扩展、力量转向、持续学习、迭代过程、利益相关者互动、团队合作、价值创造等。

如果每个维度的得分为 1～3 分，总分就是 27 分。作者认为，按照这个 9 维度框架，6 种不同创业方法在有效性上的得分按顺序排列是：（1）效果逻辑；（2）精益创业；（3）设计思维；（4）发现驱动的计划；（5）规范性创业；（6）商业计划。也就是说，效果逻辑最适合创业，而我们以前教授的商业计划效果最差（见图 4）。

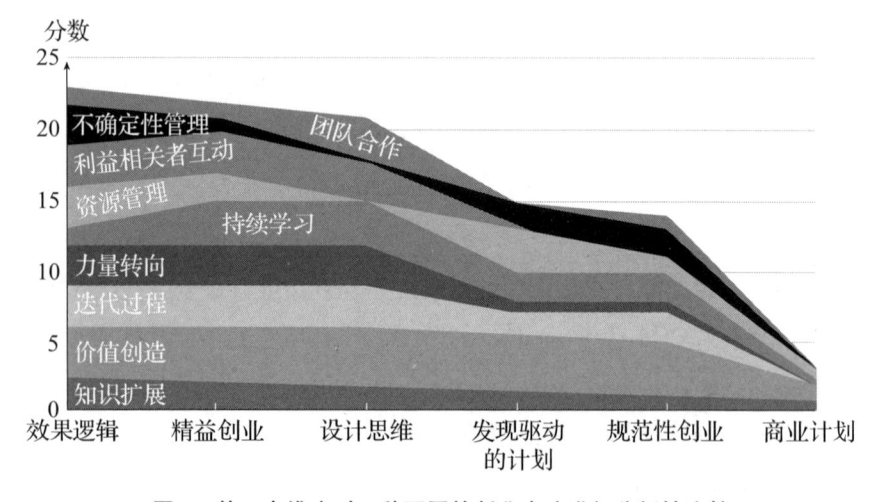

图 4　从 9 个维度对 6 种不同的创业方法进行分析性比较

其中，规范性创业、效果逻辑和发现驱动的计划是学者群体所提出的创业方法。而商业计划、精益创业和设计思维是实践者所提出的创业方法。前者更强调不确定性管理，后者比较淡化不确定性管理（见图 5）。

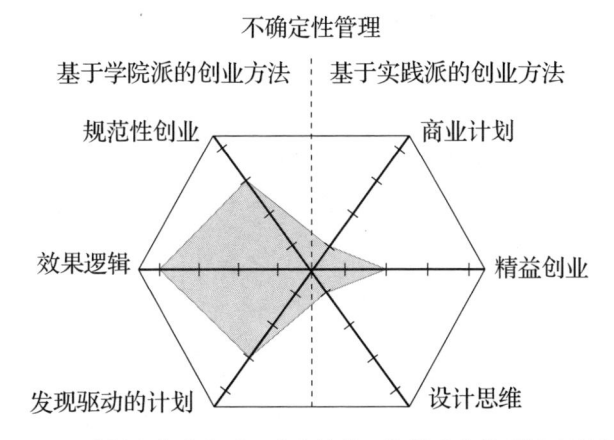

图 5　6 种创业方法在"不确定性管理"维度上的雷达图分析

研究发现，精益创业、效果逻辑和设计思维更适合创业的早期阶段。而发现驱动的计划、商业计划和规范性创业更适合创业的晚期阶段。前者更强调创业中的力量转向，后者则相对忽视力量转向（见图 6）。换言之，前者更加灵活，也更加投机。后者更加"死板"，也更加坚定。

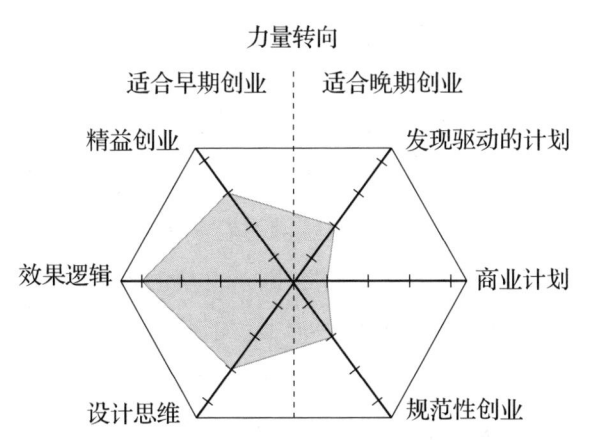

图 6　6 种创业方法在"力量转向"维度上的雷达图分析

事实上，在萨拉斯瓦斯的演讲中，她也提出了类似的见解，强调了"效果逻辑与其他教学工具之间的连接"。她在 2×2 的矩阵中把设计思维放在核心位置，而把以"产品原型—反馈学习—轴转"为代表的精益创业方法论放在强调控制的一侧，把"产品市场匹配—商业模式画布—商业计划"放在强调预测的一侧（见图7）。

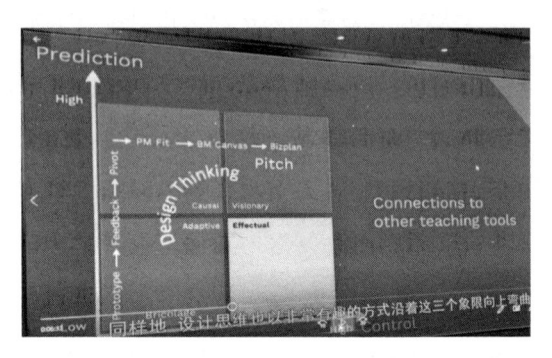

图 7　萨拉斯瓦斯在 2020 年 12 月 5 日视频演讲中的一张图

我对效果逻辑的整体评价

从我接触效果逻辑这个理论开始已经过去 17 年了。我对这个理论的感情起起伏伏，走过了狂热拥护、审慎怀疑到合理评价这三个阶段。

在萨拉斯瓦斯的视频中，鲜红的衬衣，红色的耳环，演讲时的激情，不断晃动的身体，这一切让我想起印度那个色彩斑斓的世界，充满咖喱香味的空气、混乱的街道、漂浮着垃圾的河流、随遇而安的人们，还有各种宗教领袖。是不是挺相似的？如果有机会，可以比较一下我的德国导师的演讲风格和他的理论的风格，他的理论强调目标层次（goal hierarchy）、行为计划（behavioral planning）、习惯和惯例（habit and routines）等，刚好与效果逻辑在某些方面形成互补。所以，我认为，萨拉斯瓦斯作为一个印度人、女性的身份认同（social identity）和个人前见塑造和影响了这个理论的内核和基本假设。而我导师作为一个德国人、男性的身份认同也塑造了他的理论。这是做社会科学研究的人无法规避的。前见既是缺点和局限性，也是可以充分依赖的优点。我们对此应该有清醒的认知。

在我看来，效果逻辑理论是关于创业的为数不多的整合性基础理论之一。它的哲学基础是实用主义和社会建构论，特别强调主体间性，例如，广泛地建立合作伙伴关系，尽量说服和请求合作伙伴事先做出承诺。这个理论所采用的研究方法应该是基于诠释学的案例研究和实验研究（如，大声报告法），而非大家习惯了的定量实证研究（如，问卷调查等）。进一步讲，作者语言的丰富性和歧义性体现了她的研究方法的诠释学本质，同时也给翻译工作带来了极大的挑战。例如，萨拉斯瓦斯最近致力于开发一种工具性的方法"To Ask"，就是这么一个简单的英语词汇，我们纠结了很久，到底是翻译成"提问"还是"请求"？类似的例子不胜枚举。

研究表明，效果逻辑特别适合高不确定性和资源有限的情境。这个理论有助于发现机会、开发机会，有助于提高创业生存的概率，适应性比较强。但是，该理论过于机会主义，缺乏战略目标和定力，很容易随着环境刺激随机游走。具有讽刺意味的是，它有可能成为另一种形式的环境决定论和行为强化理论，而远离自己所强调的"控制"的思想内核。

该理论除了需要进一步强化融贯性以外，更重要的是清楚界定自己的理论边界。效果逻辑适合每个人吗？适合任何文化情境吗？适合任何类型的工作任务吗？萨拉斯瓦斯在问答环节做出肯定的回答。但是，我对此表示严重怀疑，我可以提出一系列的研究假设供大家检验。管理学中人们很少发现普适性的规律，效果逻辑也不例外。

下面是我在讲授精益创业时做的一张PPT，请大家思考精益创业的使用边界。事实上，效果逻辑与此很类似。

> - 重大创新必须由具有独特洞见的创新者一次完成，才能获得市场的认可。
> - 用精益创业完善产品，不能代替营销。好产品的病毒式流传是个意外，不是常规。
> - 不要因为失败就轻易放弃或转型，要洞察失败的原因。
> - "我佩服勇于转型的创业者，更钦佩为自己的想法而坚持不懈的创业家。"（Netscape 的创始人马克·安德雷森（Marc Andreessen）与《精益创业》的作者埃里克·里斯（Eric Ries）的对话，2014）

最后，想请大家和我进行一个假设性的思想实验：2000—2008年，如果你是任正非，如果你奉行效果逻辑，但是，国家迟迟没有发放 3G 牌照，公司危在旦夕，随时面临崩溃，你感到压力巨大，甚至两次得了重度抑郁症。在这种情况下，你会不会选择进入房地产，或者做小灵通？如果任正非奉行效果逻辑，今天的华为会是什么样子？

这是一个反事实推理的问题，我们无法知道准确的结果。但是，用任正非自己的话来说，"我们傻乎乎的"，"完全不了解 ICT 这个行业"，"盲目进入之后，也无法退出"，"只能咬着牙坚持到现在"，最后我们"从追赶到了赶超，现在进入了无人区"。请大家反思一下：效果逻辑是否过于机会主义，缺乏长期主义导向和战略耐性？答案是显而易见的！

采用整合性的方法教授"创业管理"

多年来，我一直把效果逻辑和因果逻辑当作互补关系，而不是简单对立关系。我经常用"认知呼吸"这个比喻描述它们之间的关系。

一呼一吸谓之生命。我建议学生交替使用效果逻辑和因果逻辑，把它们当作悖论整合在一起，采用阴阳和"一分为三"的哲学框架来对待它们之间的关系。在不同的情境下使用合适的逻辑，这才是正道。

创业是一个复杂、动态的过程，所以，我们必须采用整合性的框架看待创业。多年来，我一直把蒂蒙斯的《创业学》作为主要框架（商机—资源—团队），然后把《卓有成效的创业》的部分内容插入每一个章节，形成有机的补充。同时，为了体现中国情境和中国智慧，我采纳了孙陶然的《创业三十六条军规》中的部分内容。

在中国的创业者里，连续型创业者孙陶然总结出比较系统的创业方法论。但是，如果比较一下中国和美国的创业者，前者最多只能写出多少条军规这种经验性总结，而不能像史蒂夫·布兰克和埃里克·里斯这些美国创业者总结出精益创业这样的创业方法论（methodology）。由此可见，不管是作为创业者还是学者，我们与美国顶尖高手之间存在差距。这是一种思维方式上的差距。

相比第一版，《卓有成效的创业》（第二版）做了很多改进：融入2010—2016年间最新的理论进展；加了一些新的案例，让我们对鲜活的创业世界有了更直观的认识；调整了许多章节的顺序，使结构更加合理；增加了全新的两章内容，包括第15章（请求潜在的合作伙伴做出承诺）和第22章（关于技术），以此来强化效果逻辑在工具和方法方面的开发。总之，《卓有成效的创业》（第二版）是一本既贴近创业实战，又有清晰的理论框架的书，可读性非常强，强烈推荐。

我们应该如何走向未来？

猜猜看，哪本中文图书获得了SAGE出版社亚太区商业类畅销书第一名？答案是：田涛先生的《下一个倒下的会不会是华为》（见图 8）。

图 8　田涛先生的《下一个倒下的会不会是华为》（英文版）获得 2020 年 SAGE 出版社亚太区商业类畅销书第一名

这给我们什么启示？我想用下面这张 PPT 快速总结我的演讲，就是要建立学术自信，强化学术对话。

> 对任何事物永远保持谨慎怀疑的态度。
> It is a beautiful theory, but perhaps wrong.
> 不从众，不跟风，保持学术远见和思想定力。
> 保持距离，保持冷静，保持怀疑！
> 坦诚辩证，理性对话。
> STOP publishing empirical articles in international journals in Chinglish!
> 用中文写出好的文章，然后，让别人去翻译吧！
> 改变文风，让文章变得更有趣，让更多人读得进去！
> 保持真诚，保持好奇，保持活力！

最后送给大家一句话，"学术是为了免于欺骗的人生"（深圳大学韩巍教授）。

PART
4

第四部分
自我管理

1

我们的彷徨：如何引进和培养国际化人才？

2020年1月，中国遭到新冠肺炎疫情的突然袭击，在情况最不明确、准备最不足的情况下仓促上阵。2月到5月这段时间也是中国舆论场最撕裂的时候。相交几十年的老朋友因为李文亮医生撕裂，因为《方方日记》撕裂，因为中医和西医撕裂，因为《外国人永久居留管理条例》撕裂，因为各种"或左或右"的观点撕裂。面对舆论场的撕裂，有的人明哲保身，唯恐避之不及，而我则"顶风作案"，试图弥合这种撕裂，传播一种冷静、理性和中道的声音，所以，我在"正和岛"公众号上发表了几篇文章，几乎直面所有尖锐的议题。

这篇文章所引起的争议最大，受到某些读者的谩骂，我甚至收到了群发的匿名电子邮件，对我进行言语恶毒的人身攻击。最值得一提的是，在本文发表之前，我竟然受到某著名经济学教授的极力阻拦。

这篇文章在"正和岛"首发之后，得到了某些肯定。王辉耀先生所创建的中国与全球化智库（CCG）是中国唯一进入全球前100名的社会智库（排名第76位），他们的公众号第二天就转发了这篇文章。留学基金委的某个领导也给予充分的认可，他说，"这篇文章中所提出的建议事实上我们也在实施，但是规模很小，每年大概两三百人，没有形成气候"。

总之，对于这些杂音、噪音、骂我的声音，或者表扬我、赞美我、肯定我的声音，我从来没有回应过，"知我者谓我心忧，不知我者谓我何求"(《诗经》)。

最后需要说明的是,本文的目的主要是讨论和"推销"我所提出的MIS(国际研究专业硕士)计划,其核心内容来自《阿尔泰山一瞥》第8章。我只不过是借题发挥而已。

隐藏在中国人心底的偏见

关于《外国人永久居留管理条例》一事，朋友圈里开锅了。很多人在评论，在转发。我一概没有参与，也没有兴趣打开这些文章。我相信，国家制定政策的人大多数是有全局观，有长远眼光，了解国情的。他们也是中国人，也是为了这个国家的光明未来。他们应该把最好的结果设想到了，对最坏的情况斟酌过了，一定精心计算过其中的利弊得失。

民众当然有权利参与讨论一个重要法规的制定，群策群力，从不同角度进行论述，将问题想得更仔细一些。但是，我想善意地提醒一下大家，一般民众不要想当然地认为自己比政策制定者聪明多少。尤其是，不在其位，不了解其政，信息不对称会阻碍对问题的准确认知。

中国想要更大力度地对外开放，一定要吸引国际人才，一定要海纳百川。既然要海纳百川，肯定会泥沙俱下。美国为什么能成为世界第一？就是因为有五湖四海的气派和自信。难道五湖四海来的都是大鲸鱼吗？事实上，90%以上可能都是虾兵蟹将，而10%的优秀人才做出90%的社会贡献。所以，不必苛求每一个获得永久居留的外国人都是人才。至于其他的负面社会影响，相信经过民众的建言，政府会更加谨慎地严加管控。

本文重点讨论国际化人才的培养和引进，在进入正式的主题之前，请允许我讨论一个比较敏感的话题，这个话题或许会冒犯很多人。以我的生活体验和对跨文化管理的研究，我发现，绝大多数国人骨子里有某种偏见，在引进外国人才的问题上彷徨不定。这可能是因为国人缺乏与外国人打交道的切身经验，不擅长与异族交流交往。

我在德国留学时，我的导师是一个高大英俊的德国人，一头金色的卷发让我想起《倚天屠龙记》里的金毛狮王谢逊。他活力四射，从来都是各种社交场合和学术会议中的超级巨星，一出场就很吸引人的注意力。我刚到吉森不久，中国同学会举办春季联欢晚会，我邀请导师参加。导师笑了笑说，"我很忙，参加不了，但是我妻子会去的"。我说，"请告诉您妻子，让她直接来找我"，因为那个时候我刚好剃了光头，很容易在人群中被认出来。

那天晚上，我站在大厅外面等导师的夫人。我见到一个身材高挑的黑人妇女，她优雅地走到我面前，用德语说"Ich bin Sharon Frese"。我当时愣住了，不知道怎么回答。我的天哪，我的德国同事从来没有告诉我导师娶了一个黑人！

我的导师是国际应用心理学协会的主席，是一个特别开放、特别国际化的人。但是，一个日耳曼男人娶一个黑人女性，即使在德国也是相当罕见的。而在法国，白人和来自北非的黑人喜结连理，生几个混血，实在是稀松平常。从此，我对跨国婚姻和跨文化交流有了一点了解。

前年，应中国管理研究国际学会（IACMR）的邀请，我的导师来中国开会发表主题演讲，他的夫人第一次来中国。回去之后，导师在电子邮件中告诉我说，"我在中国待得很愉快，但是，莎伦（Sharon）很不喜欢，她觉得中国人对黑人有歧视"。我只能回答说，"我知道，我感到很抱歉"。总之，我觉得中国人不够国际化，对某些特定族群有偏见，在是否引进外国人才和如何引进外国人才上彷徨不定。

关于来华外国留学生的奖学金问题

自从"一带一路"倡议提出后，中国加大了对沿线发展中国家提供奖学金的数量和力度：每年新增 1 万名左右来华留学生，且绝大多数都能获得中国政府奖学金。所以，最近五六年里，我差不多每周都能接到 10 封左右来自巴基斯坦等国的电子邮件，请求接受他们为硕士或者博士研究生。根据本科、硕士和博士等不同类型，据说政府分别提供了 7 万元、8 万元、9 万元左右不等的国家奖学金。这件事情在微信朋友圈里曾经引起很大的争论。我看过一篇标题为《让外国学生吃肉的同时，能让中国学生喝点汤吗？》的刷屏文章，它引起了很大的反响。不理解的人批评说，中国还有很多贫困学生得不到资助呢！中国还有 8 亿民众没坐过飞机呢！中国还有 3 000 万群众没脱贫呢！拿钱给这些外国留学生，纯粹是打肿脸充胖子，瞎糟蹋。

  事实上，我认为，这种观点是短视的，缺乏战略眼光；只会算小账，不会算大账；只会算经济账，不会算政治账。请诸位换位思考一下国家的难处。既然要算经济账，那我帮大家算一笔最小的经济账。我所了解的情况是，即使是最高 10 万元奖学金，外国留学生拿到手的也只有每月 2 000~3 000 元，其他都是住宿费、实地调研费、学费等，而这些钱都是在国内各个部门之间转来转去，没有落到外国留学生手上，更没有流到国外，所以，许多批评就像电影《我不是药神》一样，看似正确，很有诱惑力，实则谬误。不管"一带一路"能否发展起来，中国和中国企业最终都要走向全球，我们必须在世界各地培养自己的"同路人"，培养了解中国，认同中国文化、价值观、体制和模式的外国人。

  信任总是在交往中培养起来的，不先邀请别人来自己家做客，如何能让别人了解你？留学是最好的途径，我们这些曾经留学他国的人都深受其益。古人说得好，"将先取之，必先予之"。第二次世界大战之后，美国在这方面做得很好，我们应该学习。

  2020 年，中国人均 GDP 达到 1 万美元。如果中国想成为一个负责任的大国，就得更大气一些，为世界提供更多的公共产品，包括人才培养、维和、环境保护、对外援助、卫生防疫、基础设施投资、参与国际规则的制定和维护等。这一直是国际社会对中国的殷切期望。你以前可以搭别人的便车，以后你得让更多朋友搭你的便车才对。只有这样才能赢得更多的拥护和尊重。

关于国际研究专业硕士计划的畅想

如果说吸引外国留学生来华是"引进来"，那么，中国应该让更多的学生"走出去"，尤其是到亚非拉国家去开眼界、长见识、增才干、磨意志。

关于国际化人才的培养，我有一个不同于其他人的设想。这来源于 2018 年 7 月 10—28 日，我围绕新疆北部阿尔泰山进行考察时所获得的启发。当时我考察了新疆的北部、蒙古国的科布多地区、俄罗斯联邦的阿尔泰共和国和阿尔泰边疆区，以及哈萨克斯坦的东哈州地区，总行程超过 5 000 千米。回来之后，我花两周时间撰写了《阿尔泰山一瞥》（未正式出版），在其中提出"一带一路"国际化人才培养计划。今天我把这个国际研究专业硕士（Master of International Studies, MIS）计划一并提出来，供大家批评指正。以下内容摘自《阿尔泰山一瞥》第 8 章，写作时间是 2018 年 8 月。虽然已经过去两年多，但是，每当想起这个前瞻性的想法，我仍然感到兴奋，我殷切希望有朝一日政府能付诸实践。

....

我们不仅要鼓励外国学生来华留学，还要鼓励更多中国人去"一带一路"国家留学。中国人历来安土重迁，很少有主动扩张的意识，很少有真正了解世界的人，特别是了解"一带一路"所涉及的发展中国家的人。

相关统计资料表明,最近几年每年出国留学的中国学生大约60万,90%以上集中在美国、英国、德国、法国、澳大利亚、加拿大、俄罗斯、日本、西班牙等国家（按照中国留学生占全球留学生的比例进行排列）。其中在西班牙和俄罗斯等国家,中国留学生的数量远远低于其他国家的留学生。至于去其他发展中国家的留学生更是寥若晨星。这就导致我们只对欧美有些了解,对其他国家的情况却惊人地无知。这种信息不对称和人才短缺,对于中国企业"走出去"和"一带一路"倡议的推进非常不利。

我在新疆进行企业访谈时,当地几家靠外贸起家的大型公司表达了类似的担忧。它们认为,"目前,中亚国家越来越了解我们,原因就在于这些国家有很多人都在中国留过学,而我们很少有人真正了解它们,尤其是我们的一些企业出去之后,相互竞争,甚至相互倾轧和拆台,给了竞争对手或者客户很多挑拨离间、各个击破的机会"。所以,它们在招聘人才时,越来越倾向于当地的留学生,认为这是关键的人力资源。这些学生不应该只是翻译人才,而应该有更加广博的知识面、更加灵活的头脑。

20世纪八九十年代,中国很穷,很多人靠公费留学去发达国家学习理工科和经管等专业。现在情况发生了明显的变化,我们应该增加一个新的公费留学计划,开设国际研究专业硕士,向发展中国家派出相当数量的研究生,进行深入的国别研究,重点掌握当地语言,了解当地的文化和社会制度。为此,我提出以下基本构想,希望引起有关部门的关注。

（1）以"结对子"方式组织国内985和211院校与中国人留学很少的一些国家的大学建立合作关系,比如,伊朗、埃塞俄比亚、哈萨克斯坦等。最好每个国家选择不同城市的两三所大学,让中国留学生有机会了解更多地方,而非扎堆在一起,无法融入当地文化,学不到东西。

（2）"结对子"方式应该考虑到现有学校的资源，比如，已有的优势学科资源和海外关系等，对于没有现成资源的学校，应该鼓励它们从头开始建设。可以在各个学校设立独立的校级中心负责统筹该项工作。

（3）选拔的中国留学生既可以是大学刚毕业的学生，也可以是与该国有经贸往来的公司职员。可采用三年制，定向派遣，所有费用由中国政府负担。

（4）选拔时，以往所修专业不限，以往专业课成绩不应成为考核重点，应重点考察被选拔者的心理素质和人际交往能力，判断其是否有基本的跨文化交流能力或者潜质，是否有比较强烈的企图心和建功立业的冲动。入学考试应该重点考察所要留学国别的知识、外语能力和政治素质。

（5）毕业时颁发国内985或211学校的专业硕士文凭，而非所留学国家的文凭。因为这些国家不同于欧美，在研究和教育水平上可能低于中国，其文凭含金量较低，对于学生在国内就业可能没什么帮助。

（6）第一学期学习地点在国内，重点学习留学国家的历史、政治制度、法律、文化和语言等。外语学习以实用为主，集中强化，短期内能解决生存问题。其次，可开设政治学、经济学、国际商务、跨文化沟通、社会学、人类学等课程，不求全面系统，重在实用。尤其应重视质性研究等人类学和社会学的研究方法。

（7）在国外留学一年，最好是两年，这方面可以有不同的尝试。建议在海外首先考虑学生以前修的专业，或者经管专业，或者法律专业。但是海外学习的重点不在于专业知识，更不在于拿到当地的文凭，而是要提高语言能力，了解当地的政治体制、经济发展状况、文化传统等，与当地学生能进行比较深入的交往。对于基本课程成绩和学分应有一定要求，否则很容易出现资源浪费的情况。

（8）中国驻当地大使馆应该在该项目中扮演重要角色，暑假和寒假组织中国学生在当地旅行，参观访问，加深对当地政府、企业和社区的了解。

（9）所有参与该项目的院校应组织起来，形成一个强大的知识共享课程平台，共享稀缺资源，例如，关于社会学和人类学的研究方法，国际商务、全球治理等方面的课程。学生可以在这个平台上选修课程并进行考核。甚至关于学生在海外心理孤独的问题，也可以在该平台通过专业心理咨询师的疏导予以解决。

（10）在国外交换之前就建立国内导师负责制，进行以问题为导向的学习。交换回来后，应在最后一学期提交论文进行答辩。论文应该更多采用综合性、跨学科的研究方法，对当地的政治经济社会文化等进行深入研究。内容和主题宜宽不宜窄，重点培养通才，不要陷入目前通行的学术论文的格式，更应该接近实地调查报告。成绩合格并且论文通过答辩的，授予中国大学的专业硕士文凭。

（11）顺利毕业的学生要优先推荐给在"一带一路"国家和地区进行战略投资和布局的国企和民企，个别优秀的甚至可以成为外交辅助人员。

（12）参与该项目的中国大学培养学生的数量，应该根据目的国的面积、人口数量、与中国的经贸情况和前景展望等进行估算，每个学校每年的招生人数为 50～150 可能是比较有规模效益的。十年之内，整个项目至少能培养国际化的初级人才 5 万人左右（假设 50 个国家，每国 100 人，每年 5 000 人，10 年时间可以培养 5 万人）。

（13）这只是一个初级的国际化人才培养项目。一旦这些毕业生未来从事与留学国家有关的工作，他们必然会不断学习，自我强化，在自身利益驱动和实践中不断提升国际化能力。

（14）成本和收益：每个学生每年的培养费用应该在 10 万元左右，每年政府需要至少投入 10 亿元。其实这是对本国人力资源的投入，这笔钱不会白花。对于学生来说，即使没有见到结果，也没有虚度时光。

本计划涉及多个利益主体之间的复杂关系，深入了解他们的需求和承受能力很重要，激发每个利益相关者的主动性和积极性更是项目成功的关键所在。在实施过程中可能存在如下问题：

（1）承担该计划的国内大学是否能尽到教书育人的责任，是否能深刻领会该计划的目的和良苦用心，选拔合适的苗子进行培养，集中优质师资进行专门课程开发，在学生海外学习的过程中，及时提供卓有成效的指导？另外，师资培训是任何一个教育培训项目的关键。在派出学生的同时，也应该派出教师在东道国至少交流一年以上，使得教师对东道国有比较深刻的认知，这些教师应该扮演类似带队老师的角色。

（2）如果没有硬性的学位和课程方面的要求，学生是否会利用管理上的漏洞不好好学习，无法达成学习效果？甚至不在当地待着，或者只是在当地浪费时间？20世纪六七十年代，日本政府为了鼓励国民走出去，了解不同国家的情况，只要住在当地，且时不时提供一些照片和当地信息，日本文部科学省就会按月给这些人打钱。建议采用类似的方法，要求学生每个月通过前面所说的统一平台提交一个关于当地情况的报告，由国内的指导老师进行信息整理和评估，采用全过程管理，保证学习效果。

（3）人身安全问题，尤其是在一些政治局势比较动荡的国家和地区，例如，非洲、伊朗、叙利亚、中亚五国等。

（4）可能被认为是"间谍"等。虽然这种风险不高，但是仍然存在，需要正视和提前预防。这个项目应该吸取孔子学院在美国的经验教训，要"春雨润物细无声"地进行，而非大张旗鼓地推进。

（5）就业问题。虽然该计划培养的是国际化初级人才，更多建立在国家引导和扶持的基础上，但回国人员能否找到相关工作，利用在海外所获得的宝贵知识和经验，是一个大问题。只有这一点解决了，后续的教育培训才能得到更多支持。

中国的强盛依赖于大批国际化人才

一个在社科院工作的朋友说过，"古今中外，真正有力量的大国，比如今天的美国、历史上的唐代，都是胸怀宽广，网罗天下人才而用之。优秀的人才不是打群架要人多，而是一个顶一百个，顶一万个，就像人们所说的'钱学森顶一个师'。泥沙俱下在所难免，如果引进的笨蛋太多，就算是做了国际慈善事业，改善了那些穷苦人的命运，也是有功德的"。

我对此表示赞同！事实上，在我所写的关于中日关系的文章中有这样两段文字：

> 我曾经通读2019年任正非与国内外媒体唇枪舌剑的八卷本《采访实录》，非常佩服任总的国际化视野、知识和人脉。尤其是读到2019年10月任正非接受中东非洲阿拉伯语媒体的集体采访时，看到任总对该地区的历史、文化和建筑如数家珍，我真的有点羡慕嫉妒恨。

> 扪心自问，做企业不如任正非，可以；旅行见闻不如任正非广博，也说得过去；但是，作为一个学者，如果读书还比任正非少，那就无法原谅自己了。普通中国人对非洲、中东阿拉伯世界和拉丁美洲的了解几乎就是空白。相比较之下，老牌的西方国家在这些地方有几百年的经营历史，有大批熟悉这些地方的国际化人才。

所以，借着最近国家出台研究生扩招政策的东风，我郑重呼吁有关部门考虑一下我的建议，加快我国国际化人才的培养。没有国际化的人才，就没有国际化的企业。得人才者，得天下！

2

全球化时代，如何提高跨文化沟通能力？

　　本文摘自《阿尔泰山一瞥》第 10 章。《阿尔泰山一瞥》没有采纳中国管理学界流行的定量实证研究范式，而是采取了一种"图像式共在性"研究范式，特别强调现场感、在场性、深描、主体性和对自身经历的反思。用深圳大学韩巍教授的话来评价这本书就是，"在场感、多重视角、诠释的开放性，构成了一种体现'意义、范式、方法之共在性'的可贵尝试"。

　　本文重点讨论全球化时代，我们应该如何提高自己的跨文化沟通能力。

问题反思

没有完美的调研，就如同没有完美的论文一样。在本次环阿尔泰山的调研中，出现了若干值得重视的问题，我简单进行描述、分析和反思，希望对后来者有所帮助。问题呈现不是针对某个人，也不是攻击性的，而是问题解决导向的，希望跨文化交流有建设性的改进。

虽然我参加的调查团的大多数成员来自中国一流学校，但是，部分成员的行为表现令人失望。例如，当见到蒙古国贫穷的村镇时，就当着当地导游的面口无遮拦地进行评价，并且带有明显的贬低色彩。而当地导游是一位蒙古国国立大学教授，听得懂汉语，在北京语言大学获得博士学位。

当遇到不合自己口味的食物时，有的同学夸张地做出恶心的表情，发出"嘶嘶"的声音，令同桌的我尴尬不已。就餐时，考察团的成员大声喧闹，不考虑其他当地人的感受。见到自己喜欢的事情或者外国人时，某些学生又忘乎所以地流露出过分的喜爱，甚至有点献媚。这种过于主观的、先入为主的、两极化的评价，非常不利于跨文化沟通，会造成冲突和摩擦，引起当地人的反感。

这种行为说明，我们绝大多数人不习惯于反思自己固有的文化观念，觉得一切自己习惯了的东西都是天经地义的，是最好的。缺乏开放的心态，不愿意去尝试新鲜事物，不了解固有的个人习惯仅仅是本国文化和个人成长经历的投射而已，远非事实本身。

我们第一天在哈萨克斯坦就餐时，当地的导游安排了马肉，很多同学表示出厌恶。事实上，关于马肉，让我们来听听草原上的游牧民族是怎么说的。16世纪，中亚草原上的昔班国王哈斯木说，"我们是草原之子，马群是我们的财富，马肉是我们喜好的食品，马奶是上好的饮料。我们没有房屋，查看羊群和马群就是我们的娱乐"（《草原帝国》，国际文化出版社，2003，311 页）。对于哈萨克人来说，马肉是大餐，只有在节日里或者寒冷的冬天才能享用。由此可见，同样一件事情，在不同的人眼里，可能有完全不同的主观评价。所有人都是带着自己的前见或者有色眼镜进入现场，看待世界和他人的。我们必须时刻警惕和反思这种前见的不良影响。

考察团的部分成员缺乏谨慎怀疑的思维。尤其是遇到一个突发事件时，很容易做出草率的判断。例如，当看见路边的马群、骆驼、鸟，会迫不及待地发出欢呼，"看，野马""看，野骆驼""看，天鹅"。事实上，那群在科布多戈壁的公路边上吃草的马群怎么可能是普氏野马呢？普氏野马，全世界不到 500 匹，其中 300 多匹在蒙古国的呼斯台自然保护区，另外不到 200 匹在新疆境内圈养或者放养。2012 年，我曾经在呼斯台近距离地观察过普氏野马，也曾在乌鲁木齐某公司的马厩里接触过普氏野马。普氏野马头大，个子矮小，毛发呈黄色（见图1）。另外，那只刚刚从洞里钻出来的动物，躯体小小的，大耳朵，长尾巴，怎么可能是狼呢？明显就是狐狸。此类错误频发，不一而足。这还都是小事，最令人担心的莫过于，面对重大问题和时刻，这种未

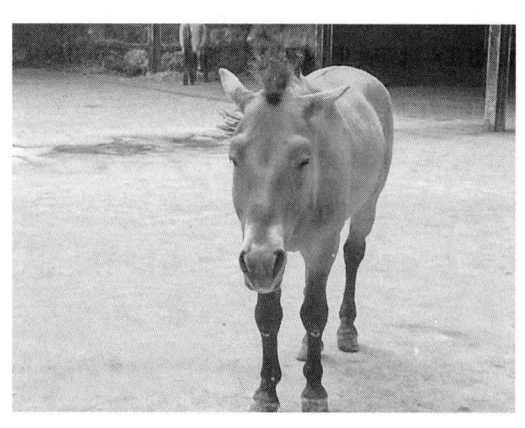

图 1 普氏野马（拍摄于乌鲁木齐新疆野马集团）

经深思熟虑、急于做出判断的思维习惯会导致什么样的后果？

跨文化沟通的相关研究提醒我们，当见到异国他乡的陌生事物或者人时，不要匆忙做出判断，一定要放慢做判断的节奏，谨防人类认知中的一些习惯性反应所带来的错误。人们习惯于直接通过右半脑的神经回路对事物做出直觉性评价，但这经常是错误的。心理学家、诺奖得主卡尼曼的《思考，快与慢》对这类思维谬误和行为有非常深入的研究，可以参考。

根据卡尔·波普所提出的证伪方法论，正确方法应该是：先尽可能仔细地观察，然后小心翼翼地提出试探性假设，再搜集证据，对试探性假设进行证伪。如果原来的假设没有被推翻，就继续坚持原来的假设。如果被推翻，就换一个新的假设，直到临时性假设不再被证伪为止，把它当作临时的"真理"。最后，根据情境做出合适的判断，采取行动。

至于异国他乡那些迥异的习俗或者食物，你可以不遵从，也可以不吃，但是一定要理解它为何如此的原因。如果可能，请尽量不要浪费粮食。一个流传很广的关于德国人斥责中国游客浪费食物的故事是这么说的，"钱是你的，但资源是大家的，你没有权利浪费资源"。

作为学者，我们每个人都有自己特殊的研究视角和理论观点。但是，一个心胸开阔的学者会尽可能采用多元视角、多种方法，跨学科研究问题，因为问题总是复杂的、整体性的。例如，阿尔泰山或者中国的亚洲边疆问题，绝非某一种简单的观点可以解释，切勿把所有的问题都落脚到藏传佛教，或者伊斯兰教，或者俄罗斯的国民性等。国家治理的手段至少有三种，物质激励、制度安排和精神控制，一定是综合运用的。

作为教师，当我们面对学生，尤其是那些审慎的思辨能力还没有发展起来的本科生时，更应该营造一个开放的空间，鼓励不同意见充分表达，切勿把一己之见灌输给学生。

我相信，所有的观察都是选择性的，所有的写作都是主观性的，所有的阅读都是个人化的，所有这一切都是诠释性的。当你看见一个事物或者人的时候，你就失去了同时看见其他无数种可能性的机会。所以，即使在写作时，如某教授所声称的那样，"避免一切形容词，只单纯地使用白描手法"，也是选择性观察的结果和呈现。个人前见或者偏见，包括文化传承、个人成长经历、先前的知识经验等，是很难消除的，会使我们从某种特定的视角去看待事物，因此，一切表达都是个人化的，根本不存在绝对理性客观中立的知识，尤其是在人文社会学科领域。所谓的理性客观中立，纯粹是科学主义（scientism）的口号，是掩盖自己偏见的遮羞布。

但是，这并不意味着我们不能达成部分共识和理解。哲学家查尔斯·泰勒（Charles Taylor）曾经提出一个三重诠释，即从个人诠释，到文化诠释，再到科学诠释，就是通过反思和批判，一步步减少个人前见的影响，达成更大范围的共识和理解的过程。所谓个人诠释，就是强调个人前见如何影响其对世界的观察和理解。同一文化族群里的许多个体共享相似的文化价值观，所以，他们对世界的理解表现出某种共性的模式，这就是文化诠释。法国人、美国人，抑或中国人，经过充分的沟通和对话，或许能达成某种共识，这就是所谓的科学诠释。

一个有知识储备的人在同样的旅途中能看到和别人不同的风景，会有更多的深刻见解。中国人急需从那种走马观花的旅游中走出来，用导游胡总的话来说，从那种"上车睡觉，下车拍照撒尿，到了酒店找WiFi，回到家里一无所知"的观光客的恶俗中走出来。将匆匆忙忙的旅游变成沉浸式的旅行，深入到外部世界和当地人的精神中去，在旅行中更深入地了解自己，提升自己。关于诠释学，伽达默尔有一句非常精彩的话，大意是，"诠释学就是旅行到他处，然后回到出发点，更好地理解自己的世界"。所有的理解最终都是朝向自我的理解。

或许有人觉得我的原则过于苛刻，对人要求过高。他们认为中国人到了外国，就应该坚持自己的文化特色，让别人来适应我们，而不是改变自己，把自己变得像德国人，或者像日本人。中国人在一起吃饭如果没有那种热闹，根本就不是中国人。在我看来，这个问题应该具体情况具体分析。

首先，不同国家和民族有不同的就餐习惯。例如，日本人在吃饭喝汤时一定要弄出很大的响声，否则就无法表现出对食物的喜爱。其次，要考虑到是否有其他就餐者。我们在俄罗斯丘亚河边的度假村里进餐时，因为餐厅里还有很多当地人，考虑到他们的风俗习惯和感受，保持就餐安静是必须的。但是，在我们离开俄罗斯之前，最后的午餐地点是一个乡村俱乐部，除了当地五六个服务员以外，整个俱乐部里只有我们一个考察团，在这种情况下大声喧哗某种程度上是可以接受的。

当一个国家还处于发展阶段时，还是国际社会一个新玩家时，尊重现有规则是一种重要的生存智慧。而当你强大到可以改变规则时，适当地表现出自己本来的文化面目，更容易被国际社会接纳和模仿。为了不至于引起外国人的负面评价，我认为在未来二三十年里，中国人走向海外时，尽可能地尊重当地文化，做到"到哪座山上，就唱哪儿的歌"，才是一种最优的策略选择。

跨文化沟通能力的培养

环阿尔泰山考察是一次重要的跨文化体验，主办方希望能提高参与者的跨文化沟通能力。任何一个想成为全球化人才的个体，都应该把培养自身的全球化能力体现在个人的职业生涯设计之中，这是一个长期的培养和实践过程，越早列入职业生涯设计，越早开始国际化，越能达到目标。

西方学者格雷和他的同事（Graen et al., 1997）曾经描述了把普通管理者发展成为全球化管理者的过程模型，主要包括以下五个步骤，可以对一般人有所启发。

第一步，成为文化探险者（Cultural Adventurer）。在这个阶段，培养自己对自身文化环境以外的其他文化的兴趣，愿意去国外旅行，尝试异国的食物，了解异国的风土人情。但是，文化探险者一般是带成见的观察者。

第二步，成为文化敏觉者（Cultural Sensitizer）。用外人的眼光看待世界，尝试从不同的角度去观察事物，戴上其他文化的眼镜去看待和评价事物。

第三步，成为有鉴别力的文化知情者（Discrepant Cultural Insider）。知己所不知，即不仅熟知自己的文化环境和价值体系，而且对异国文化了如指掌，能够在异国文化中如鱼得水地生活，对其潜在的社会规范和文化细节非常熟悉。

第四步，成为比较性的文化裁判（Comparative Cultural Judge）。能够对各种文化特性进行有效概括，对两种文化进行有效比较，并总结出最具实质性的差异和相似之处。

最后一步，在前面的基础上，能够融合两种或者多种文化，并创造出被不同文化中的大多数人接受的"第三文化"，推动所有文化的发展，有效解决跨文化问题，成为一个高度社会化的文化综合者（Socializing Synthesizer）。

除此之外，要想成为一个国际化人才，必须敢于"粉碎"原来的自我，锻造成一种新的"合金"。这个过程是非常痛苦的，没有经历过巨大的跨文化冲击根本无法完成。那些越是感受到巨大的跨文化冲击，自我粉碎越彻底的人，越有可能成为国际化人才。当然，这只是必要条件而已，绝非充分必要条件。有时，即使自我粉碎了，也不一定能成功，反倒成了"邯郸学步"，放弃了原来的母国文化认同，但是又无法融入东道国文化。然而，不打破自我，不走出舒适区，不融入东道国的文化，肯定不能成为一个全球化人才。

要想成为一个全球化人才，必须建立多元文化认同（multi-cultural identity）。所谓多元文化认同就是一个人具有一种复合型的文化价值观，在不同的文化环境下表现出不同的价值观体系，从而表现出较强的跨文化适应能力和问题解决能力。1996年6月，我从索尼公司辞职，日本经理请我在一家高档餐厅吃饭，并极力挽留我。吃饭时，他诚恳地说，"赵向阳，我觉得你像日本人"。言下之意就是非常肯定我的敬业精神和对公司的忠诚。后来，我去德国留学时，我的德国导师和同事开玩笑地称呼我为"German Zhao"，意思是我有德国人非常严谨的一面，具有批判精神，敢于直面不同的意见，能建设性地进行争论。我爱人当时在法国留学，每两个月左右，我要去巴黎一次。我们有一个非常要好的法国朋友，他说，"Zhao，你有法国人浪漫的一面"。但是，2005年11月，当我回到中国，我所遇到的绝大多数中国人说，"赵向阳，我觉得你不像中国人"。我经历过严重的逆向文化冲击（reversed cultural shock）。我在回国后长达三四年的时间里感到无法适应中国。

的确如此，我不是一个典型意义上的中国人。我可能拥有和发展了一种多元文化认同。这种多元文化认同最核心的思想就是费孝通先生所说的，"各美其美，美人之美，美美与共，天下大同"。拥有多元文化认同的人更容易穿梭在不同的文化之间，游刃有余。他们更加有世界眼光，心智更复杂和圆融，对新生事物更有好奇心，更乐于终身学习，人格更加成熟，处理事情更有弹性。

培养多元文化认同无法在教室里实现，只能通过在国外生活和工作一段时间来实现。对于培养多元文化认同，环阿尔泰山考察只是推开了一扇窗而已。当然，一个人不可能去所有国家生活很久，但如果有在某国（母国之外）生活6个月以上的经历，并且具有较强的从经验中进行反思的能力，他就有可能把从某个国家所学到的跨文化生活工作技能抽象出来，概化到其他陌生的国度和环境。

麦考尔和他的同事豪伦拜克在《培养全球化执行人》（McCall & Hollenbeck，2002）中通过大量的访谈得出了如下经验，对于进行卓有成效的跨文化沟通非常有帮助：

- 不要事先做任何假设。千万别认为在一个地方行得通的方法在另一个地方同样有用。
- 不要低估国家之间的不信任程度，它可能大得超出你的想象。
- 对个别国家管理人员或者人民所表现出来的民族主义（或者民粹主义）不要过于吃惊。
- 不同民族的人生价值观可以南辕北辙。
- 尊重当地文化习俗。接受当地人的生活方式，不管它与你习惯的方式有多么不同，甚至可能是你认为不好的。
- 适应环境。你无法改变当地的社会结构，一个社会中总有积极的东西，努力找到它们。
- 学习如何妥协，比如公司文化与当地文化的冲突，找到平衡点。
- 保证你能理解他人并被他人理解。耐心包容，谦虚谨慎。
- 与他人建立关系，了解你在他人眼中的形象。
- 清楚知道自己的道德底线和价值观。

3

微信时代的时间管理：由道及术

这是一篇旧文，但是历久弥新，仍然有重要的参考价值，所以收入本书。我是中国互联网的早期创业者之一（1999—2002年），我把在创业过程中遇到的管理问题变成了硕士论文——《在线信息咨询中的匿名性对咨询员工作绩效的影响》，它可以说是中国互联网心理学的开山之作。

2007年7月，苹果公司推出第一代iPhone；2011年1月，腾讯推出微信，标志着移动互联网和智能手机时代的到来。据我所知，本文是国内研究使用智能手机，尤其是微信行为的第一篇。本文发表于《清华管理评论》（2014（4）），也是"清华管理评论"公众号推出以来所发表的第一篇文章（2014年5月21日）。所以，我的两项研究分别开创了国内PC互联网和移动互联网的心理学研究的先河。

因为我从来不玩网络游戏，所以对网络成瘾没有亲身感受。但是，2013年5月前后，我第一次接触微信时，立刻变得欲罢不能。2014年春节期间，我对这个问题进行反思，做了一项调查，然后写就了这篇文章。时隔多年，重读这篇文章，我仍然为自己的问题意识感到骄傲，因为我从来不是从文献中寻找研究问题，填补缝隙，而是着迷于如何从生活和工作中寻找真问题，把生活世界和理论微世界融合在一起。

对比当下微信中充斥的微商、信息流广告、根据用户行为主动推荐视频号等功能，2013年的微信近乎一个原始工具。当时移动支付刚刚出现，还没有被广泛接受。但是，人性不变，信息焦虑依旧，时间管理能力仍然不强，网络成瘾更加严重。特别是，经过2020年新冠肺炎疫情，微信朋友圈变得不再像以前那么充满正能量，而我在这篇文章中所呼唤的"科技向善"的理念虽然前几年被腾讯公司接了过去，但是腾讯仍然没有推出"微信使用时间提醒"功能（苹果和华为等手机上都有"健康使用手机"）。可见，"科技向善"的理念说说容易，一旦涉及切身的商业利益，就变成另外一回事了。

考虑到本书读者群的特点，我本来只想收录正文中关于时间管理的道和术的讨论，删掉附录中"干巴巴"的调查数据。但是，斟酌再三之后，我觉得这些数据代表2014年年初那个时间点，一去不复返了，所以有极其重要的历史价值。如果有学者对这个问题感兴趣，可以做一项复制性研究，采用完全相同的问卷，重新收集数据，可以看看多年之后，人们使用微信和智能手机的行为之间的差异，这些数据的价值立刻会彰显出来，成倍地放大。

对于管理者来说，时间是最稀缺的战略性资源，要想在竞争中生存下来并且脱颖而出，时间管理是首要的关键问题。德鲁克在《卓有成效的管理者》一书中讨论了六项自我管理技能，第一项就是时间管理。因为"时间的供给丝毫没有弹性。不管时间的需求多大，供给绝不可能增加。时间的供需没有价格可资调节，也无法绘制边际效用曲线。而且，时间稍纵即逝，根本无法贮存。昨天的时间过去了，永远不再回来。所以，时间永远是最短缺的"。

随着移动互联网和智能手机时代的来临，微信、微博等社交网络的泛滥，几乎每个人都随时随地盯着手机屏幕，生怕错过新的信息和社交关系。在这种情况下，时间变得日益碎片化，人们变得日益焦躁不安。因此，智能手机和微信时代的时间管理，比德鲁克50年前写下上面那段文字时面临更加严峻的挑战。笔者调查发现，10%～15%的中高层管理者属于"微信病人"，对微信相当上瘾、欲罢不能，同时，感觉信息过载，自己跟不上时代的变化，对自身的时间管理能力评价很低。

如果想测试一个人是否患有智能手机依赖症和对微信上瘾，可以看看如果他彻底停用智能手机，或者退出微信一周时间，只接打电话和发短信，会发生什么事情。仔细观照内心，看看自己是否能忍受那种抓耳挠腮的感觉，看看自己每天有多少次下意识地把手伸向手机。笔者曾经在2014年春节期间以嬉戏的笔调撰写了一副对联，提醒那些患有智能手机依赖症，尤其是对微信上瘾的朋友，"防火防盗防小三，戒烟戒酒戒微信"，横批是"返璞归真"。

微信的"罪与罚"

总体上来说，目前微信主要用于熟人之间的交流，是属于人际关系网络中的强联结（strong ties），传播的内容大多是正能量的，有助于社会风气的好转，是推动社会变革的重要工具。与之相反，微博更大程度上是一种自媒体，用于陌生人之间的交流，属于人际关系网络中的弱联结（weak ties），传播更多的是批评和异议，让人们感觉现实更加丑陋。

万事万物，有利必有弊。微信作为一种社会工具，如果使用不当，也会造成巨大的社会问题。例如，微信上瘾所引发的时间管理问题、信息焦虑和工作生活失衡等。微信的部分功能（例如，摇一摇、漂流瓶、附近的人等）主要用于联系陌生人，容易催生出网络诈骗、网络恋情、色情活动，有可能导致离婚率再创新高。

对于管理者的时间管理，微信所带来的挑战集中表现在以下三个方面：

第一，信息焦虑还是信息过滤？在信息爆炸的时代，信息对于每个人来说都是触手可及的、廉价的。在这种情况下，一般性的信息（例如，新闻，朋友圈里转发的文章，尤其是那些心灵鸡汤等）不再是战略性资源。因为战略性资源必须满足如下条件：稀缺的、有价值的、难以模仿的、不可替代的。那么，在这个信息爆炸的时代，什么才构成战略性资源和核心竞争力呢？

面对铺天盖地的信息时过滤信息的能力，面对真假难辨的信息时所秉持的批判性思维，面对信息爆炸时气定神闲的情绪管理能力，从快速生成和破灭的信息泡沫中洞察深层次发展趋势的能力等，才是战略性资源和核心竞争力。只有将批判性思维、智慧、定力和对趋势的把握等要素相结合的人才能在竞争中获得成功。

媒体（包括自媒体）很少有能力关注真正重大的信息和趋势，它们关注的都是一些"人咬狗的事情"，很大程度上，媒体的泛滥造成了很多人的头脑混乱。塔勒布在《反脆弱》中写道，"媒体及其添油加醋描述的逸闻趣事传递了数不胜数的噪声，由此，我们越来越多地生活在虚拟的现实中，与真实的世界隔离：距离一天天拉远，我们对此的意识却一天天淡薄"。"减轻干预的最好办法是限量供应信息，并以尽可能自然的方式获取信息"。

我的体会是，避免信息焦虑的好办法之一是亲近佛法，进行禅修，修一颗如如不动之心，修一颗不随境转之心，修一颗清凉之心，不轻易为外界的风吹草动和浪花泡沫所干扰。

第二，动如狡兔，抑或静若处子？科技发展如脱缰的野马，未来的世界会越来越"失控"，而人性千古不变和科技日新月异之间的矛盾会越来越尖锐，人类社会就像一辆车一样，一个轮子（科技和商业）疯狂地旋转，而另一个轮子（人的道德水平和认知能力等）几乎原地不动，整辆车只能越转越快，直到散架。信息爆炸所带来的群体性焦虑将如海啸一样席卷全球，很少有人能幸免于难。一位企业家在接受调查时说，"微信中的那个小红点不断地刺激神经，令人上瘾，欲罢不能"。

事实上，当外部世界越发动荡时，靠不断获得新信息来抵抗这种不确定性只是饮鸩止渴。只有不断向内求才能获得宁静。只有不断追问自己的"一"是什么（"惟精惟一，允执厥中"（《尚书·大禹谟》）），才不会迷失方向。管理手机依赖症和微信上瘾事实上就是管理自己的欲望。"知止而后有定，定而后能静，静而后能安，安而后能虑，虑而后能得"（《大学》）。"少则得，多则惑"；"躁胜寒静胜热。清静为天下正"（《道德经》）。

在快速变化的时代，许多企业家喜欢太极拳和禅修打坐，讲究以静制动，就是为了在惊涛骇浪之中让自己这个当船长的静下心来，只有静下心来才能看清未来的航向。总之，在信息泛滥的时代，有所为有所不为的人，甚至反其道而行之的人，才有可能获得竞争的胜利。

第三，工作随身带，家庭可安好？工作与家庭的关系在微信时代会越发失调。网络世界和线下世界之间的界限会越来越模糊，网络世界已经成为每个人生活中不可分割的一部分。

佛罗里达大学、密歇根州立大学和华盛顿大学的研究人员发现，在移动互联网时代，大部分脑力劳动者开展工作的方式——下班后很长时间仍使用 iPhone 和 iPad 查看老板发来的电子邮件，并随时回复同事发来的邮件——最终会使他们的工作效率下降。这个问题在中国会变得更加严重，尤其是在微信变成重要的工作工具、管理沟通工具之后。不同于英、美、德等国家，中国文化倾向于关系弥散（diffused culture），人们习惯于将工作和生活搅和在一起。有的单位领导甚至要求下属 7 天 24 小时随时待命，否则就会解雇，下属完全没有在休闲时间拒绝工作任务的权利。

许多人都在为科技进步欢欣鼓舞，认为"手机是未来一切的中心"（小米公司的雷军），认为微信将改变一切。事实上，科技进步带来的不只是便利，也会泯灭人类的许多美好感情，造成很多混乱和冲突。随着移动办公和弹性工作制日益流行，如果工作和生活之间没有一个适度的区隔，搅成一锅粥，曾经平静温馨的家庭生活将成为遥不可及的"桃花源"。

想想看，自从 20 年前电话普及、10 年前手机普及、一两年前微信开始普及，你是否还有过思念的感觉？有多少人可以关掉手机，与亲密爱人享用一顿晚餐？有多少人可以心无旁骛地读完一本好书？又有多少人在湖边散步，以专注和恬淡的心情迎接旭日初升，而不用操心是否要拍照，是否要分享到微信朋友圈？

关于工作与家庭的平衡有两种针锋相对的观点：一种观点认为两者需要相对区隔；另一种观点认为两者可以融合。事实上，悖论整合说起来容易，做起来难。正如小说家菲兹杰拉德所说，"衡量一个人是否具有一流的智慧，就看他是否能把两种针锋相对的事情整合在一起，而且运转自如"。如果一个人还没有达到禅宗所讲的"不二法门"，还没有消融工作与家庭之间的二元对立，适度的区隔仍然是较优的选择。

努力工作，尽情玩乐（work hard, play hard）。

具体的应对策略

由道及术，入手比较容易。只要明白了以上的基本思想，一以贯之即可。时间管理最核心的逻辑是"目标设定-记录测量-执行过程-评估反馈"（见图1）。首先要想清楚自己使用微信的主要目的是什么，是主要把微信当作社交工具，还是当作管理工具、学习工具抑或营销工具？根据目的决定使用手机和微信的时间和频率，以及具体的使用技巧和行为等。最后根据目的评价自己的时间管理能力和效果。面对多重任务时，核心的决策标准是分清任务的轻重缓急（也就是重要性-紧迫性矩阵）。

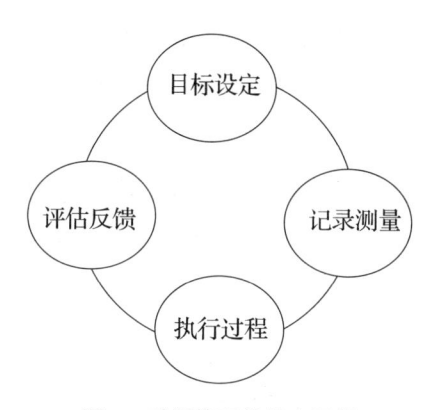

图1 时间管理的基本逻辑

建议1：记录花在微信上的时间。时间管理的第一步是尽可能准确地记录自己的时间分配情况，记录自己的"时间去哪儿了"。因为人类记忆的善变和知觉的非恒常性，很少有人能准确地评估出自己每天花在微信上的时间，每天使用微信的频率。不信的话，你可以自己先估计一下每天花在微信上的时间和使用频率，然后找一个亲密的人，让他暗地里客观记录，最后进行比较，相信结果会令许多人大吃一惊。

根据我的观察，如果没有重大工作任务或者外在的强制要求，微信上瘾的人很少有超过 10 分钟不使用微信的。假设每 10 分钟使用一次，每天清醒的时间为 16 个小时，每天平均登录微信近 100 次，每次平均使用时间 3 分钟，那么，平均每天花在微信上的时间近 300 分钟，也就是 5 个小时，包括阅读文章、发表评论、聊天沟通等。假如我们把每天使用微信超过 3 小时的称为轻度患者，4 小时的称为中度患者，5 小时以上的称为重度患者，请反省一下，你属于哪一种？只有清楚地诊断自己的症状，才能做好时间管理。

我们的调查表明，26.7%的人"比较需要"或者"非常需要"在微信上添加一个时间管理和提醒的功能，以精确记录自己每天登录微信的次数和时间。如果腾讯公司可以顺应这一呼吁，善莫大焉！科技向善，才能长长久久。

建议 2：善用特定的时间段，特别是效率比较低、零散的时间段，集中处理与微信有关的沟通。卓有成效的管理者习惯于集中精力处理重大的工作事项，所以，在自己精力最旺盛的时候，处理一些重大的文件，接待和拜访重要客户，处理内部管理事宜等。而在效率比较低、零散的时间段处理微信上的沟通。例如，每天午饭、晚饭之后和晚上休息之前，抽出一点时间，集中回复问题，阅读一些有价值的文章；也可以在旅行途中，在候机等车的闲暇时间查看微信。总之，如果你不打算强迫症似的搞出一个类似罗辑思维那样的"怪胎"，也不打算把微信当作重要的营销工具（黄太吉煎饼、雕爷牛腩），请慎重分配花在微信上的时间。

建议 3：优化你的人际关系网络。牛津大学人类学家罗宾·邓巴（Robin Dunbar）发现，在任何人生活中的任何一段时间内，能有效率地保持个人人际关系的数量上限是 150 人左右（所谓的"社会脑"假说)。因此,作为一个管理者,需要有意识、有目的地对自己的人际关系网络进行优化,将时间用于可以产生高绩效的人际关系网络。并非所有"添加朋友"的请求都要批准,即使碍于情面,同意让一些人加入你的朋友圈,你也可以选择"不看对方"或者"不让对方看自己"的功能。特别是,对于某些弱联结,从一开始就不要有意无意地强化,而应该选择有意识地忽视。

是否要在你的圈子里加入自己的下属和老板,是一个需要慎重考虑的问题。相对同质化的圈子,可以让你畅所欲言;而相对异质化的圈子,则需要你谨言慎行,进行深思熟虑的自我形象管理。心理学研究表明,那些高自我监控(high self-monitoring)的人能成为比较优秀的管理者,创业也相对成功。所谓高自我监控,指的是可以根据不同的情境和对象,有意识地动态调整自己的行为,实现与人沟通并且影响他人行为的一种人格特质。高自我监控的人类似变色龙,可以"见人说人话,见鬼说鬼话"。

建议4:管理好自己在微信朋友圈中的形象。中国文化具有高权力差距、情感中立等特点,流行家长制领导,比较注重威权。作为一个管理者,你在微信中的一举一动要考虑到这种文化的特点。例如,分享什么样的文章和照片到朋友圈,要三思而后行。当然,有策略地、选择性地自我暴露,分享自己生活中的一些侧面,有助于强化自己的领导力,尤其是增加对80后乃至90后的吸引力。但是,具体分享什么,分享到何种程度,主要取决于管理者的性格特点和价值观等,同时也依赖于分寸感("尺度")。

卓有成效的管理者会适度强势,主动塑造自己的人际互动模式,让别人来适应自己,而不是被别人或者新的信息牵着鼻子走。一旦你主动地构建这种人际关系,久而久之,每个在微信上与你沟通的人就会清晰地感觉到这种行为模式,就会形成一种明确的预期。例如,美国管理学会(Academy of Management)是一个会员超过20 000名的国际性学术组织，其前任主席陈明哲教授每天收到一两百封电子邮件，但是，他只选择每天下午四五点钟集中性地、选择性地回复部分重要且紧急的电子邮件，久而久之，大家就能了解他的行为习惯，对此有了明确的预期。我认识的一个商学院院长只在每天晚上 10 点钟左右集中性地回复微信，而且用词言简意赅，很少超过 20 个字。如果超过 20 个字，则意味着需要当面讨论问题。

建议 5：想清楚你的时间应该花在朋友圈还是聊天工具上。朋友圈更像一个广场或者舞台，犹如一群人开大会，你发言的辐射面广，但是，人多嘴杂，责任分散，没有人必须做出响应。除非你打算通过朋友圈塑造某种个人形象，广泛传播某种价值主张，或者进行内容营销，否则，请适当减少朋友圈的使用。而聊天工具，不管是一对一私聊还是微信群聊，更像是一对一面谈或者在小会议室开会，每个人都需要积极关注，就某些具体话题做出响应（见表1）。总之，管理就是权变。只有针对不同目的选择不同的工具才能达到沟通的目的。运用得好，微信可以成为强大的管理工具。

表 1　微信朋友圈和聊天工具的异同

微信朋友圈	比较公开	"舞台或者广场"	价值观传播、形象塑造	大范围、非定向传播	匿名程度高、响应要求低	沟通效率相对较低
一对一私聊和微信群聊	比较私密	"会议室"	具体任务导向或者情感分享	小范围、定向沟通	匿名程度低、响应要求高	沟通效率相对较高

建议 6：精心选择信息来源，管理好公众号。如果运用得当，微信是一个强大的学习工具，适合进行社会化、泛在化、碎片化、快速肤浅的学习，特别适合没有整块时间、无法进行深思熟虑的学习的管理者。为此，管理者需要想清楚自己是否能驾驭那么多公众号？哪些是与自己的工作有关的？哪些需要重点关注？哪些可有可无？对于高质量的文章，可以采用"收藏"功能，反复阅读或者有空时仔细阅读。

另外，许多基于微信的社群广泛地采用"微访谈"的方式进行学习，获得了很大的成功。"微访谈"一般邀请专家在特定的时间段，就某个特定话题在聊天群里与许多人一起交流，嘉宾采用语音聊天，其他参与者则采用文字的方式进行提问和发表意见等。"微访谈"高效率、低成本，省去了舟车劳顿，更加民主自由，而且事后可以反复收听，学习效果良好。

结语

英国文艺复兴时期的哲学家培根说，"知识就是力量"。时过境迁，在信息爆炸的时代，信息碎片和具体知识带给人们的不再是力量，更多是迷惑。老子云，"五色令人目盲；五音令人耳聋；五味令人口爽；驰骋田猎，令人心发狂；难得之货，令人行妨。是以圣人为腹不为目，故去彼取此"。老子又云，"为学日益，为道日损。损之又损，以至于无为。无为而无不为"（《道德经》）。假如一个人无法遵守这些原则，不能管理好自己在微信上所花的时间，最好回归到功能机的时代！说到底，时间管理就是人性管理，就是管理自己的欲望，对抗自己懒惰的恶习。

"'认识你自己'这句充满智慧的哲言，对一般人来说很难理解。可是，'认识你的时间'却是任何人只要肯做就能做到的，这是通向贡献和有效性之路"（《卓有成效的管理者》）。德鲁克在1966年写下的这段文字在移动互联网时代越发让人醍醐灌顶。未来属于那些既能紧跟时代变革的节奏，同时又能气定神闲、回归事物本质的人。

附录：《微信时代的时间管理：调查报告》

为了对微信时代的时间管理有一个更加明确的、定量化的了解，2014年2月7—9日，笔者通过微信的"朋友圈"和"一对一私聊"，采用滚雪球的方式，利用人际关系网络进行了一项问卷调查（共23道题目）。该调查仅针对中高层管理者，三天时间总共收到有效问卷472份。

样本简介

在我们的样本中，就性别来说，男性占59.5%，女性占40.5%；就职位来说，高层领导占34.1%，中层干部占65.9%；就行业分布来说，74.6%的调查对象在企业工作，其余人服务于政府机关（3%）、教育机构（7%）、其他公共事业单位（2.3%）、社会公益组织（1.3%）、其他（11.8%）。就年龄分布来说，20～29岁占10%，30～39岁占47.2%，40～49岁占35.6%，50岁及以上占7.2%。虽然我们缺乏一个可以进行对比的关于中国管理者的代表性样本，但是，因为该样本足够大，而且相对分散，所以有一定的代表性，满足了我们主要研究中高层管理者微信使用行为与时间管理的目的。

智能手机上应用软件的使用情况

当问到智能手机上使用最频繁的三个应用软件分别是哪些（多选题，最多可以选三个）时，最多被提及的应用软件包括微信（95.1%）、短信（51.1%）、电子邮件（40.9%）、相机（33.9%）、地图（18.2%）和微博（15.5%），而其他应用软件，例如，游戏、音乐、视频、电子书、笔记本、电子商务、股票等的投票率都在10%以下。我们可以清楚地看到，管理者使用智能手机的目的主要是沟通和获取信息，而在娱乐、办公、购物等方面花费的时间比较有限。另外，可以看出，前几年非常火爆的微博大势已去，江湖地位下滑得非常严重。

使用微信的主要目的

当问到使用微信最主要的目的是什么（多选题，最多选两个）时，其中63.3%的人回答说把微信当作一般性的社交工具，61.2%的人把微信当作一种学习工具，获取信息。另外，36.7%的人将微信作为组织内部进行沟通和管理的工具，还有12.7%的人使用微信的主要目的之一是进行某种营销活动，包括营销公司的产品和服务、公司品牌和个人形象等。

研究发现，高层领导和中层干部在使用微信的目的上存在显著差异。高层领导更多是用于组织内部的管理和沟通，以及进行营销活动；中层干部更多用于一般性的社交活动。

使用微信的时间-频率模式

就使用微信的频率而言，调查显示，23.3%的人每小时使用微信不到1次，50%的人每小时使用2~5次，14.0%的人每小时使用5~10次，12.7%的人每小时使用10次以上。换言之，至少26.7%的管理者对微信的使用频率相当高。进一步研究发现，就使用微信的频率而言，男女之间没有显著差异，年轻管理者与年长管理者之间也没有显著差异。与直观的观察相反，高层领导比中层干部更加频繁地使用微信。

当然，使用微信的频率只能反映微信使用行为的一个方面，我们还需要考虑平均每次使用时间的长短，尤其是两者的组合。调查显示，51.9%的人报告说自己使用微信的"频率高，但是平均使用时间比较短"。18.2%的人报告说自己"使用频率高，而且每次平均使用时间比较长"。还有18.0%的人报告说自己"使用频率低，但是每次平均使用时间比较长"。只有11.9%的人认为自己"使用频率低，时间也短"。

进一步数据分析表明，使用微信的目的与微信的使用时间和频率有稳定的关系。如果使用微信的目的主要是进行营销，则更多表现出"使用频率高-时间长"的特点。如果使用微信的目的主要是进行内部管理，则更多表现出"使用频率高-时间短"的特点。如果主要把微信当作学习工具，则更多表现出"使用频率低-时间长"的特点。

微信中的社会关系

调查显示，关于工作关系或者业务关系在微信联系人中所占的比例没有一个统一的模式，平均数为 35.5%，中位数为 30%，众数为 10%。研究表明，把微信主要当作营销和内部管理工具的人，其微信关系网络中包含更多的工作关系或者业务关系，两者之间正相关。而把微信主要当作一般性社交工具的人，其联系人中包含更少的工作关系或者业务关系，两者之间负相关。

在微信中是否包括自己的下属？46.0% 的高层领导报告说包括得"很少"或者"比较少"，64% 的人说包括得"比较多"或者"很多"。相反，76.2% 的中层干部说自己的微信联系人中包括自己的顶头上司。至于高层领导的微信里包括下属，中层干部的微信里包括上司，是否对微信（例如，朋友圈的文章数量和内容等）使用行为产生影响，因为缺乏足够的数据，我们的调查无法得出确切的结论。

在是否批准请求加入的陌生人的问题上，95.1% 的被试会"慎重选择"或者"选择性忽略部分请求"，只有 4.9% 的人"来者不拒"。由此看来，微信基本是一个建立在熟人关系（强联结）上的社交工具。

公众号的选择

公众号是自媒体的一种重要形式，包含内容丰富、观点多元的信息，目前正蓬勃发展。调查显示，管理者所选择的公众号的数量符合对数正态分布，而不是正态分布。也就是说，大部分人订阅的数量相对比较少，而少数人订阅的公众号非常多。整个样本的平均数为 11.53，中位数 7，众数 10。其中 80% 的管理者订阅的数量在 15 个以下。与此相反，10%的人订阅超过 25 个，甚至有人的订阅数量多达 150 个、200 个。

就选择公众号的具体目的而言（多选题，最多可以选两个），管理者主要考虑是否与工作有关（65.9%），以及是否与个人爱好有关（60.4%）。深入的分析表明，选择公众号时，高层领导明显比中层干部更多选择与工作有关的内容，而中层干部比高层领导更多选择与生活有关的内容。

朋友圈和聊天工具的使用行为

调查显示，51.1%的管理者对朋友圈的使用非常谨慎，偶尔才会在朋友圈发一篇文章。27.8%的人"每两三天发一篇文章"，18%的人"每天发两三篇"，3.1%的人每天至少发五篇以上。就聊天工具的使用而言，37.3%的人"经常使用"聊天工具，13.6%的人"频繁使用"聊天工具。总之，就朋友圈和聊天工具使用的频繁程度而言，13.6%～21.2%的人对微信有某种程度的上瘾。

进一步分析发现，47.9%的人使用朋友圈和聊天工具的习惯发生过明显的变化。42.6%的人报告说，这种变化来自深思熟虑的选择和调整。也就是说，将近一半的管理者使用微信一段时间以后，都能自发地明白朋友圈和聊天工具在沟通性质上的不同，而且会做出主动的调整。研究发现，性别和职位对此也有明显的影响。女性比男性更加频繁地使用一对一的聊天工具，这可能是因为聊天工具更私密一些，更符合女性的沟通特点。而高层领导甚至比中层管理者更频繁地在朋友圈中转发文章（两者之间的差异达到边际显著），这一点和许多人的观察很不一致。

信息焦虑、微信上瘾与时间管理

调查显示，25.8%的管理者经常感到"比较焦虑"，觉得信息过载，自己跟不上时代的变化。4.9%的人感到"相当焦虑"或者"非常焦虑"。55.3%的人报告说对微信"有点上瘾"，11.3%的人报告说

"相当上瘾"甚至"欲罢不能"。48.5%的被试报告说微信在某种程度上("有一点儿")干扰了自己的正常工作,使其无法集中精力于工作。4.8%的人报告说这种情况"比较严重"甚至"相当严重"。14.4%的管理者认为自己的时间管理能力"比较差"甚至"相当差"。只有4.4%的人认为自己的时间管理能力"相当好"。当被问到"如果微信新版本推出一个时间提醒功能,可以记录自己每天登录微信和使用微信的时间"的时候,16.5%的人报告说"比较需要"该功能,10.2%的人报告说"非常需要"该功能。

深入的分析发现,女性管理者比男性管理者更容易产生"微信上瘾",而男性管理者则比女性管理者更加希望添加微信使用时间管理功能模块。就使用目的而言,那些将微信作为学习工具和社交工具的人,更容易评价自己的时间管理能力比较差。这可能是因为学习和社交只有在相对很长时间以后才能对工作业绩产生明显效果,所以,管理者会觉得浪费了时间。

就使用微信的时间-频率模式而言,那些"使用频率高-时间长"的人更容易感到信息焦虑,对微信更依赖,更需要时间提醒功能。那些"使用频率低-时间长"的人更不容易感到对微信的依赖。而那些"使用频率低-时间短"的人更不容易感到信息焦虑,对微信依赖程度更低,可以集中精力工作,不需要时间提醒功能,对自己的时间管理能力评价更高。

就管理职位而言,在以上各个问题上,高层领导与中层干部之间并没有明显的区别。这可能是因为对时间管理能力的评价是一个相对主观的事情,而且依赖于工作任务与时间管理能力之间的匹配关系。当任务-时间管理能力匹配的时候,管理者对自己的时间管理能力的评价会比较好,否则就会差一些。

行业类型是否影响个人微信的使用行为

数据分析表明,相比在政府、教育机构、公益组织等工作的管理者而言,在企业中工作的管理者使用微信的频率稍微低一些。另外,非企业管理者中"使用频率高-时间长"的人更多,对微信更加上瘾。而企业用户中"使用频率低-时间短"的人更多。

相比非企业管理者,企业管理者所选择的公众号的内容更多与工作有关。这可能是因为企业用户比非企业用户面临更大的竞争压力和更高的市场约束条件,所以,对时间管理的敏感性更强一些,更加惜时如金,也更加任务导向。

相比企业用户,非企业用户更迫切地需要在微信中添加时间提醒功能。但是,在不同行业工作的管理者对自己的时间管理能力的评价并没有显著差异,个中理由与前面的理论解释(工作类型-时间管理能力-满意度之间的匹配关系)类似,不再赘述。

关于"微信病人"的诊断标准

虽然本调查主要是想了解管理者使用微信的行为习惯与时间管理之间的关系,但是,我们也非常关注微信上瘾的问题。笔者认为,诊断一个人是否微信上瘾,需要采用多个指标,既包括客观的行为指标,也包括主观个人评价。根据前面的讨论,研究者选取了五个相互紧密关联的指标,并且给不同指标赋予不同的权重。具体如下:(1)登录微信的频率和时间长短,以及使用微信的时间-频率模式;(2)使用朋友圈和聊天工具的频率和行为模式;(3)所关注的公众号的数量;(4)关于信息焦虑、注意力集中的困难程度、时间管理能力等方面的主观评价;(5)对微信上瘾的主观综合评价,以及渴望摆脱微信上瘾的程度。研究表明,根据对各项指标的综合权衡,保守估计,管理者群体中典型的"微信病人"的比例为10%~15%。

表2列出了管理者群体中典型的"微信病人"的具体表现。

表2 管理者群体中典型的"微信病人"

具体指标	指标权重(1~3)
26.7%的管理者对微信的使用频率相当高,每小时至少登录5次以上。	1

续表

具体指标	指标权重（1~3）
18.2%的管理者使用微信的模式属于"使用频率高-时间长"。	2
10.0%以上的管理者订阅的公众号超过25个。	1
21.2%的管理者每天在朋友圈里至少发表两三篇文章。	2
25.8%的管理者经常感到"比较焦虑"，觉得信息过载，自己跟不上时代。4.9%的人感到"相当焦虑"或者"非常焦虑"。	2
11.3%的管理者对微信"相当上瘾"甚至"欲罢不能"，有严重的情感依赖。	3
4.8%的管理者认为微信"比较严重"甚至"相当严重"地干扰了自己的工作，令自己无法集中精力。	3
10.2%的管理者"非常需要"在微信中增加一个时间管理功能模块。	2

4

谣言满天飞的时代，如何防止被反复打脸？

本文起因于一次名为"智美时刻"的在线公益活动。2020年新冠肺炎疫情期间，"首创郎园"的内容编辑马诺女士邀请一些文化人士（包括钱理群、濮存昕、杨寿良、李志强、谈晨、章明等）写一封信给另一个人，这个人需要回信作答。其中，吉林大学的于天罡教授写信给我，因此有了这篇文章。

两种完全不同的学术道路：T 字型与"珍珠项链模式"

尊敬的于天罡老师：

您好！来信收到。2017 年 7 月在吉林大学举办的"中国管理学者交流营"上初次见面之后，一别数年，未曾再聚。虽然常有微信联系，但是，以书信这种传统又典雅的方式交流思想，还是头一次。感谢"智美时刻"提供这样一个机会，让我们有可能对某些共同关心的问题进行深入思考和对话。

首先，我得说，我们是如此不同的人！我们的学术道路代表了两个极端。您精研中国传统文化，尤其是《道德经》，您收藏了几百种不同版本、注解和研究专著，这一点我自愧不如。我以广博见长，最欠缺的就是精一和专注。我所受的学术训练以西方自然科学和社会科学为主。对于中国传统文化，只能说心向往之，涉猎过，但是研究不深。

我发现，这个世界上绝大多数成功人士走的都是您这种 T 字型道路。先是在某个领域钻研得很深，然后一通百通，再横向拓展（由深度到高度，再到广度）。您的这条学术道路与美国管理学会前任主席陈明哲教授所坚持的"精一"完全一致，你们属于同一类人。而我则是一个自由散漫、信马由缰的人，在某种程度上说，缺乏自律性和功利心，只愿意顺乎自己的心，走到哪儿算哪儿，所以，我走的是一条更为崎岖的小路，大部人都不会涉足。我也不知道这条路会把我带到什么地方。但是，每隔五六年，每当我进入一个全新的知识领域，沿途盛开的知识之花总是让我乐不思蜀，迷途而不知返。我越来越意识到，历史上那些已经绝迹的博物学者才是我的学术榜样。

2016 年 7 月，应某学术刊物的邀请，我写了一篇文章——《镜子与火把：对陈明哲教授〈学术创业〉一文的评论》。在这篇文章中，我第一次试图为自己的人生道路进行辩护，并且赋予它某种完整的意义和模式。我写道：

> 除了陈明哲教授这种"精一"模式以外，人生也有其他的可能性，哪怕是简单地想象一下其他可能的世界和可能的生活，也可以让人的内心保持自由。反思自己走过的学术道路，我冒昧地提出一个新模式，那就是将不同领域联系起来打通，形成一个整体，最后一下子点亮人生。我称这种模式为"珍珠项链模式"，也就是在你的人生中已经有了一些闪光的但是散落一地的珍珠，你需要找到一根丝线把它们串起来，形成美丽的珍珠项链。
>
> 以我个人的经历为例，我本科是学物理的，研究生学的是心理学，博士论文研究创业者的社会技能和社会网络对创业绩效的影响，所以又转到管理学领域。每次进行转型的时候，我都会想着如何化不熟悉的学科为熟悉的学科，如何把不同领域的知识经验打通，如何把已有的资源转换成资产而非负债。在这个过程中，大学时代所研习的科学哲学发挥了重要的作用，它帮助我快速地抓住每个学术领域的核心问题，廓清每个学科的边界。

....

为什么要在信的开头花这么多笔墨介绍您和我不同的学术道路呢？因为这和我要答复您的信的主题有紧密的关系。虽然您的来信不长，但是，里面涉及很多重大问题。我试图把您在信中所提出的一些问题以及疫情中我亲身感受和观察到的一些现象串联起来，熔为一炉，做一些思考和回应。

我的回信主要围绕几个核心问题展开：这个世界到底有没有真相？一般人是否能达到"实相理性"或者"实相般若"？人类能否理性地思考？我们到底是如何收集和处理信息的？为什么有那么多高知经常会

转发一些假新闻或者看着特别肤浅的文章？在这个信息爆棚、谣言满天飞的时代，有没有什么比较好的办法可以减少被打脸和反复打脸的概率？等等。

事实上，古代先哲和当今的人文社会学科对这些问题有太多的研究。已有的研究成果早已不是用"汗牛充栋"可以形容的，而是能堆满好几个图书馆。不过，既然咱俩只是纸上对谈，"侃大山"（你们东北话），"谝闲传"（我们陕西话），所以，我在答复您的问题时，不一定非得引经据典，正襟危坐，形式规范。咱们想到哪儿说到哪儿，好不好？如果有说得不对的地方，请您批评指正。

如何评价女性美？

您的来信中首先提到如何评价女性美，您提出两条标准，善良和知性。善良这个标准，我相信是全球通用的，反映了女人之为女人的核心，闪耀着母性的光辉，全世界的人都会举手同意。至于知性，我就不那么确定了。我认为，您这是不自觉地把中国当下的价值观代入关于女性美的普世标准。

研究跨文化的学者普遍认为，文化价值观是一个多层次现象，包括个人价值观、小群体价值观、组织价值观、地区（或者社会阶层、职业类型）价值观、国家价值观，最后是全球价值观。其中能全球共享的、大家都认可的价值观少之又少。所谓民主、自由、人权等价值观，目前都是欧美主导的现代性，并非东方世界或者伊斯兰世界发展中的现代性。我估计能勉强列入全球价值观的，大概只有对生命的尊重、环境保护、己所不欲勿施于人等少数几条黄金法则（golden rules）。

我们绝大多数人没有机会深入接触不同国家的文化。作为一个替代方法，我给学生上"跨文化管理"这门课时要求学生对各个国家的电影进行分析。关键是要找到各个国家土生土长的电影导演的代表作（而不是好莱坞导演所拍摄的关于某个国家的电影），通过电影中的对话、行为举止、服饰、饮食、建筑等，深入分析其中所包含的文化价值观和习俗。

如果您分析一下日本电影中女性的含蓄婉约、一贯的沉默寡言或者突然的情绪爆发；美国电影中女性的独立自主、喋喋不休、咄咄逼人；伊朗电影中面纱掩盖下的宗教顺从和隐忍不发；北欧和德国电影中女性的独立自主和理性冷酷；法国电影中女性的热情浪漫、善感多变等，您就知道您所推崇的知性之美不一定构成普世标准。

这说明什么问题呢？说明每个人都是自己文化的孩子，我们天生戴着母国文化的有色眼镜看待这个世界，而且深深地不自知、不自觉。除非一个人经历过多重文化的冲击，对母国文化有清醒的反思，时刻对自己的文化价值观保持觉知（awareness），否则，他很难跳出母国文化的牢笼，从不同的视角看待世界。

这就是为什么不同国家的人看待同一个问题或者事件时，观点立场可以如此大相径庭，如此敌对，甚至不可调和。文化是一个锚，固化了我们对这个世界的认知。文化是一副有色眼镜，赋予我们特定的认识色彩和视角。因为种种前见和前设（pre-understandings），我们对世界的认知充满偏见，无法达到彻底的真知。

我们是如何找对象的？

于老师，我想借您关于女性美的话题再发挥一下，谈谈我们是如何找对象的。当然，我不打算深入讨论这个问题，只是举个例子，讨论一下人类是否有能力收集和处理信息。

我不知道您当年是如何认识您夫人的。您有没有对全世界的适龄女性建立一个完备的数据库，然后根据自己的价值观标准、审美标准等进行全域搜索，给不同的候选人打分，然后一一接触，排除掉其中最不可能的，最后选定最合适的人选，然后再深入交往，终成眷属？

我百分之百地相信您没干过这种事情。Facebook的扎克伯格、百度的李彦宏、那些婚恋网站的CEO是最有条件这么做的，但是，他们找对象的人生经历完全呈现出另一种模式——一种偶发的、局域性的、锚定的方式。而所有那些试图广撒网、穷尽所有备选方案的人，估计到死也不会找到结婚对象。

您是通过媒人或者家长介绍的吧？或者是在自己的社交小范围内遇见某个姑娘，在交往中逐渐产生好感，最后步入婚姻的殿堂？或者是在某个场合偶遇一个姑娘，一见钟情，然后没再考虑其他更好的可能人选？另外，您当年选择对象的时候，是否贯彻了"善良"和"知性"这两个标准？您关于"善良"和"知性"的标准是年轻时就先知先觉提出来的，还是经过几十年的婚姻后知后觉总结出来的？

问题可以列很多，我最擅长提出一些看似稀奇古怪的问题。不过，话说回来，我到底想通过找对象这个例子说明什么呢？事实上我想说明以下几点：

第一，人是有限理性的，人不具备全域信息搜索的能力，不具备上帝视角。在任何时候，信息都是不完备的、模糊的。您可以从书本、报纸和网络上获得一般性的信息，而真正影响您的人生抉择的很多关键信息大多嵌在人际关系网络中，是局域化的、偶发的、情感性的。

第二，人在搜索信息时，一旦找到了某个局域范围内的相对满意解，就会停止继续搜索新的信息（比如一个更好的爱人）。您对既有信息会产生某种忠诚与固着。而对这些既有的部分信息的深入解读决定了您对人对事的态度。虽然拥有大量的信息可能让您更加智慧，但是，珍惜自己所拥有的信息（选择性屏蔽掉其他女性），才是婚姻幸福的真谛。但同样的问题来了，如果过于执着既有的部分信息，会让您对世界产生偏见。这就是《方方日记》问题之所在——选择性呈现和诠释部分信息。

第三，人在找对象时，三观契合非常重要。价值观不同于利益。利益可以妥协和折中，可以你多我少，利益分配不是一个零和游戏。而价值观是关于什么是对、什么是错的一种认知或者道德判断。价值观很难通约，很难妥协，无法折中。婚姻幸福或者团队凝聚力在很大程度上依赖于当事人的三观。三观一定要正，三观一定要一致。当我们面对海量信息的时候，三观决定您如何筛选和过滤信息，如何解读信息，如何输出自己的观点，如何决定自己的行动。

第四，熟人和朋友之间更容易产生价值观冲突。陌生人之间因为有很大的社会疏离，所以很多时候不会产生价值观上的激烈冲突，因为他们谁也不在乎谁。这个世界看起来好像很大，但我们所关心的仅仅是那150个左右的熟人和亲戚朋友对自己的看法，这就是牛津大学人类学家邓巴所提出的"社会脑"假说。在这次疫情中，舆论场非常撕裂。为什么那么多友谊的小船说翻就翻了？就是因为他们是熟人，甚至是朋友，当面对同一个事件，突然发现大家意见如此不合。当任何一方缺乏宽容的心态时，只有拉黑对方，别无他途。爱恨相杀仅在转念之间。

为什么那么多高知不会进行理性思考？

于老师，您在来信中提到一个问题，"怎么有些有知识、有文化的人，对某些问题、在某些时刻也没有理性？"甚至有人怀疑："知识分子也会没有理性吗？"

第一，我认为，许多高知还停留在前互联网时代。在那个时代，信息就是力量，信息就是地位，信息就是权威。如果您多读几本书，在那些受教育程度不高的人面前，您就是知识分子。如果您比其他人见多识广一些，去过美国、欧洲，能听得懂VOA（美国之音），看得懂《时代》周刊，仅凭您所拥有的信息多，您就能出人头地。您不需要有自己体系化的思想，您就是知识分子。但是，这个时代完全不同了。有了互联网，有了微信，有了推特，信息瞬间传遍全球。我认为，相比跳广场舞的大妈，知识分子距离爆炸性新闻最多只有三分钟的领先优势。

许多高知在疫情之下看到某个新的"信息"（事实上绝大多数都是噪声，甚至是谣言），为了获得某种身份的证明，他们有立刻转发出去并且进行评论的冲动。他们经常对新鲜出炉的"信息"缺乏审慎判断，不会去反复核查信息的真实性。尤其是对那些模棱两可、真假难辨的信息，缺乏让口水再飞一会儿的耐心。

第二，许多知识分子有严重的领域依赖（field dependency）。这个时代存在高度细分的知识分工，绝大多数知识分子只是某个非常狭窄的领域的专家，而对其他领域缺乏常识。一旦离开自己熟悉的专业领域，他们经常不会正常思考。他们思考的深度和水准与普通民众几乎没有什么显著差别。

别说普通意义上的高知，甚至诺奖获得者也经常犯同样的错误。大概6年前，我在吉林大学参加一个创新创业的国际会议时，就曾经当众怼过一个以色列的诺贝尔化学奖得主，他当时受邀就创业创新进行演讲，说了一个非常荒谬的观点——"创业者没有必要用自己的钱去创业，可以用别人的钱去创业"。嗯，您没有听错，一个诺贝尔化学奖得主讲的是创业。

在此次疫情中，美国诺贝尔物理学奖得主迈克尔·莱维特（Michael Levitte）在 2 月 2 日发表一个关于疫情预测分析的模型，他认为新冠肺炎疫情很快会结束。该文章曾经在朋友圈里广为流传，但是现在被证明错得离谱。事实上，转发这篇文章的人根本看不懂那些数学模型，更没有能力判断模型是否正确，他们看重的不是模型本身，而是这个信息发出者头上的光环：诺-贝-尔-奖-得-主。对了，还有那个将近 90 岁的诺贝尔生理学或医学奖得主吕克·蒙塔尼耶（上海交通大学客座教授），他认为病毒是中国人在实验室里造出来的，他的观点和人设被饶毅教授刚刚怼过。您看到了吗？

为什么许多人告诉我，他们觉得我的朋友圈"很有营养，很多分析评论有深度、有前瞻性，而且表达方式很中道"？部分原因与我的知识结构有关。我心目中的知识英雄是百年前的那些巨人，比如，社会学家马克斯·韦伯，物理学家彭加莱，数学家阿尔伯特，管理学家德鲁克，发明家特斯拉等。嗯，《枪炮、病菌与钢铁》的作者戴蒙德也算一个，我最近刚刚读完他的《剧变》，这本书对于陷入危机的国家如何走出困境有一定的参考价值，推荐给您。

事实上，我想说的用一句话总结就是：博雅教育真的很重要！博雅教育真的很重要！博雅教育真的很重要！现在流行一句话，"重要的话说三遍"。我是一个字一个字在电脑上输入这句话的。我输了三遍，而不是输入一遍，再拷贝粘贴两遍。

第三，很多高知用价值观和"信仰"剪裁信息，只吸取那些能进一步证明或者强化自己既有观点立场的信息，而对相反的信息置若罔闻，条件反射式地排斥或者忽略。

百年之前，中国人迎来了德先生和赛先生。百年过去了，大多数人对这两位先生的理解仍然停留在皮毛，不知其精髓。许多高知只了解某些科学结论（暂时性的！），掌握一些科学方法（更多的只是科学工具！），而科学精神根本没有进入他们的血脉，化成他们的记忆或者潜意识。他们在很多时候是打着科学的旗号反科学，是典型的科学主义、科学崇拜、科学迷信。

前不久，在给"正和岛"写的一篇关于如何正确对待中医的文章里，我痛心疾首地写道，"疫情就是一面照妖镜，让许多人的真实水平暴露无遗。我深深地忧虑，那些我所看重的科学精神，包括基于证据、假设检验、理性表达、谨慎判断、包容开放、精英主义等品质，在中国这片土地上是何等的缺失。我甚至认为，比疫情更可怕的是钻进某些人脑子里的病毒，我称之为'精神蛊'、'心理蛊'和'信息蛊'"。

世界到底有没有真相？人类是否有能力做到实相般若？

于老师，您在信中提到您自己基于《道德经》所阐发的"道理性"和"德理性"的观点。您问我，从佛法的角度来说，"是否在工具理性和价值理性之外，还应有个'实相理性'或者'观照理性'才更完整？"说实在的，这个问题对于一般人来说过于玄妙，过于烧脑。我呢？虽然是一个佛教徒，但是修行太浅，无法引经据典正面回答您的问题。我试着按照自己的理解讲讲我的看法，而不陷入文献的泥潭中。

专业的哲学家对这些问题有很多深入的论述，我也看过不少与此相关的专著。比如康德的《纯粹理性批判》和物自体假说，伽达默尔的《真理与方法》（诠释学的经典之作，解构了所谓社会领域的"真理"），还有近一些的巴斯卡（Bhaskar）的批判实在论（实在（the real）、现实（the reality）、经验（the empirical）三者之间的关系）等。但是，我不打算直接引用他们的结论，我更愿意用自己的话把这个问题讲明白。我认为，即使管理学者对哲学非常热爱和痴迷，也不要试图越俎代庖，去做专业哲学家的工作。管理学者在哲学方面最多是二把刀或三把刀，我们应该更多地用哲学思维来指导我们的经验研究，把哲学当作一个"小工"、一位"清道夫"，而把专业的哲学问题交给赵汀阳教授这样的原创性思想家。

首先，我们讨论一下，世界到底有没有规律，或者是否有不依赖于人的主观意志的"道"或者"理"？我认为，对于纯粹的自然界来说，或许有独立存在的"道"或者"理"。比如，牛顿的万有引力方程，或者爱因斯坦的质能转化方程，都是不依赖于人的社会性行为而存在，不会因为在北京或纽约测量，在月球或火星上测量，其中的系数和数学关系结构就有任何变化，所以，它们是独立存在的。

但当我们进入微观粒子世界，这种独立存在的自然规律就消失了，或者变得非常可疑。根据量子力学的测不准原理，我们无法同时精确测量微观粒子的速度和位置，也无法同时精确测量微观粒子的时间和空间、自旋和角动量等。事实上，采用螺旋加速器等现代仪器进行观测时，我们已经改变了那个微观粒子的行为，我们所观察到的只是主客体（实验者主体、实验工具和微观粒子客体）之间互动的结果。微观粒子世界本来是什么样的，我们不可知，无法知。这是人类在科学史上第一次遭遇主客体纠缠的问题。

这只是从测量、操作性的角度来谈主客体的互动关系，谈论自然规律（更准确地说是科学定律）的人为建构本质。100年前，以尼尔斯·波尔为代表的哥本哈根学派，与爱因斯坦就量子力学的基础问题展开了激烈的辩论，争论"上帝是否掷骰子"？量子力学的哥本哈根诠释（对，诠释，与人文社会科学中的诠释学本质上是一脉相通的）从本体论的角度指出，"上帝不仅掷骰子，而且把骰子扔到看不见的地方"。也就是说，物理世界本质上是不确定的、不可知的。传统意义上，那种不依赖观察者的牛顿-拉普拉斯因果律早已经被抛弃。退一万步讲，即使纯粹的自然世界有规律或者道，人类也无法突破种群水平上的认知能力屏障，达到那个独立自在的物自体世界。事实上这就是我的本科论文《从波粒二象性看人类认知的能力边界》（大概是这样一个题目，陕西师范大学物理系本科论文，1993）的内容。

自然科学都如此，社会领域的所谓"规律"就更加不堪。我个人坚信，社会生活中根本不存在这种遗世独立的规律。一切都是社会互动的结果，一切都是主体间性的，都是互为主体的，人的创造性活动发挥着更大的作用。社会历史规律本质上是群体互动的结果，是被创造出来的。每个社会运动的肇始，一般都是个别英雄、疯子或者先知登高一呼，发出某种口号或者革命纲领，吸引很小一部分忠实的信众（千万不要忽视那些高度团结、具有奉献精神的少数人的力量（the power of minority））。他们的激进行动产生了一定的社会结果，这些社会运动和结果推波助澜，产生滚雪球般的效果，把更多的普通群众裹挟进更大范围的社会运动的洪流之中，产生不可逆的社会后果，最后，个人观念变成一种社会现实（social reality）。而当权者或者后人认为这就是历史的客观规律。事实上，这种社会规律一点儿都不客观，完全是群体主动建构出来的，而某些个体在历史的相变时刻发挥了不对称的重大影响力。

这就是我所理解的自然规律和社会规律。理论问题啰唆了这么多，还是让我直截了当回答您的问题吧。是否有"实相理性"或者"观照般若"？可能有，但是我没有亲身体验过。或许历史上那么多得道高僧开悟之后，能用自己的全部感觉、知觉和理性去体证传说中"此心光明""如如不动""空""无所住"的境界，但是，我作为一个不求甚解的佛教徒，个人修行不够，没有此种切身体验。

"般若"（读音为 bo re）一词是从古印度的梵语音译过来的。简单地说，就是指大智慧或者究竟智慧。南怀瑾在《金刚经说什么》中介绍了五种般若：实相般若、境界般若、文字般若、方便般若和眷属般若。您所说的实相般若至少在佛法的教义上是存在的。但是，这绝非一般人能达到的境界。我们不应该对普通人的理性抱有太大的期望。

另外,《道德经》分为《道经》和《德经》,《道经》重点探讨宇宙自然的规律,而《德经》重点关注人类社会的行为规律。所以,您所说的"道理性"和"德理性"应该对应我前面所说的自然规律和社会规律。您关于这两种理性的区分,以及每一种理性的三个特征中到底哪一个属于本体论,哪一个是主体性,我是完全认同的。但是,这么专业的学术问题,咱们还是私下讨论吧!

人类是否有能力理性地思考问题?

于老师,咱们接着再谈谈理性,这是一个非常重要且宏大的问题。2018 年,我对这个问题做了一些系统阅读和思考,在 2018 年 11 月的"管理学在中国"(厦门大学会议)做过一个主题演讲——"非理性及其在 VUCA 时代的影响"。

很显然,理性是人类区别于动物的显著特点。但理性并不是时刻在发挥作用。很多时候,非理性才是人类行为的典型特点。从演化生物学角度来说,理性思考的功能诞生在人的大脑新皮层里,这是最近两三百万年才出现的事情。我们在很多时候更多受制于脑干和小脑,也就是所谓的"本能脑"和"情绪脑"的操控,做出本能性或者冲动性行为。本能脑和情绪脑是在爬行类和哺乳类动物身上发展出来的,已经有几亿年的历史。

20 世纪 60 年代,神经学家保罗·D. 麦克莱恩(Paul D. MacLean)提出"三脑一体"假说,他提出了人的大脑是蜥蜴-松鼠-猴子合体的隐喻,代表进化发展不同阶段的遗传(见图 1)。复旦大学管理学院的项保华教授对此有一个精彩的总结,"理性调控情绪,情绪中断理性,恐惧触发本能,压倒一切情理",我对这个观点非常认可。

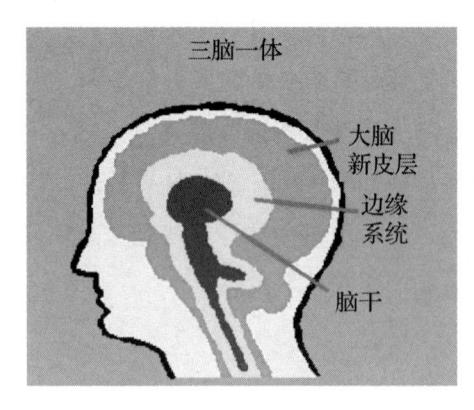

图 1 神经学家保罗·D. 麦克莱恩所提出的"三脑一体"假说

从人类思想史的角度来说，1 500 年以前，理性（rationality）、反理性（irrationality）和非理性（non-rationality）在人类社会基本上并存不悖，不分伯仲。只是到了文艺复兴以后，理性的力量才被高高弘扬（以笛卡尔、培根为代表），它与西方自然科学的兴起和民主自由社会体制的建立紧密相关。但是，自 19 世纪下半叶开始，以尼采为旗手，弗洛伊德和海德格尔为代表，非理性的力量被再度重视。

我研究过很多体现个人非理性、群体非理性和社会非理性的案例，涉及情绪、攻击性行为、自我伤害、认知偏差、直觉、迷信、算命、通灵等。我认为理性只是一个狭小的领域（白箱或者浅灰箱），而非理性则是一个广阔而黑暗、很少有人探索的荒野（从深灰箱到黑箱）。我们过高地估计了理性在人类行为中的重要性，而低估了非理性的作用。对于在此次疫情中我们所目睹和经历的很多非理性行为，我一点都不感到诧异。

这些玄而又玄的理论探讨，对于如何安住在信息爆棚、谣言满天飞的世界里，有什么启发呢？我认为理解世界本质上的不确定性，秉持一种温和的不可知论，会让我们对自己和他人的认知能力抱有某种谦卑谨慎的态度。抱有这种态度的人不会轻易把话说得太满，不会斩钉截铁地断言什么一定是什么，不会奢望自己拥有上帝视角，不会假设自己无所不知。

当我们作为一个旁观者、一个看客时,就不会对许多躬身入局的实践者(例如,官员和企业家等)要求过高,觉得他们应该如何如何,就不会犯"站着说话不腰疼"的错误。我们就会对那些官员和企业家的实践智慧抱有更深的理解和敬意。更容易做到换位思考,同情式理解。更容易理解世事的艰难,接纳这个堪忍的世界(佛法的用词),而不是奢望建立一个乌托邦。更容易理解管理所具备的情境化特征,理解管理理论和管理实践之间的巨大差异。更容易理解政府和组织决策的复杂性(例如,对疫情在武汉暴发时产生的诸多问题,有更多设身处地的理解)。理解为什么在资源极其有限、时间高度压缩、多重任务和多重目标相互冲突的情况下,高效决策和行动是何等的困难。理解在现实操作中,信号和噪声不是那么容易区分的。明白到底什么是故意瞒报,什么是无意识的漏报。知道何时应该谨慎地再观望一下,看看这到底是一个什么样的问题,而不要急于采取行动。知道什么是虚报和冒进,以及虚报和冒进可能产生的严重后果等。

总之,如果一个人能进行本质性思考,尽可能去思考世界运行的底层逻辑,而不是被各种浮躁的信息和噪声左右,就可能在抽象的哲学问题与丰富的生活经验之间架起一座通畅的大桥。我们永远不要怀疑理论思考的价值。很多人无法深度思考,是因为他们没有受过哲学训练,没有培养出科学精神,没有掌握科学方法。

如何在信息爆棚、谣言满天飞的时代,不轻易被舆论裹挟或者反复打脸?

于老师,关于这个问题,疫情暴发之初,我曾经在朋友圈里写过一篇两三百字的短文。现在我比较完整地表述一下，仅供朋友们参考。

第一，选择可信度高的信息源，远离可疑的营销号。我会优先选择专业媒体或者由公司运营的自媒体，它们的可信度一般比个人号更高一些（当然除了类似"六神磊磊读金庸"或者"tuzhuxi"这种个人号）。比如，疫情期间，我订阅了世界卫生组织（WHO）、丁香医生、财新网、华山感染、中德商务通、中印商会等公众号。订阅某个自媒体之前，我会先浏览一下它以往发表的内容，看看它长期关注的主题有哪些方面。如果它以前发表的内容跟新冠肺炎疫情所涉及的知识领域完全不搭界，只是偶尔有一篇文章看着还不错，我是不会订阅这种公众号的。一定要避免成为某些营销号的"韭菜"。

订阅之前，我会仔细查看该公众号在腾讯上的注册信息。我甚至会对某些公众号的背景进行详细的调查，特别是当我怀疑那些公众号后面可能有更大的推手时。我曾经请专业的会计帮忙，通过天眼查和工商信息系统对几个公众号的相关经营情况查了个底儿掉，然后再决定是否订阅。因为一旦订阅，它对你的是非判断的影响是潜移默化的。

第二，有意识地多样化信息的来源，避免陷入信息茧房之中。我既会订阅人民日报、环球日报、外交部发言人办公室、三联生活周刊、中国与全球化智库（CCG）、司马南频道等，也会订阅美国驻华大使馆、韩国驻华大使馆、日本驻华大使馆、冰汝看美国、北美鸟叔、静观日本等公众号。我所订阅的媒体或者自媒体，从政治谱系上来看，从"左"到右都有，而且我要求信息质量有保证。我个人不太相信"兼听则明"这句话。我认为，如果信息的质量无法保证，观点就更不可靠了。"兼听则明"必须是在说者和听者能力水平相当的情况下才行。面对良莠不齐的铺天盖地的信息，如果一个人没有强大的辨识能力，听多了，看多了，脑子会混乱的。另外，打开某篇文章之前，我会非常注意它的公众号的名字。一旦觉得可疑，我基本上不会打开，或者打开文章扫一眼就关掉了。我更不会轻易转发我第一次看到的公众号的文章。

第三，对于值得信任的朋友和专业人士所转发的内容，我会给予更大的关注。在朋友圈里待的时间长了，你就会形成明确的感觉和判断，你会知道谁转发的文章质量更高一些，谁转发的文章特别不靠谱。刷朋友圈或者看朋友私信转发给你的一些文章的时候，你就知道如何分配有限的时间和注意力。那些靠谱的朋友所转发的信息，我会多看几眼。而那些经常被打脸的人转发的信息，我会选择性忽略。甚至，我会直接屏蔽掉他们，不让他们看我的朋友圈，我也不看他们的朋友圈。如果你做不到"如如之心不动"，至少可以做到"眼不见心不烦"。

3月初，国外的疫情越来越严重，我曾经打算写一篇关于不同国家抗疫的比较研究的文章。我试图用我所掌握的关于组织决策、国家治理的制度逻辑、全球商务、跨文化管理的理论，进行深入剖析，所以，我需要广泛收集各个国家的抗疫信息。我曾经在朋友圈里号召大家把自己看到的一些国外的资料转发给我。有几位留德、留美的前辈利用自己广泛的人脉资源和多种信息渠道，每天给我提供各种文字信息，对我帮助很大。有一段时间，我每天要花6个小时左右的时间阅读上百条相关信息。当然，这些信息的质量也是良莠不齐，需要我自己去辨识。人必须要有主心骨和判断力，要去粗取精，去伪存真，否则，很容易被反复打脸。

第四，请谨慎转发文章到朋友圈。相比很多朋友，我每天转发到朋友圈的内容和评论很多，有时甚至超过20条。很惭愧，这一条我自己做得并不怎么好。但是，一般来说，我因为转发文章被打脸的次数相当少。这是因为我每天私下阅读的文章数量惊人，而我只转发两种文章到朋友圈，要么是我高度认同的，要么是我打算批判的。一个人经常转发文章到朋友圈或者微信群而不想被打脸，他必须具备极强的独立思考能力，有尽可能少的从众行为，有成为一个不受欢迎的人的勇气，更需要有穿透噪声的定力和远见。

疫情期间，我写过几篇文章，例如，关于中日关系的、关于如何辩证对待中医的、关于如何看待《外国人永久居留管理条例》的。写作这些主题敏感的文章时，我面临一些压力，甚至冒着成为全民公敌的危险。扪心自问，我写这些文章的初心不是希望从撕裂舆论场中获得流量，或者引起关注，成为一个网红。我写作的目的主要是弥合撕裂，促成和解。所以，写出这种秉持中道立场，尽量做到同情式理解，以及展现出更宏大视角的文章，一般不会被打脸。

第五，如果不想成为孤家寡人，请不要轻易评论朋友圈里别人转发的文章。我把微信朋友圈的联系人控制在 2 000 人左右。一旦太多，我就会删除一些好几年根本不联系、没有任何互动的人。

朋友圈里关系的质量和类型很重要。特别是，不能只是某一种类型的人。万一你想错了怎么办？万一有你考虑不到的视角呢？所以，适度的多样性很重要。但这种多样性所带来的冲突是一个无法避免的问题。只要某个人的人品还不错，我们就没有必要强求对所有问题的看法都要保持一致。对于自己不认同的一些文章，你可以忽略他们，不要轻易评论他们转发的文章，大家假装没有看见，心照不宣，相安无事即可。俗话讲得好，"宰相肚里能撑船"。

第六，在这个信息爆棚的时代，消息灵通压根就不重要，重要的是能保持常识、坚持理性、逻辑严谨、态度中肯。重要的是能在大量的信息碎片中，利用自己的理性思考能力，对信息进行深度解读，形成稳定有效的认知框架，穿透噪声的迷雾和谣言的雾霾，给自己和他人提供清晰有力的前瞻性指引。这才是一个知识分子应该干的事情。知识分子要与流行（病）保持适度的距离，不要试图去争抢第一个转发到朋友圈或者微博头条的虚荣。那种对于信息的饥渴和炫耀本质上是饮鸩止渴。

第七，常在河边走哪有不湿鞋？问题是，湿了鞋之后怎么办？面对海量信息，谁都有看走眼的时候，谁都有转发文章被打脸的时候。

如果有错误，一定要实事求是，承认错误。不要固执己见，一味地寻找进一步支持自己的"证据"，进一步强化自己的错误立场，那样只会让别人嘲笑你，甚至蔑视你。子贡曰："君子之过也，如日月之食焉：过也，人皆见之；更也，人皆仰之。"这句话，不管对于个人，还是对于公司，或者对于国家，都是适用的。

在这个全人类面临的危机时刻，愿我们"心无挂碍。无挂碍故，无有恐怖，远离颠倒梦想，究竟涅槃"（《心经》）。

祝好！

赵向阳

PART
5

第五部分
向华为学习

1

任正非和田涛：一对"捣糨糊"的大师

这篇文章是应"正和岛"的邀请，我为华为顾问田涛先生的新书《理念·制度·人》和《我们为什么要做企业家》所撰写的评论。文章最初发表于2020年9月2日"正和岛"公众号上，原标题是《任正非：一个"捣糨糊"的大师》。正式收入本书之时，有所修改。

写完该评论之后，我曾经去田涛先生家里做客，惊讶地看到任正非先生给田涛先生的《下一个倒下的会不会是华为》的题词是："田涛：这就是一杯咖啡，这就是一桶糨糊。"可见，"捣糨糊"在任正非先生心里并不是一个贬义词，而是关于组织建设的准确描述，那就是链接人，凝聚人心和人力，所以，我更加相信我准确地抓住了田涛先生这两本新书的神韵和魂魄。

在该评论中，我希望自己既能抓住田涛先生的思想脉搏，不要误解了他的核心思想，更要秉笔直书，说清楚这两本书的主要内容、价值和局限性。该赞扬的地方不忌讳用溢美之词，该批评的地方也不怕得罪人。我觉得只有这样的评论才能配得上田涛先生的脾气和品性。

更为重要的是，在这篇文章里，我借题发挥，讨论了管理学中的很多基本问题，例如，企业家和咨询顾问之间的关系，管理学发展的三阶段，案例研究中的实证主义取向和诠释学取向，管理学研究中语言的重要性，人文学科、社会学科和自然科学之间的关系等，这些都是当今中国管理学界面临的重大议题。限于版面，论述不够系统全面，但希望对读者有所启发。

好教员也需要优秀的教科书

如果说任正非先生是华为的"文化教员",主要抓思想和组织文化建设,那么,田涛先生的这几本书(包括《下一个倒下的会不会是华为》、华为系列故事和这两本新书)就是关于华为组织管理的教科书,尤其是组织文化建设和传播的教科书。

如果没有适当的教材,即使是优秀的教师讲起课来也可能详略不当,东一榔头西一棒槌,无法快速、系统地传播知识和思想,批量化地培养人才。四百年前捷克的教育家夸美纽斯(1592—1670)发明了教科书,极大地提高了教学效率,把昔日十几个人的私塾变成今天我们所熟悉的成千上万人的学校,可以让一个资质平平的教师轻松胜任教学工作。

华为是一个拥有19多万员工、33年历史的庞然大物,经常让那些关心它的研究者感觉如堕雾里,盲人摸象。田涛先生的研究工作相当于提供了一个尽可能权威的、框架明晰的教材,它加深了人们对华为的认知和理解,同时也提升了华为组织文化在内部的传播效率和能量。

新书的核心主题和基本结构

这两本新书是田涛先生过去三四年在各种不同场合,面对不同听众"讲出来的,而不是写出来的",所以,它们不是那种层层递进的、结构良好的著作,这使得我很难用几句话提纲挈领地概括出其中的核心思想和框架结构。

在我看来,这两本书更像一个生机勃勃的思想丛林。其内容从花蝴蝶、薇甘菊到浩瀚星空,从犹太教、天主教到新教伦理,从军事史、科技史到与任正非先生互动的各种小故事(例如,任正非先生帮他把椅子挪到靠近火炉的地方,以照顾他的伤腿)等,包罗万象。诸多信息错综复杂地交织在一起,既增加了阅读的快感,也增加了解读的难度。

总体来说,这两本书的主题还是很鲜明的,而且作者本人尽可能做了清晰的分类。核心关键词包括人性、理念、文化、制度、企业家精神、创新、组织生成、演化和变革、领导力等。但是,我认为,这些关键词在田涛先生的思想框架里并不是同等重要的。

作为一个早年受过心理学教育的学者和管理顾问,田涛先生自然而然地把人性和理念(个人价值观和组织文化)放在理解组织管理问题最核心的位置。他特别强调,所有管理大师都是洞悉人性的大师,所有的管理都是基于对复杂人性的动态把握。田涛先生认为制度是在文化的土壤上派生出来的,制度受制于文化,同时制度对文化有强大的形塑作用,正如他所说的,"文化必须构筑在制度的磐石之上"。

如果用一个结构性的框架来理解,读者可以想象一块由四五个从小到大叠加在一起的"铁饼",最上面一层肯定是人性和组织(团队和社会),第二层是文化和制度,第三层包括领导力、创新和流程等,第四层可能才涉及具体的各种职能管理,如生产、营销、财务等。依此类推,从核心到周边,种种管理问题由近及远,都囊括在这个概念体系之内,而且按照它们在影响企业成功的逻辑链条上的重要性安置得比较妥当。

此外,每一层"铁饼"又代表一幅阴阳图,同时包括两种甚至多种针锋相对的因素和力量。例如,物质激励和精神激励、欲望的激发和控制、组织契约与个人奉献、英雄主义与机会主义和悲观主义、企业家精神的阳光面和种种"暗疮"等。这些成双成对的概念构成了一种二元性、悖论和张力，同时彼此相互渗透。

因为《下一个倒下的会不会是华为》一书，任正非先生所提出的"灰度"概念广为人知。事实上，灰度在华为有特定的应用对象和场景（主要用于处理人际关系和矛盾，以实现包容、妥协和共识），同时，灰度和清晰度之间构成一个更高级的悖论（例如，制度和流程就是负责界定清晰度的）。更重要的是，田涛先生把管理理解成一种永不停息的运动——一种反复的折腾，不断偏离"中道"以及向"中道"的再回归。

把田涛先生的管理理念放到百年的管理学史中去看，更能明白他的思想的价值。过去一百年的管理思想史大致可以分为三个阶段。第一阶段叫最佳实践（One Best Way Approach）（1910年到1960年前后），认为世间存在某种最优的管理理论和方法，放之四海而皆准，根本不需要考虑具体的情境。例如，泰勒的车间管理、法约尔的一般行政管理、马克斯·韦伯的科层制等。

第二个阶段是权变理论（Contingency Approach）（1960年到2000年前后），管理学者意识到根本没有所谓的普适管理规律。每一种管理理论或者实践是否有效在很大程度上依赖于诸多内外因素，依赖于情境。只有当两者很好地匹配时才能达到比较理想的效果。这就是中国人所讲的"执经达权"，用英文来表达就是 If/Then（如果……那么……）。

第三个阶段是悖论整合（The Paradox Approach）（主要是从2000年到现在），管理学者意识到组织管理中充满各种悖论，例如，短期 vs. 长期、技术驱动 vs. 客户中心、探索性学习 vs. 开发性学习、强调经济绩效 vs. 平衡社会责任等。越是大企业，越是高层管理者，越不是非此即彼进行简单的选择，而是把诸多的矛盾和悖论以一种动态和整体的方式整合在一起，争取在获得短期高绩效过程中实现长期可持续发展。如果用英文来表达，就是追求一种 Both/And（既是……也是……），或者 Neither/Nor（既非……也非……）的状态。

作为一个非科班出身的管理研究者和顾问，田涛先生一出手就达到了管理学研究的第三个层次，他的智慧和洞察力令人敬佩。在对华为案例的深度分析中，他对组织管理中悖论的具体描述和理论分析无所不在，是丰富多彩的、有现实质感的（比如说，悖论之间构成了"拧麻花"）。所谓管理的真谛，一言以蔽之，就是在悖论中螺旋式前进。

企业家与顾问之间的良性关系

一位听了七八年田涛先生讲课的企业家说，"田老师，我怎么发现你这几年讲座水平越来越高?!"一位华为高层看过这两本书的文稿后评价，"基本上从底层逻辑把华为讲明白了"。

相比这两本新书，田涛先生认为 2012 年出版的《下一个倒下的会不会是华为》是自己研究华为和组织管理的"入门书"。言下之意，他对于这两本新书以及这八年来思想沉淀的成果还是比较满意的。

我通读过田涛先生最近几年绝大多数的书和文章，此次系统阅读这两本书的时候也感觉到田涛先生在过去的八年里功力大增。这种"功力大增"不是表现在另起炉灶进入新的研究领域，而是对原来自己认定的组织管理的核心问题的理解在深度、高度、广度、精细度甚至审美上都有了显著的提升。

打个比方或许读者更能明白这个评价的真实含义。华为的核心价值观"以客户为中心，以奋斗者为本，长期坚持艰苦奋斗"听起来完全是常识，几乎不证自明，每个企业都能说得很溜。但是在一个急功近利的浮躁社会里，当一些企业和人行事背离常识、说一套做一套时，如果有那么一家很另类的企业，它不惧压力和种种诱惑，咬定青山不放松，坚守常识30多年，在组织管理和工作的每个方面都尽力践行这个价值观，那么30年后，这家特立独行的企业与周围其他企业之间就会有云泥之别。田涛先生选择的研究进路在很大程度上和华为是一条道路，那就是"专注专注再专注，聚焦聚焦再聚焦"（这也是田涛先生对我的鞭策），所以，他们才是同路人。

田涛先生认为，"华为的成功首先是组织文化的成功"。在《我们为什么要做企业家》中，他认为"任正非就是一个'捣糨糊'的大师"，任正非先生为了建立和传播华为所信奉的核心价值观，经常用各种词，变着花样，成千上万次地在华为内部给员工"洗脑"。

在我看来，田涛先生的这两本书同样也是"捣糨糊"的杰作。这是我读完之后的第一印象。这两本书围绕几个核心主题从多元化的视角，用跨学科的大量事例，反反复复，不断深化和强化对这些主题的理解。例如，他与著名物理学家霍金的关门弟子加尔法德博士探讨宇宙演化规律与组织管理的异曲同工，他与格拉斯哥大学的两位教授探讨诗歌和唱歌对管理者的激励等，都令人耳目一新。

在任正非先生的管理实践中，或者在田涛先生的书中，任何一个东西都可以拿来建立和传播文化理念。比如，一篇文章或一本书，一部电影或电视剧（如《中国机长》《安家》《大秦帝国》《阿甘正传》《林肯传》等），或者是一张图片（如芭蕾舞演员伤痕累累的脚，或者被打成筛子一样仍然坚持返航的伊尔2战机），甚至是登山时看到的一个蜘蛛网，或者与人喝咖啡闲谈时的一句话（华为把"一杯咖啡吸收宇宙能量"这句话印在许多办公室的桌牌上）。他们或者采集众山之玉，或者借题发挥，总之，所有的素材最后都春风化雨般地变成了组织管理的"黑土地"，都紧密地围绕着华为的核心问题，围绕着如何打胜仗，如何提升管理效率和效果。这大概就是"捣糨糊"的真实含义。

正如老和尚念经，万变不离其宗。

任正非先生所说的"捣糨糊"可能还有另外一层含义，就是如何组织人、团结人、链接人。任正非先生曾经说过，创立华为以后，他就放弃了成为技术专家的梦想。他谦逊地认为自己不是技术方面的专家，对管理和财务半懂不懂，但是，他专心致志地提着一桶糨糊把几万人、十几万人黏在一起，成为一个强大的组织。在这一桶糨糊里，可能包含了组织文化、制度、沟通、领导力、物质激励等所有可以凝聚人心、提高效率的方法和手段。

总之，这种咕嘟嘟冒着热气的语言温泉极大地丰富和拓展了我们对组织管理的理解，读起来相当有感染力和煽动性。我每次读田涛先生的书，都恨不得年轻一回，自己去创业，或者跟着某个"任正非"式的带头人一起创业。只有这样才不枉此生。这种冲动和感动是那些标榜"客观、理性、中立"的管理学教科书无法给予的。

企业家基于自己的直觉、经历和阅读经常讲出一些非常漂亮的话，但是，这些话一般缺乏系统性和深入的考证。作为管理顾问和研究者，就需要进行深入的解读，提供知识出处，梳理逻辑结构，形成准确、完整、形象的表达。例如，田涛先生认为华为的核心价值观"以客户为中心，以奋斗者为本，长期坚持艰苦奋斗"之间形成一个闭环，保持了某种对称关系。这三句话是道，而"自我批判"是工具，两者之间保持一种张力关系。这些论述都是因为浸润很久对华为和组织管理研究的准确诠释。

在建立和传播华为的组织文化方面，任正非先生和田涛先生（还有几位扎根华为二十多年的管理学者，比如黄卫伟老师、吴春波老师等）一唱一和，相得益彰，为中国企业家和管理学者之间的合作关系树立了一种典范。我衷心地希望那些有雄心壮志的中国企业家能有意识地多交几个有思想的学者朋友，双方长期保持这种陪伴式、顾问式的合作关系，既相互独立，又相互砥砺，共同进步。

相反，管理咨询公司和企业之间更多是一种客户服务关系、买卖关系，它必然是短期导向的、唯利是图的、浅尝辄止的，不承担后续结果，既无法深入企业家的内心世界，也很难解决企业的深层次问题，更难以挖掘出企业成长的独特逻辑。

作者的雄心壮志和采用的研究方法

田涛先生深受马克斯·韦伯的影响，特别重视人性、宗教信仰、理念、文化和制度等。如果说马克斯·韦伯第一次讲清楚了资本主义的早期发展与新教伦理之间的因果关系，那么，田涛先生就是把马克斯·韦伯作为自己的学术榜样，试图讲清楚华为的工作伦理和华为阶段性成功的底层逻辑。

田涛先生与马克斯·韦伯遵从相同的研究方法：基于诠释学的、长期跟踪式的案例研究方法。田涛先生强调管理学者一定要走进现场，做扎扎实实的观察和长期跟踪案例研究，他认为这才是管理学研究的正途。的确，案例研究方法特别适用于研究复杂的、新兴的、长时程的、动态变化的现象和问题。基于作者所秉持的哲学观点的不同（主要是本体论和认识论），案例研究方法又可以分为基于实证主义的案例研究、基于批判实在论的案例研究、基于诠释学的案例研究等。在我看来，以《下一个倒下的会不会是华为》为代表的系列华为研究属于基于诠释学的案例研究的典范，这样的研究在中国管理学界是极为罕见的。

诠释学的研究方法最早起源于对《圣经》的解读，即神学诠释学。15世纪文艺复兴之后，逐渐应用于对所有经典文献的诠释，发展成为一般性的诠释学。一直到1820年前后，逐渐成为德国历史科学和道德科学的重要研究方法（例如，施莱尔马赫、狄尔泰等）。它完全不同于同一时期法国哲学家和社会学家奥古斯特·孔德所发展出来的实证主义的研究方法。

实证主义的研究方法强调经验积累和开发中小型的可检验的理论，要求秉持客观中立、价值无涉等。而诠释学的方法强调研究者的主体性，不回避个人所秉持的特殊视角的价值和局限性（前见、前设），强调采用整体的方法，强调个人感情或者民族情感的价值和影响，强调研究者的参与和行动，强调道德伦理的重要性（而非仅仅是事实和逻辑），强调研究的开放性和诠释学循环，允许读者对文本做出多样化的理解等。

除此之外，诠释学强调意义建构和意义赋予，擅长用比喻和故事来表达，而非采用数据和图表进行说明。在诠释学看来，讲故事就是建立和传播组织文化的重要活动。"讲故事也是少数领导者在不确定的关键时刻，影响大多数追随者心智模式的重要手段"（深圳大学管理学院韩巍教授）。创业之初，任正非画了很多大饼，最重要的就是讲故事，并把故事变成现实。例如，"二十年后，电信业三分天下，华为必占其一"。此外，诠释学中渗透着想象力和创造性，渗透着自由主义，它强调组织和社会"规律"的人为建构性，而非"客观规律"的外在强制性。

在我看来，所有那些一流的管理思想家都是诠释学的拥护者，而基于实证主义的经验研究大多属于那些普通学者干的活。管理学界的大佬们心知肚明地玩着这套游戏，而普通学者则以科学研究之名，画地为牢，不敢越雷池一步。例如，德鲁克所采用的就是典型的诠释学的研究方法，他是反实证主义的，反分析哲学的，反对管理研究与个人价值立场无关，反对管理学属于某种狭义上的科学。德鲁克的书里极少有数据和图表，更多是一个故事接着一个故事。临近晚年，他甚至还写了两本小说，因为他觉得一般意义上的管理学著作已经无法满足他对人性、组织和社会的复杂性和微妙性的理解和表达。

另一个管理学大师詹姆斯·马奇也是田涛先生很推崇的。虽然马奇身处象牙塔,但是他深知管理学界主流的经验研究的弊端。他写了8本诗集,还要求学生在"领导力"课堂上研读《堂吉诃德》《战争与和平》《李尔王》《圣女贞德》等小说。因为在他看来,诗歌和小说更能帮助管理者理解人性和社会,提高沟通能力和领导力。

暂且荡开一笔,谈点更深层次的知识体系问题。许多人错误地认为,人文学科是最不重要的,或者认为自然科学、社会学科和人文学科三者之间的关系类似三块并列的"铁饼",认为近百年来自然科学在不断蚕食人文学科的地盘。事实上,如果你了解思想史和科学史,就会发现不是自然科学和社会学科在界定人文学科,而是社会学科和自然科学全部脱胎于人文学科这个最古老的母体。人文学科是知识体系中那个最大的基座,社会学科架构在它上面,自然科学则是基座上那个最小但是最高耸的圆柱。是人文学科这个大基座定义了自然科学这个圆柱,而非反过来。

管理学中最核心的,也是最难传授的,大多是一些软性技能,比如,商业伦理、领导力、沟通、历史感、使命和责任心、诚实、创造力、想象力、审美水准、远见和洞察力等。提升它们需要管理者在人文社会学科中受到长期滋养和熏陶。理解了以上的观点,就能理解任正非先生和田涛先生为什么推荐大家读一些历史的、文化的、宗教的、军事的著作。甚至要多看一些电影,从电影这种虚构的载体中体会人生和组织管理之道。

田涛先生虽然不是一个生活在大学象牙塔里的学者,但是,以我和他的交往来看,他阅读之广,用功之深,胜过绝大多数学者。他特别强调阅读经典原著,强调追根溯源。管理学者和顾问唯有拥有这样的知识结构,才能与企业家进行高水平的交流,才能影响对方。例如,田涛先生反复阅读《国富论》《物种起源》《资本论》《思想史:从火到弗洛伊德》《美国秩序的根基》等大部头著作，从中获得巨大的启发。

这让我联想起爱因斯坦的一段话，大意是，"每当我阅读牛顿的《自然哲学的数学原理》，我都深刻地体会到牛顿比他身后的无数力学家更加了解自己的理论体系中的矛盾之处和局限性。每当我想到这一点，我就对牛顿产生深深的敬意"。所以，读书最好不要读二三流的书，要读就反复读经典原著。

为了研究科技创新，田涛先生最近几年阅读了大量的科学哲学、科学史和科普著作，例如，《圣经、新教与自然科学的兴起》《极简宇宙史》等。他读《我是未来：尼古拉·特斯拉传》"泪流满面"，而读《物种起源》感到"惊心动魄"，这种知识和情感之间的共鸣是读书人的很高境界。

总之，田涛先生是一个有思想定力的人。十年来，他很少追逐那些五光十色的热点和泡沫，而是向管理世界的底层逻辑不断掘进，越挖越深。他的治学之道和研究方法值得中国管理学者借鉴学习。

充满想象力和精巧比喻的叙事风格

让我从目录中随便摘引几句，欣赏一下田涛先生的优美文笔："创新是闹剧、悲剧和戏剧的鸡尾酒""喝咖啡的兔子与亲吻丑陋的青蛙""卓越领导力：盐中的盐""创新是客户导向和技术导向的拧麻花""卓越的企业家是能够制造信仰的极少数人""交易型人才模式，犹如戈壁滩上种植郁金香""清教徒们的修行之地：战场、账房、市场"等等。我相信，这些直击要害、脍炙人口的表达会广泛地流传下去。

我一直不知道田涛先生那种充满想象力、丰富多彩的文笔，精巧的比喻，略带夸张和决绝的表达方式，到底来自他大脑的何处。我很惭愧自己没有这方面的才华，所以有点小小的羡慕嫉妒。阅读此书的过程中，我惊讶地发现，田涛先生年轻时是一位热血文学青年，思想的花蝴蝶乱飞，每天写一首甚至几首诗。这大概是他妙笔生花的原因之所在吧，可见诗歌是最能训练人的想象力和表达能力的文学工具。

我在某权威管理学期刊主持"煮茶问道·本土管理研究论坛"时，曾邀请北大光华管理学院的周长辉教授（同时也是著名诗人）就他用诗歌的方式启发和点化MBA学生、企业家和高管的教育实践写一篇文章，然后邀请深圳大学韩巍教授等人从诠释学和扎根理论的角度进行解读和对话。但是，这组文章被认为过于离经叛道，不属于"科学范式"，几经讨论和反复沟通，至今无法正式发表，一直是我心中难以割舍的爱与痛。

读田涛先生的书，我惊喜地了解到一个故事。2017年5月2日田涛先生与英国格拉斯哥大学亚当·斯密商学院的两位教授交流时，听说他们近年来研究的方向是利用诗歌文化激励员工热情和组织活力（有意思的是，其中一位教授既是理论物理学博士，也是一位热情洋溢的苏格兰诗人），当他们谈到华为30年来在各种正式集会上员工都会集体唱歌时，"诗人"教授非常兴奋，几次激动地与田涛握手。

我衷心建议中国管理学界开阔一下自己的理论视野，少做一些美国式的调节变量和中介变量模型，多读点欧洲大陆更加多元取向的研究，甚至多看点电影，多读点有声有色的小说和诗歌，用多样化的手法启发和教化学生，把自己的论文写得有点人味和趣味。

几个值得商榷之处

在某种程度上，我和田涛先生都是潮流的"逆行者"，对一切流行的观点和所谓的"创新",未经自己的批判性思考,我们绝不轻易认同,而且,我们都不热衷于成为紧跟热点的时政评论家。

坦率地说,我认同他这两本书里 90% 以上的观点,比如,"自组织理论是反人性逻辑的乌托邦""奋斗的动力从来都不是自发产生的""创始人必须是一个讲故事的高手""自由要框定在秩序的根基之上""战略的本质是试错与纠偏"等。但是,我也有一些不同的意见,提出来与田涛先生商榷。我觉得中国学术界特别缺乏"坦诚辩证,理性对话"的精神和氛围。

第一,散见于书中,田涛先生对现行商学院的批判是劈头盖脸式的嘲讽,经常一棒子打死,关于这一点我有不同看法。作为一个混迹于管理学院的学者,我早已不做目前流行的那种定量实证研究,我认为它们价值很小。但是,我觉得在管理知识的建构过程中有它们存在的合理性,这大概是管理学科发展过程中必须要经历的一段"弯路",所谓存在即合理。

另外,不要忽视商学院在培养中低层管理人才和商业人才方面的贡献(咱们不谈杰出的企业家,杰出的企业家不是商学院培养出来的,而是在实践中自我塑造,由时代催生出来的)。因为与这个时代离得太近,我们很难准确评价全世界商学院几十万名教授花了几十年时间(主要是从 1980 年到目前)所积累的经验研究的价值(我自己也不能),评价的时候可以更加谨慎一些。

第二,田涛先生虽然很努力地学习科学史和科学知识,但是,他毕竟没有受过系统的自然科学教育,有的观点表达得不够严谨。比如,他的自序的标题"人生是一个函数"就令人费解。他说,"人生是一个函数,你永远不知道上帝在关闭某一扇门时,另一扇门的背后隐藏着什么"。事实上,只要是函数,就有具体的方程式,不管结果是唯一解,还是多个解。很可惜,人生或者组织管理不是函数,写不出具体明确的方程式。组织管理如果有规律可循,也一定是多重因果的、非线性的，受运气和偶然性的影响极大，而且"因果关系"不透明，隐藏在不确定性和模糊性的浓雾之中。总之，商学院的研究过于强调严谨性，缺乏相关性和启发性，而田涛先生的研究虽然高度契合企业家所关心的问题，有巨大的启发性和精神激励，但是在严谨性上需要强化。

第三，个别地方语焉不详，需要把话说透。例如，为什么读《物种起源》时"惊心动魄"？我一直很好奇，也很纳闷。是因为发现社会达尔文主义阴魂不散，真实的世界一直是一个弱肉强食的社会？田涛先生在与任正非先生交流的时候问道，"华为更像哪一支军队？"任正非先生回答说，"更像韩先楚的部队，或者薛岳的部队"。对于我这个非军迷来说，未经详细解释，我听不懂这背后要传递的信息，虽然我知道这两个队伍擅长打硬仗和打胜仗。总之，如果是一本严谨的学术著作，必须有严格的界定和说明。

第四，因为和华为的特殊关系，田涛先生有一些话是不方便讲的，这种特殊关系也限制了田涛先生对华为做出不同于现在的其他解读方式。我一直认为，作为一个独立思考的人，不要被任何组织、政党或者伟人光辉灿烂的一面所遮蔽，既要考虑它的 A 面，也要考虑它的 B 面、C 面……然后把 A、B、C 等面综合起来放到历史情境中去考虑，保持一种同情式理解。

比如，书中讲激励和奖赏的多，讲惩罚或者负面的少。打个比方，我们都知道那些常胜的队伍，不仅奖励分得好，思想政治工作做得扎实，军官手中那把手枪也不是"吃素"的。它更多不是射向敌人，而是逼着自己的士兵冲锋陷阵，就地惩罚逃兵。

最近我在阅读黄卫伟老师主编的本来用于华为大学内部培训的教材《价值为纲：华为公司财经管理纲要》《以客户为中心：华为公司业务管理纲要》《以奋斗者为本：华为公司人力资源管理纲要》时，发现了华为内部管理的残酷性的一面，或者说任正非先生讲话凶巴巴的一面。事实上，赏罚分明，以业绩为中心和以员工为中心不能偏颇，而是要悖论式地整合在一起，这才是管理的本来面目。

总之，我认为田涛先生的研究有其独特的价值，甚至在某个方向上很难超越（尤其是在组织文化的研究上），但这也只是他个人对华为的一种解读而已，并没有垄断或者封闭研究华为的其他可能性。这就是诠释学的伟大之处——开放性。

企业家和管理者应该如何阅读这两本书？

因为这两本书不是结构性很好的著作，有一些重复的内容，所以一般的读者很难一口气读完，我就是断断续续读完的。但是，这种半结构化的著作也有它的优点——开放性和非强迫性。

它很像全息照相，每一个碎片同时包含了整体的所有信息。它也类似寺庙里大和尚的开示，说的看似都是车轱辘话，颠来倒去，但是，在不断重复中，每次的意思表达又略有不同。说不定哪个故事哪句话就"咣当"一下打开了你的心扉，让你豁然开朗。

这种半结构化的著作更适合企业家管理者用碎片化的时间阅读，读者可以每次只读内容上紧密相关的几章内容，然后对照自己的企业和工作，组织团队反复讨论，想想对公司的发展有什么借鉴和启发。

2020年新冠肺炎疫情暴发之初，各路神仙大咖仓促之下开出了各种灵丹妙药，田涛先生也写了一篇文章，就是收入《我们为什么要做企业家》这本书的最后一篇——《哪有什么大师？大师是企业家自己》，我对这种强调企业家生存智慧和本能的观点深表认同。田涛先生的这两本书是好书，但也只是渡人过河的工具。过了河，就不必再背着船走路，更不要让船成为你的目的。

深圳大学管理学院的韩巍教授看完本文的初稿之后评论说：试想，哪个企业家、管理者没有自己曾经行之有效的一套"理论"？哪个不算是一定程度的理论家？有自己理论的理论家没必要也不可能对其他理论家的理论照单全收。高质量的阅读就是"验证-共鸣"、"启发-领悟"以及"质疑-反思"的过程。要而言之，不是像初学者那样接受结构化知识，而是在比较开放的文本中寻找逻辑线索、经验素材，重新结构化自己的认识，建构自己的理论，成为更好的理论家。

德鲁克说得好，"管理是一种实践，其本质不在于'知'而在于'行'，其验证不在于逻辑而在于成果"。愿田涛先生的书拨云见日，点亮企业家和管理者的心灵。更愿我们的企业家以华为为榜样，在更多的行业创立大大小小像华为一样的企业。只有这样，中国才能真正实现伟大复兴！

2

华为为何将星云集、英雄辈出？

公平和效率一直是经济学和管理学的一对悖论。改革开放40多年来，我们自觉不自觉地把效率放在公平的前面，放在更加优先的位置，期待"先富带动后富"。但是，经过40多年的快速发展，中国社会已经进入一个新时代，需要更加重视公平、贫富分化、收入再分配、普通员工的幸福感和职业安全，真正实现共同富裕。事实上，管理不仅具有工具价值，也具有鲜明的阶级属性。但是，在过去的40多年里，管理学界鲜有人提及这个观点，而只是把管理当作一门与价值属性无关的工具或者纯粹的科学，企业家和经理人变成聚光灯下的唯一英雄，普通员工在很大程度上被低估和忽视。

华为的经营管理模式，用任正非先生的话来说，就是选择了员工资本主义（参见2019年任正非先生接受海外媒体采访时的表述），极其重视知识工作者的劳动价值，限制了资本的逐利性，没有走股东价值最大化的美式资本主义道路。

本文最初发表于2020年10月28日的"正和岛"公众号，华为心声社区、华夏基石等进行了转载，并涌现出许多有真知灼见的评论。收入本书时，我对文字进行了润色。

从企业家群体到普通员工视角的转向

在长达两千多年的皇权专制下，中国一直遵从"士农工商"的社会规范，商人曾经被当作末流，被人鄙视。改革开放40多年，这个社会等级顺序彻底被颠覆。商人获得了一个响亮的新名称——"企业家"，成为这个时代最受尊崇的人群之一，成为聚光灯下熠熠生辉的主角之一。

汗牛充栋的书籍和海量的新闻媒体为企业家树碑立传，歌颂他们的创业故事，传播他们的八卦消息，解析他们的"大败局"或者"小败局"，却极大地忽视了企业里的普通员工，也就是"士农工商"中的"工"（因为知识工作者的出现，以前的"工"与现在的"工"不尽相同），忽视了他们的日常工作、奋斗历程、喜怒哀乐等。好像企业的成败完全依赖于企业家无中生有的个人壮举，或者职业经理人的运筹帷幄和职业操守，而与普通员工的辛勤工作关系不大。

即使有商学院的教授关注普通员工，也只是把他们当作人力资源管理、组织行为和领导力研究中大规模样本中的一个被试，当作应该被领导、被激励或者被裁员的对象。在SPSS统计软件里，普通员工被转换成一行行关于人口统计学、心理特征变量、工作满意度和组织忠诚等的冰冷数字，从而面目模糊，缺乏血和肉，缺乏情与爱。

但在华为公司高级顾问田涛先生等主编的"华为系列故事"（三联书店出版）中，我们看到一个重大的研究视角转向，组织管理研究的聚光灯第一次打到普通员工身上。我们也第一次比较清楚地看到了一个浩浩荡荡、前赴后继的英雄群体，那就是华为19万基层员工。我认为，这种从企业家视角向员工视角的转向在管理学中是罕见的。

讲述华为普通员工的奋斗故事，甚至为他们歌功颂德、树碑立传，是一个浩大的工程。从 2016 年开始，田涛先生和他的合作者陆续出版了 6 本华为系列故事，按照出版的时间顺序和主题进行分类分别是：

《枪林弹雨中成长》——华为拓荒国内外市场的故事；

《厚积薄发》——华为技术研发的故事；

《黄沙百战穿金甲》——华为财经部门变革的故事；

《迈向新赛道》——华为手机等终端产品背后的故事；

《一人一厨一狗》——华为奋斗精神全方位展示的故事；

《蓬生麻中，不扶自直》——华为 90 后的故事。

据我所知，还有即将出版的关于华为 4 万多名外籍员工的故事，以及其他主题故事。

目前已经出版的 6 本书里包括 130 多个故事，这些仅仅是田涛先生和他的研究团队所收集的上千个让人着迷、为之动容的故事的一小部分而已。

自古以来，讲故事从来都是传播文化价值观、塑造英雄形象最有效的手段之一。围着篝火讲故事的氏族长老如此，中国的三皇五帝和古圣先贤如此，中国共产党亦如此（例如，长征的故事、2020 年的抗疫故事）。故事直接打动的是人心，而非头脑；是人的感情，而非理性。相比理论思辨和道德说教，故事更容易被记住、被传播，听者更容易产生效仿的情感冲动。

通过阅读华为系列故事，对内可以加速华为组织文化的广泛分享和传播，提高华为的凝聚力；对外则可以显著提升旁观者（管理学者、其他公司的企业家和管理者等）对华为经营管理之道理解的深度、广度和细节的丰富度。

有了这些华为系列故事，我们对华为的理解和讨论就不再停留在抽象的理论思辨或者概念演绎，不再停留在对战略、流程和制度等的讨论，而是被活生生的故事所感动，华为在读者的眼里变得更加立体和丰满。从此以后，华为不只有任正非、余承东、孟晚舟、梁华、孙亚芳、郭平、徐直军、胡厚崑等高管的名字被人记住，可能还有徐聪、谢世涛、李大钊、周晓、张步阳、Marta Vietti、Renato Lombardi 等基层员工的名字被人熟悉。虽然后者远不如前者那么家喻户晓，但他们的名字同样应该被看到；他们的贡献同样应该被承认；他们的故事同样应该被传播。

个人英雄和群体英雄的合奏曲

田涛先生为什么要主持编辑出版这样一套丛书呢？华为又为什么支持出版这样一套丛书呢？

我认为任正非先生在 2020 年华为专委会建设思路汇报、研发专家代表及专委会代表座谈会上的讲话中的一句话可以非常精准、简约地回答这个问题，"我们允许个人英雄主义，但你先要有集体主义"。

我稍微解读一下这句话所隐含的思想。所谓企业就是建立在群体奋斗目标之上的个体与个体的自由结合，组织的成功在很大程度上依赖群体合作最大化，也依赖个人创造性和主动性的充分发挥。华为鼓励的是建立在集体主义基础上的个人英雄。在个人英雄主义和集体主义这对矛盾上，任正非先生的悖论整合思维再次得到充分体现。

事实上，在这套丛书第一本《枪林弹雨中成长》（2016）的序言中，田涛老师将他主持编辑这套丛书的动机表达得非常明白，"是英雄儿女创造了华为"。下面摘引部分内容供读者参考：

一家创立时"四大皆空"（无资本、无技术、无人才、无管理）的民营公司，以近三十年的艰苦卓绝，缔造了一个中国企业的世界奇迹：全球通信行业的领导者。其背后的巨大驱动力就是精神的力量、价值观的力量。精神可以变物质，物质也可以促进精神。正是正确、清晰的价值观和对价值观的长期坚守，才使得17万普通的华为人成为17万华为英雄。

尽管他们年龄不同、出身不同、教育背景不同、个性不同乃至国别不同……但他们拥有相似的文化文身：追求美好生活的使命精神，集体主义至上的个人英雄气质。

个人英雄和群体英雄是辩证的统一体。唯有个体的激情、勇敢、冲锋陷阵才构成组织的强大、群体的强大；而一个团结向上、高凝聚力、具有充沛活力的组织则是个体"力量的腰带"；个体和群体的信念、信心的相互助长，是任何一个卓越组织、伟大组织的必然规律；孤胆英雄难成大气象；压抑或埋没个人英雄，同样也难成大功业，难有大历史的威武雄壮。

华为近三十年的英雄剧场，上演的正是这样一种个人英雄和群体英雄的交响曲、协奏曲。

....

在我看来，英雄主义＋乐观精神是华为的基因，也是军人出身的任正非先生精神世界的主旋律。华为是一家充满英雄主义气概的公司，做任何事情一定要当世界第一。"不战则已，战则必胜"是华为的基本信念。不管是军队还是公司，打胜仗靠的不是将帅的单打独斗，靠的是一大批英雄儿女的群体奋战，华为的成功正是靠几千名繁星闪耀的将军和十几万名激情燃烧的普通员工。

英雄主义和打胜仗的逻辑，是多年来任正非先生一以贯之所强调的关键词，感兴趣的朋友可以进一步阅读田涛先生的新书《理念·制度·人》中的英雄三部曲：《一杯咖啡论英雄》《企业家，新时代的英雄》《不完美的英雄也是英雄》。我就不再赘述。

暂且荡开一笔，我倒是想谈一下美国（和美国大公司）的相对衰落问题，以此来进一步论证华为成功背后的逻辑。在《清教徒的礼物》

（东方出版社，2016）这本非常有洞见的美国管理史专著中，霍珀兄弟把1920—1970年美国龙头企业辈出的时代视作"美国管理的黄金时代"。他认为美国的强盛建立在以下五个紧密关联的特点之上：建造人间天国的坚定信念；拥有机械天赋、喜欢亲力亲为的技师精神；把集体利益置于个人利益之上的道德观念；能够根据大大小小的目的协调各种财力、物力和人力的组织能力；最早从法国学到，后来在美国大面积开花结果的持续不断的技术革新。

特别是"把集体利益置于个人利益之上的道德观念"颠覆了很多人对传统美国精神的认知。根据各种跨文化研究，不管是20世纪70年代末霍夫斯泰德的四文化维度理论，还是21世纪初GLOBE（全球领导力与组织行为有效性）团队所做的研究，美国在个人主义上的得分远超其他国家。好莱坞影视作品中所塑造的孤胆英雄拯救世界、人质和战俘的故事，进一步强化了我们对美国个人主义至上的刻板印象，也自我催眠了美国人。事实上，这种个人主义至上的文化现象根本不是美国的立国之本，而是20世纪70年代"越战"之后，风起云涌的平权运动、性解放和过度消费主义的产物（请参考保罗·罗伯茨的《冲动的社会》，中信出版社，2017）。

反思今天美国（包括美国大公司）的相对衰落，事实上就是对以上五种传统美国精神的背离。而华为的成功恰恰是因为它将集体主义和个人英雄主义水乳交融地结合在一起。

我们甚至可以这样说，华为的成功是因为它既吸收了美国企业的优秀传统（制度、流程、技术、全球化运营能力和视野等），同时又有中国文化元素的滋养（中国共产党和军队的各种战略思想、人才梯队建设、批评和自我批评等保持开放与活力的手段），再加上对核心价值观的长期坚守（以客户为中心，以奋斗者为本，长期坚持艰苦奋斗）。

华为如何让将星云集、英雄辈出？

这是一个大命题，不可能在这篇短文里谈得很透彻，只是抛砖引玉、挂一漏万地谈几点个人看法。

第一，创始人的大胸怀吸引了众多追随者。

作为一个 44 岁才开始创业的中年人，尤其是在 ICT（information communication technology，信息通讯技术）这样一个高科技、严重依赖人才的行业，如何激发所有人的才能和主动性，是任正非始终念兹在兹的核心问题。

任正非曾经嘲笑自己不懂技术，不懂财务，即使对管理也半懂不懂，是"众人抬着我，才努力地摸到了时代的脚后跟"（田涛，《下一个倒下的会不会是华为》）。事实上，任正非对 ICT 技术发展前景有非常好的方向感（例如，他坚定地认为自己的女儿孟晚舟不适合担任 CEO 就是因为缺乏技术背景），对财务支持业务、服务业务、赋能业务的经营之道有深刻的见解，他更是一个人性管理的大师，远远不是他自己所说的那样平庸和无能。

正是这种既谦卑又自信，既狂妄自大又海纳百川，"一杯咖啡吸收宇宙能量"的宏大气魄，造就了华为今天的人才济济、英雄辈出。英雄的军队离不开具有雄才大略的统帅，在某种程度上，初创企业就是领导人的延长线和放大版。

第二，依靠核心价值观和企业文化信仰这颗"精神原子弹"把十几万员工锤炼成一支能征善战的铁军，催生出一大批英雄。

如果一家企业主要靠领导的指令和制度的约束与激励，那只能是低层次的管理，属于在任务清晰明确情况下的常规管理，而依靠核心价值观和企业文化进行的管理则属于一种更高层次的管理。它类似于一种"精神控制",尤其是在任务不明确、缺乏领导指示的情况下能发挥更大的作用。

在这套书中,有太多例子彰显了价值观和组织文化如何影响员工的责任感和个人主动性。个人主动性是员工高绩效和组织高创新的核心驱动因素之一,也是我的导师迈克尔·弗雷泽教授花几十年时间一直在研究的核心概念和理论,包括自动自发、前瞻性、长期导向、深思熟虑、克服困难等优秀品质。通过价值观和组织文化激发员工的个人主动性,在这套华为系列故事中比比皆是。

例如,在没有领导明确要求的情况下,一个90后员工花大力气重构软件的基础架构,只是为了解决多年积累下来的叠床架屋的软件的不相容和低效率,甚至只是为了让软件程序读起来更美,没有"坏味道"。他绞尽脑汁努力自学,四处请教专家和同事,最后让软件架构非常简洁、模块化、即插即用,大幅提升了软件效率(《代码照出你的美》,吴亚伟)。

再如,负责支付的员工马姐心细如丝,责任感非常强,十几年如一日不让一个错误发生。她跨越职责边界,凭借专业敏感性为公司规避近300万美元的损失。她掌管40多枚"大印",每天盖章上千次。这些印章是用不同材质制作的,所用油墨也不同,盖在报销单据上可能深浅不一。为了避免盖的章模糊不清,或者墨迹太浅或太浓,她仔细琢磨盖章时的手感和技巧,最后达到了一种出神入化的境界,被授予"支付工匠"的称号(《不让一个错误发生》,马姐)。

再如,在非洲一个战火纷飞的国家工作时,当地冲突的一方夜里把一大堆血淋淋的人头放在仓库前,员工早上一起来,强忍着恐惧和恶心进行清理,只是为了打开仓库拿出设备及时满足当地客户的需求(《枪林弹雨中成长》)。

第三,善于分享金钱和权力,让英雄吃饱吃好,活出财大气粗的精气神来。

面对金钱和权力，任正非乐于分享，敢于授权，不仅分得公平、大气，而且分得及时。任正非无师自通地掌握了行为主义学派关于行为强化的技巧（尤其是超额达到目标时，对员工进行及时强化、超额强化），运用得恰到好处。

虽然华为坚持不上市，但是采取虚拟受限股份制让员工广泛分享其发展的利润。在将近20万名员工中，96 000多名员工持有公司股份，而任正非只有1.14%左右的股份。华为高度分散的股权结构在全世界无出其右，真正实现了"财散人聚，财聚人散"，也真正实现了知本主义，做到了对知识工作者大脑的合理定价，甚至超额定价。

就薪水来说，任正非挣得可能比其他高级干部多一点，但事实上也多不了多少，完全不同于美国公司那些动辄上亿美元年薪的CEO，他们的收入可达普通员工的三四百倍。

第四，华为充分使用精神激励的手段给英雄充电，激发普通员工的荣誉感。

例如，对于各种发明创造，华为经常以发明人的名字命名，因此有了"XXX算法""YYY工具"，以及各种荣誉称号和奖励，做到了大面积激励。华为曾邀请提出5G基础原理Polar码的土耳其教授到华为来走红地毯，以最隆重的方式接待。

面对国家给予的荣誉，任正非更是能推就推，实在推不了，就让给别人。他做到了先人后己，甚至做到了无我，"大公无私"。很多人对新中国成立七十周年国家嘉奖的"时代楷模"名单上没有任正非仍然记忆犹新，也有很多人对2020年10月出炉的"深圳经济特区建立40周年创新创业人物和先进模范人物"名单上没有任正非，而是出现一个极为陌生的名字霍大伟（华为2012实验室导师部高级顾问）感到惊讶，甚至感到"闹心"。事实上，企业做到这么成功，任正非还需要任何外部的社会认可吗?!还需要更多的金钱激励吗？道理是显而易见的。

难能可贵的是，在华为变得如此成功之前，任正非已经这样做了，这才是华为如此成功的真正原因。正是 20 年前、30 年前华为和任正非的很多决策和做法奠定了今日的成功，而不是说华为发展到今天，任正非才做到"视金钱和荣誉为粪土"。"菩萨畏因，凡夫畏果"，此话不虚。

第五，信任员工，敢于给员工机会，敢于压重担，在战火纷飞中磨炼出英雄。

2013 年 4 月，我第一次参访华为，邀请一个负责华南片区的高级干部来分享。晚上九点多，他匆匆赶到，汗流浃背，虽然 30 岁出头，但是面孔上显露出久经磨炼的成熟。当他说到掌握着几十亿元资金，手下管理几千人，当他说到"权力是最好的春药"时，那种豪情壮志让人震撼，甚至有点羡慕嫉妒恨。

通读此书，我们会看到很多关于华为如何大胆起用新人，让他们在战役中成长的故事。例如，刚刚毕业就当"博导"的李思杨勇挑重任，带领一个博士团队攻克手机热管理中的难题。而负责银行对账的小姑娘黄媛瞒着父母只身勇闯巴格达，在战火纷飞的伊拉克实现了公司和银行结账的零现钞支付，再也不用现场数钱了。更有诸多年轻人深入非洲腹地，负责某个国家的市场，直接与所在国的总统和部长对话，经过死缠烂打和软磨硬泡，感动客户，签下大单，建功立业。

在这样的故事里，经常会出现一句话，"只要公司敢给机会，我就敢干！"正是这种在战争中学习、在火线上提拔英雄的用人方法，造就了大批英雄人才。

企业家如何阅读并使用这套丛书？

相比田涛先生那本大卖特卖的《下一个倒下的会不会是华为》，我估计这套华为系列故事销量平平，特别是假如华为自己不采购，不用于内部组织文化建设，或者不用于公关宣传，或者不在校招时送给学生，有多少人会去读几本关于华为基层员工的书？在我看来，绝大多数公司老板直勾勾地盯着任正非，学习他接受各国媒体采访时形成的《采访实录》，以及华为心声社区流传的各种文件；而绝大多数职场白领可能对于了解别人公司的事情兴趣寥寥，尤其还是别人家普通员工的故事。事实上，这套丛书是一个大金矿，是一个高品质的富矿，有很多宝贝可以挖掘，就看你是否火眼金睛，能否识货了。

第一，它启示我们讲故事是传播组织文化、对外宣传的重要手段。

条件允许的公司不仅应该在自己的内刊上讲好员工的故事，更应该将其正式出版，让更多的利益相关者（客户、供应商、经销商、潜在的员工等）读到自己员工的故事，这会极大地激励员工。这套丛书的出版历时四年之久，《枪林弹雨中成长》是第一本，出版于2016年。当我读到最近出版的《蓬生麻中，不扶自直》（2020）时，我看到不少于三四个故事，主人公是因为看到《枪林弹雨中成长》受到激励，从而选择加入华为，或者在华为工作时受到这本书的影响，从而激情洋溢地奔赴海外第一线建功立业。由此可见这套丛书在吸引人才、激励员工方面的重要价值。

第二，这套丛书蕴藏着很多创新创业的机遇，有心人可以从中淘到金子。

例如，华为以前对重要物资设备的管理非常混乱。后来采用物联网技术，在每一台贵重的仪器上贴上RFID（射频识别）标签进行联网管理。以前分布在全球几十家公司的重要设备需要花十几天甚至几十天才能进行盘点，现在只要几分钟就可以精确定位，这对于大公司的物资管理非常有帮助（《一颗芯片连万物》，曾超）。我曾经把这个故事告诉几个创业的朋友，建议他们尝试一下，看看能否作为一个创业项目。

第三，这套丛书蕴藏着大量提升管理能力的鲜活经验。

如果你通读《厚积薄发》，就能领悟华为如何做技术创新。如果你通读《黄沙百战穿金甲》，你就会对华为的财务管理有所了解，尤其是对财务支持业务的战略有亲身感受。例如，华为的财经三块大屏，是全球性公司进行财务管理的利器。它能让分布在全球的180多家子公司各个业务模块的财务数据实时动态地展示出来，可以做到每年、每个季度、每个月的所有财务报表在一两天内统计出来（《三块大屏》，霍瑶）。如果能把这套财务系统（更重要的是财务系统背后的管理理念和能力）输出给中国的其他大公司，我相信中国企业的管理水平能上一个大台阶。

第四，这套丛书不仅企业家和管理者应该读，企业还可以大批量买来送给骨干员工阅读，并让他们讨论。当然，企业家和管理者要做好心理准备，要把华为当做镜子照见自己的缺点，要敢于直面自己员工的批评或者腹诽。只有这样，才能查漏补缺，知耻而后勇，才能不断精进。

管理学者可以向田涛老师学习什么？

过去20年里，中国管理学界生产了上万个教学型案例，建立了多个高水平案例库，例如，中国管理案例共享中心（在大连理工大学）、清华管理案例中心、中欧商学院案例中心等。坦率地说，相比同一时期中国管理学者所发表的几万个甚至十几万个定量实证研究，这些案例的情境信息更丰富，现场感更强。把它们整合起来，更能让我们触摸到这个时代企业经营和商业活动的脉搏。我爱读案例胜过实证研究的八股文。我曾通读中欧商学院出版的九本案例集，而且读过不止一遍。

非常遗憾的是，中国管理学者所开发的很多案例是基于数量很少的访谈，甚至是基于二手资料，所以是浮光掠影式的，是按照哈佛和毅伟商学院写作案例的套路，出于某种狭隘的教学目的所撰写的，因此是高度剪裁过的。用北京大学光华管理学院周长辉教授的话来说，这些案例"很像，但不是"。究其原因，是学者为了满足某种畸形的学术评价制度的要求，他们根本就没有进入企业现场，或者进入得不够深，待的时间不够长，有时则是身在场，但心不在场。

针对这种现象，中国管理学界进行过很多反思。深圳大学韩巍教授认为，管理学研究应该多向社会学和人类学学习，采取一种图像式的、共在性的研究进路。需要更加强调研究者的主体性（而非固守实证研究的主体客体分离），更加重视对生活世界的叙事研究。他经常把社会学家曹锦清老师的《黄河边的中国》作为研究典范（事实上，我觉得斯诺在1937年所写的《红星照耀中国》更是这种研究进路的卓越代表）。

进一步讲，韩巍教授在《探索与争鸣》（2018）上曾经呼吁，管理学者应该取经"人类学"走进田野，建构并内化"助力管理实践（意义）"，遵循"真诚、多元范式（原则）"的职业图像式理论，把"组织管理现象（知识生产）"放在"历史、社会"和"日常生活"的背景下，谦卑而真切地感受曾经和正在发生之事，用独具风格的叙事去描述、诠释和想象社会，才有可能在本土管理研究做出扎实的理论贡献。

可惜，管理学界鲜有人能做到这一点。田涛先生虽然不是商学院的学者，但他这种走入企业的田野，20多年如一日长期跟踪研究一家企业，然后翔实地叙述呈现，真正做到了"共在性图像式研究"。近来我给博士班的学生上课时，送给他们一些华为系列故事，希望弥补学生在生活经验和工作经验上的匮乏。同时，我要求他们在阅读过程中时不时停下来想想，"这个故事可以用哪个理论来解释？它体现了组织行为学中的哪个理论概念？为什么我在读这些故事的时候，想不起曾学过的这些理论？或者为什么我在读那些英文或者中文文献的时候，想不起来这些故事?"

我建议管理学者多读读这些轻松有趣的故事,多读案例,以缩小科学微世界和生活世界之间的鸿沟。更进一步,管理学者甚至可以把这些华为故事用作研究素材,按照自己要研究的主题重新自由组合,挖掘故事背后的深层次机制,以此来建构中国本土管理理论。

就对华为研究的专注程度和影响力来说,很少有人能出田涛先生之右。据我所知,田涛老师关于华为的研究包括三大工程。首先是他所写的关于华为的三本书《下一个倒下的会不会是华为》、《理念·制度·人》和《我们为什么要做企业家》,主要聚焦于采用案例研究和理论思辨,探索华为的成功之道;其次是他主编的这套华为系列故事,聚焦于华为基层员工的奋斗故事;除此之外,他还会出版一套《华为访谈录》,这是他与华为高层团队(也包括部分基层员工)深入访谈的结果,大约700万字,全部出版之后多达几十本,原汁原味,是研究华为的宝贵资料。

如果你问我,管理学者能向田涛先生学习什么?我觉得学习借鉴的东西很多,但最重要的可能是一种使命感,一种孤注一掷、全情投入的精神。虽然田涛先生是华为顾问,但他和华为保持相对独立,尤其是保持思想上、人格上和精神上的独立。这三大工程虽然有华为内部员工的积极参与,但从根本上来说是田涛老师受强烈使命感驱使的一个自我选择。

我以为,田涛老师的雄心壮志是尽可能全景式地记录这个时代最伟大的一家中国企业,启发和激励同时代的中国企业一起前行,同时为后人留下一个巨大的研究标本。他心目中的学术榜样应该是类似美国企业史专家钱德勒那样的学者,撰写属于我们这个国家和时代的《杜邦公司史》。

"功不唐捐,玉汝于成"。我相信,田涛先生一定能做到!

3

解读华为 2019 年的媒体公关"上甘岭"

我对华为的研究兴趣始于田涛先生的《下一个倒下的会不会是华为》一书，近年来我多次参访华为，并在 2018 年 8 月 28 日与任正非先生座谈。2020 年 7 月和 9 月，我为田涛先生的新书撰写了两篇书评：《任正非和田涛：一对"捣糨糊"的大师》和《华为为何将星云集、英雄辈出？》，获得不少好评。

《一切成败于沟通：任正非〈采访实录〉背后的沟通艺术》这篇文章于 2020 年 11 月 10 日发表在"正和岛"公众号上。华为公共及政府事务部的一位专家评论，"我仔细阅读了这篇文章，整体感觉是一篇角度独特的解读，他提出的关于沟通目标、主题、风格、媒体立场等方面的分析判断和我的感知基本一致，对于华为公关的建议也挺有借鉴意义。另外，文章的可读性也非常强"。

田涛先生则在朋友圈里评价，"赵向阳老师严谨的治学态度、扎实的学术功底和深具穿透力的文字风格，在关于任正非《采访实录》的长篇评论中得到了充分呈现"。

也有网友评论，"简单、复杂、丰富；大气、和气、智慧；哲学、逻辑、管理；成功、平凡、伟大。读不完的任正非！读懂了的赵向阳"。收入本书之时，对文章部分内容进行了润色修改和删节。

一个未被完整解读的媒体采访

在这个世界上,没有什么事情是不能通过沟通完成的。一次沟通不行,就成百上千次地沟通。如果这种沟通方法不行,那就换一种沟通方法,例如,商业谈判或者打官司。

因为 2018 年 12 月 1 日所发生的"孟晚舟事件",以及 2019 年 5 月 16 日美国封杀华为的"实体清单事件",从 2019 年 1 月到 2020 年 3 月,华为公司公共及政府事务部采取了一个前所未有的行动,向全球 4 000 多名记者敞开自己的大门。一向低调,远离麦克风、聚光灯和摄像头的任正非先生史无前例地接受了超过 50 场各国媒体采访。采访累计的文本粗略估计超过 50 万字。华为公司编辑印刷了厚厚的八卷本《采访实录》,小范围流传,《采访实录》的电子版以八种不同语言发布(包括中文、英语、德语、法语、西班牙语、日语、韩语、阿拉伯语),任何人都可以从华为公司网站下载。

就接受采访的密集程度而言,就事件本身的重要性而言(一个超级大国以举国之力打压一家中国民营企业),就被采访人原来神秘低调和短时间内密集曝光所产生的反差而言,这是人类商业史上独一无二的媒体事件,值得深入研究。

每本《采访实录》公布之后,都会掀起一个舆论的小高潮。中文媒体几乎是压倒性的赞美,偶尔会就任正非先生访谈中所涉及的某个表达不够严谨的科技史问题进行争论(例如,喷气式发动机或者科学和技术之间的关系等)。事实上,这个系列访谈对海外媒体的影响,尤其是五眼联盟国家[①]的媒体反响如何,我估计这才是华为关注的焦点。

---

① 五眼联盟国家是指五个英语国家所组成的情报共享联盟,成员国包括美国、英国、加拿大、澳大利亚和新西兰。

用任正非先生的话来说，经过一年多的媒体采访，海外媒体的天已经从"黑色"变成"深灰"甚至"浅灰"（2019年9月26日，第二期"与任正非咖啡对话"；2020年3月25日，任正非接受《华尔街日报》采访）。"从原来的超过90%都是负面报道，到现在的27%是正面报道，或者将来超过30%是正面报道"（2019年6月19日，任正非接受美国消费者新闻与商业频道（CNBC）的采访）。具体的海外媒体的传播效果有待基于大数据的舆情分析。

很长一段时间以来，任正非被过度消费了，研究华为的书籍和文章汗牛充栋。任正非的每句话、每次露面，甚至他脸上的每道皱纹、穿的每件衬衣的颜色都会被媒体拿到放大镜甚至哈哈镜下，反复地观察、诠释和传播。遗憾的是，很多媒体都是抓住这些《采访实录》中的几个亮点过度放大，而不计其余、挂一漏万。为了吸引眼球和流量，绝大多数文章更是采取了标题党的套路。

截至目前，我还未看到一篇严肃的文章，其作者从头到尾通读两三遍八卷本《采访实录》，并且以一种活泼有趣又不失严谨的方式进行深入解读。进一步地，对这些采访中所表现出来的沟通障碍和问题进行剖析，并对华为公共关系工作的改进提出一些有针对性的建议。甚至推而广之，当那些在全球化道路上蹒跚前行的中国企业面临类似的舆论质疑时，对它们采用的跨文化沟通方式和媒体公关策略提出普遍有效的建议。如果有，请以这篇始！

本文拟采用的分析视角

面对超过50万字的《采访实录》，如何分析，采用什么样的分析视角和框架，是一个巨大的智力挑战。千人千面，每个人心中都有一个哈姆雷特，所以难免七嘴八舌、众说纷纭。

首先，我个人认为，任正非的《采访实录》超出了一般意义上的企业危机公关的范畴。它不同于那些企业领导人在产品质量风波发生时所惯用的危机公关手段。我们无法简单套用企业危机公关的理论进行解读。

经过最初的困惑，我决定采用一个最平淡无奇的视角和框架来解构任正非的《采访实录》，那就是沟通。我认为，《采访实录》里贯穿着一种精神：一切皆是沟通，一切为了沟通，一切成败于沟通。沟通视角可以最大限度地把这八卷本《采访实录》的核心内容一网打尽，串联起来。

我的分析框架中将包括作为读者我个人的第一印象、沟通目的和动机、沟通态度、媒体立场和沟通双方之间的关系、沟通主题和内容、沟通风格、沟通过程、沟通障碍、沟通效果，以及提升跨文化沟通效果的若干建议等。根据要素之间的逻辑关系，我试图将它们整合成一个完整的框架。

需要说明的是，本文采用诠释学的案例研究方法，而非实证主义的案例研究方法。虽然我也会用到编码等手段，但更多的是画线批注，在准确理解它的表面意思之后，更多的是揣摩字里行间的深层含义。当然，我不会假设自己是价值无涉的客观主义者，我的解读中渗透着我的各种前见，折射出我本人的偏好和兴趣。

因为《采访实录》的丰富性和多面性，在阅读这个巨大的文本时，我的脑海里飞舞着众多思想的"花蝴蝶"。但为了表达的简约，为了能在一篇文章里呈现出核心要点，我提醒自己把对每个沟通要素的分析限制在三四个要点内。

第一印象："大气"与"和气"

不同于很多人，我对华为感兴趣不仅仅是因为它在ICT（信息通信技术）领域获得巨大成功，更多是因为这个企业充满了哲学味道，比较符合我这个"业余哲学家"的品位。特别地，任正非实在是一个非常独特的人，值得深入研究。

在我看来，任正非是一个既复杂又简单的人；是一个既直面残酷的现实，又怀抱赤子之心和理想情怀的人；是一个有着极强自我意识，在某些情境下不近人情、很难打交道，同时又超越狭隘的小我、追求无我的人。

我痛恨使用"伟大"一词来描述他，但对于这样一个获得了巨大的成功，同时又对这个世界满怀爱意，对这个国家饱含深情，致力于用通信技术造福全人类的人来说，我实在想不出除了"伟大"之外，还能用什么其他形容词来准确地概括他。相比之下，我就不会轻易把这个词用在其他企业家身上。

正如冯仑在评价任正非时所说，关于任正非的第一印象是"大"。不仅个子大，最重要的是想法大。别的企业家谈话的主题基本上都与企业经营和商业利益有关，而与任正非聊天时经常是海阔天空、古今中外、天马行空。但仔细想想，最后又万变不离其宗，落实到企业经营上，聚焦在华为自身的发展上。

通读完《采访实录》，我的第一印象是：一杯咖啡，海阔天空。天下多少事，都付笑谈中。咖啡而非茶，代表了华为的精神气质，所以华为内部遍布咖啡厅。咖啡厅是为了促进员工之间的交流，达到"一杯咖啡吸收宇宙能量"的目的。相比"古今"，"天下"更是任正非关注的重点。在我看来，任正非是中国企业家群体里最具有天下意识和天下大局观的人，而我所说的"天下观"就是当代著名哲学家赵汀阳教授所提出的世界意义和合作精神（请参考赵汀阳的《天下体系》和《天下的当代性》）。

任正非的这种"大气"不是天生的，而是从小到大、从年轻到年老所遇到的各种困难撑出来的；是独自面壁三十多年，用寂寞和孤独浇灌出来的（他在访谈中自称没有朋友，我们姑且不管是真是假）；是通过博览群书积累的；是用踏遍全球几乎每个国家的商业旅行点燃的；是与政府、社会、客户的交往熏陶出来的；也是在经营华为的三十三年中磨炼、苦修出来的。

但我猜想，这种"大气"也要得益于2000—2008年间他本人所经历的严重的精神危机。当时华为投入巨资在3GPP上，放弃小灵通等短期机会主义，但国内3G牌照迟迟未发放，海外市场处于艰辛开拓中，华为长期得不到投资回报，现金流非常短缺。任正非每天感到巨大的恐惧，天天想着如何给几万名员工发工资，时刻担心企业会崩溃倒下，最后两次陷入重度抑郁症。幸运的是，他依靠药物和大无畏的革命乐观主义精神战胜了重度抑郁症。

作为一个有过类似精神经历的人，我能理解那种黑暗的记忆，更了解那种走出漫漫长夜，人的精神世界的巨大飞跃。那是一种脱胎换骨，是一种"大死之后又大活一次"的神清气爽。从此以后，举重若轻，一切都不在话下。那么多记者到了华为之后，以为应该看到一个充满恐惧、压力巨大、愁眉苦脸或者非常激愤、满腔民族主义和民粹主义的任正非，可事实上他们看到的是一个谈笑风生、思维机敏、幽默诙谐、心态平和的任正非。

中央电视台的董倩非常好地抓住了这种信息，她用"和气"一词来描述任正非的心理状态，并且得到了任正非的肯定（2019年5月21日，任正非接受中央电视台专访），我对此深表赞同。

任正非的这种"大气"和"和气",使他跻身世界最伟大的企业家之列。放眼当今世界,只有比尔·盖茨这样的企业家和慈善家可以比肩。

虽然《采访实录》里,任正非至少20次提起他对乔布斯的崇拜,只提到过比尔·盖茨一两次,但在我看来,乔布斯是一个性格怪异、患有边缘性人格障碍(borderline personality disorder,BPD)的极客(这是我个人研究的结论,本人受过严格的心理学训练)。虽然乔布斯对商业充满了敏锐的直觉,致力于创造完美的产品,用移动互联网和智能手机改变这个世界,但他是一个过于自我甚至自私自利的人,而苹果则是一家不太重视企业社会责任的公司。

相比之下,比尔·盖茨曾被认为是一个平庸的产品抄袭者,一个缺乏乔布斯品位的人,但当比尔·盖茨放下商业、投身公益事业时,他所展现的那种"以天下苍生为念"的情怀让人佩服,让他远远超越了乔布斯。

任正非亦是如此,他认为美国在高科技上依然占据"珠穆朗玛峰",呼吁两国一个从北坡向上爬,一个从南坡向上爬,最后在峰顶会师时相互拥抱,共同造福人类。

在我看来,这是企业家最高远的境界、最宽广的胸怀。任正非先生把自己家庭的遭遇、华为公司的利益放在一边,从大局着眼,超越一己私利和个人恩怨,实在难能可贵。

任正非的哲学就是坚决地奋斗,同时又坚决地妥协。他把奋斗和妥协结合得非常好,他认为在华为公司内部自己是妥协派、调和者甚至扮演着傀儡角色(任正非接受英国天空电视台采访)。在美国以举国之力打压华为时,他选择的应对策略就是"以打促和","和"才是目的,"打"只是手段。这尤其表现在华为在2004年前后开始"备胎计划",2019年对美国政府提起几则诉讼,2020年10月同时对美国政府16个部门提起大规模的诉讼。华为始终选择相信美国和加拿大的法律体系，聘请最强大的律师团，坚持以法律手段解决孟晚舟案件。在求得法律公正公开透明的判决之后，再考虑是否要放低声音，到咖啡厅里喝咖啡，以及"到底是你多喝两杯，还是我多喝两杯"的问题。

"对付"任正非的这种"大气"，我只有一个办法，那就是在参透生死、参透宇宙、读万卷书、行万里路之后，与其进行平等的对话。2018年8月28日，我带领40多位中国各高校商学院的骨干教师参访华为，与任正非先生进行座谈，座谈即将结束时，我说了一段总结性的话：

> 非常感谢任总。我是一个特别没有偶像崇拜感的人，但您是我最尊敬的一个人。来华为之前，我一直在想，如果有机会遇见您，应该送您一件什么样的特殊礼物？我想起您说过的一句话，"仰望星空，一杯咖啡吸收宇宙能量"，所以，我给您准备了一套《宇宙无限》（英国广播公司（BBC）拍摄的纪录片），这是我看过的最好的关于宇宙的影像资料。咖啡，您不需要我送；宇宙，是大家共享的。唯有仰望星空，是我们每个人都应该做的。在我看来，提升一个人的境界，两个途径是最有效的：一个是看破生死，另一个是仰望星空。如果这两件事做好了，人生基本就是云淡风轻。就如同田涛老师和我说的一样，人应该像流星一样灿烂地活着。

然后，我从会议桌的一头走向任总，他也站起来走向我。我把最能代表我心意的礼物送给任总，握手而别。

沟通目的、动机和态度

用任正非的话来说，"自己本来已经打算退休了"，但因为发生了孟晚舟事件和实体清单事件，所以在公司危难时刻，"我必须挺身而出"。同时，他又开玩笑地说，公共及政府事业部觉得靠自己的力量"打不赢"，所以就忽悠他，利用他"平时不怎么见媒体"的习惯，以及媒体对他的好奇心和他的影响力，安排了这么多的媒体采访。而他纯粹是"为公共关系部门打工"，庆幸的是，"自己的身体很好"。

任正非曾多次表达这段看似轻松玩笑的话。事实上，只有一次，任正非在接受采访时，认认真真地表达过媒体见面会的目的：第一，对外进行解释和沟通；第二，对内提振员工士气；第三，对供应商和消费者稳定信心。也就是说，任正非的媒体访谈达到了一箭三雕的效果。我们不得不说，这种"四两拨千斤"的效果，如果换别人，换别的公司，根本达不到。任正非，这位华为公共及政府事业部的"临时工"，绝对是一个"潜伏"了三十年的奇兵！当然，华为公共及政府事业部这种调动全世界媒体资源的能力，也是一骑绝尘。

不同于外交部新闻发言人那种为了国家利益慷慨激昂、措辞严密、据理力争、事先要做很多资料准备工作的媒体采访，任正非与媒体的访谈是坐着进行的，每个人面前都有一杯咖啡。这种平等对话的姿态，这种散发着浓郁咖啡香的氛围，会潜移默化地影响参与者的心态。

采访过程中常常唇枪舌剑，一方连续追问、穷追猛打、一挖到底，而另一方则谈笑风生、不急不怒，时常幽默一把。任正非以自己的智慧、胸怀和幽默，加上华为总部那么漂亮的建筑"博物馆"，塑造出一种轻松的、坦诚的、平等的气氛。我猜想很多记者在结束采访时是感动的，情不自禁地为任正非先生的人格魅力和奋斗故事所感染、所折服。

任正非特别鼓励甚至享受那些尖锐的提问，他觉得尖锐的问题更能激活自己的大脑。很多次，他在简短的开场白中鼓励媒体提出尖锐的问题，表示自己会坦诚地回答。在很多你来我往的对话中，读者经常为任正非的敏捷思维而赞叹，甚至拍案叫绝，或者哈哈一笑！这方面的例子太多，但只有通读每一篇、在上下文情境中才能切身感受到。总之，那些试图通过大数据挖掘、文本分析和情感计算等方法来解读任正非《采访实录》的人，根本无法捕捉到这方面信息的千分之一、万分之一。

不同国家媒体的立场差异

沟通是为了交换信息，达成理解和共识。而信任是沟通中最基础的元素。没有信任，沟通从何谈起？

目前华为所背负的"信任赤字"很大程度上不是华为自己造成的，而是长期以来欧美国家对中国政治体制不信任所导致的，这属于国家层面的信任赤字问题。华为背负了不应该背负的重担，但这既是华为的负担，也是华为的义务、责任和光荣，这是所有中国企业（尤其是国企）走向海外时必须面对的挑战。

通读《采访实录》可以非常清楚地看到，媒体和任正非之间的关系，或者媒体与华为、与中国政府之间的关系，在国与国之间表现出非常不同的模式，信任程度差异很大。

在超过50场媒体采访中，包括三场"与任正非咖啡对话"（这个对话也同步向全球进行了直播），一个书面采访（韩国《朝鲜日报》），新冠肺炎疫情暴发以后的三场视频连线，任正非参加2020年世界经济论坛年会的发言，既有舌战群儒"打群架"（10场左右与同一地区或者国家的多家媒体的圆桌对话），也有"单打独斗"（40多场一对一的媒体专访）。

我粗略估计了一下，参与的媒体总数超过200家，几乎囊括了全世界主要媒体，其中海外媒体的数量应该超过70%。但在我的印象里，没有看到如下国家的媒体：澳大利亚、新西兰、东南亚的国家，也没有俄罗斯和东欧国家。

从信任关系来说，中国媒体对华为和任正非的信任度是最高的，远超海外媒体，而且它们的关注点与其他国家的媒体完全不同。中国媒体对华为表现出的更多是关心和爱护、期盼和热望。而任正非则非常冷静地提醒华为全体员工不要过度消费中国消费者对华为的好感，更通过媒体提醒大家不要有过分的民族主义和民粹主义情绪。他支持更大幅度地对外开放，支持亚马逊、谷歌等美国公司有序地进入中国，支持中国人甚至华为员工及其家人购买苹果手机，而不是希望中国政府对苹果公司做出同等制裁或者限制。

相比其他海外媒体，日韩媒体表现得很温和。许多日本媒体人观察研究华为十多年时间，通读过任正非的很多文章（例如，《我的父亲母亲》等）和田涛的《下一个倒下的会不会是华为》等。任正非对日本媒体的态度非常友善，他赞美日本的工匠精神、日本高精尖的工艺技术，尤其是材料科学的发达。他反复地讲2012年"3·11"大地震发生以后孟晚舟最美逆行的故事；讲他们全家几乎走遍了日本的每个角落，他觉得日本的每个城市或者乡村都是旅行的最佳选择，而每个村庄里都有好吃的拉面馆和居酒屋。他希望华为与日本企业有更多深入的合作。事实上，华为每年从日本采购近百亿美元的关键零部件，而令日本公司惴惴不安的是一旦美国对华为开出实体清单，日本公司对华为的出口是否会受到巨大影响等。

对华为和任正非信任度比较高的是中东非洲阿拉伯世界。2019年10月20日，任正非与中东非洲阿拉伯世界媒体的圆桌对话，简直就是一个宣示任总广博学识、广泛的人际关系网络以及华为对该地区通信基础设施建设的卓越贡献的舞台。任正非对这个地区有着广博的知识，信手拈来，随意挥洒。这既得益于他高频次地访问这个区域的国家，也得益于他结交二十多年的好朋友王汉江（原对外经贸部西亚非洲司司长）。在跨文化沟通中，当我们表现出对对方文化的尊重和了解时，最容易唤起对方的信任和好感。

接下来信任度比较高的是拉丁美洲和西班牙媒体，包括西班牙、墨西哥、巴西、阿根廷、秘鲁、智利等国家（2019年12月，任正非接受拉美、西班牙等媒体采访）。有意思的是，在50多场媒体采访中，中东非洲阿拉伯世界、西班牙和拉丁美洲的媒体采访只出现过一次，而且出现的时间比较晚。我猜想，华为公共及政府事务部的朋友会不会事后才想起来，"嗯，还有谁没来华为喝过咖啡？对了，还有他们"。其中的原因很容易理解，因为这些国家与中国和华为本质上没有利害冲突，一直是华为的忠实客户，不是此次媒体公关战中重点关注的对象。

就信任程度而言，排名倒数第二的是欧洲媒体。它们对华为和中国政府的信任度只比美国和加拿大的媒体稍多一些，这可能是因为它们有着更加多元的立场，它们与孟晚舟事件和实体清单事件没有任何关系。除了大家共同关心的一些问题，欧洲媒体更关心的是5G技术本身的安全问题、后门问题、个人隐私保护问题、数据主权问题以及所谓的中国人权问题等。

任正非在接待这些欧洲媒体时，自觉不自觉地展现了他"大忽悠"的本领。任正非在采访中经常"煽风点火"，鼓励大家"揭竿而起"，不要跟着美国走上错误的发展道路，而应该趁此机会发展壮大自己，获得更多投资和就业机会。比如，将5G与欧洲高素质的人才结合，与德国的工业4.0结合，与东欧的数学家结合，与北欧的素质教育结合，在英国牛津附近建立庞大的光芯片工厂等。

中国是华为最大的市场，也是目前5G业务最容易开拓的市场，市场份额超过52%。但欧洲是让华为最有成就感的市场。因为欧洲的通信标准很严格，对华为的审查也很严格，但华为达到甚至超过了它们的标准。例如，欧洲古老的建筑不允许建设沉重高耸的铁塔，所以华为在3G时代就推出了轻便高效的SingleRAN，在欧洲获得压倒性的市场份额。

排在最后的、对华为信任度最低的当属美国和加拿大媒体。事实上，加拿大媒体和美国媒体的态度仍然有一定的差异，但它们都是华为发起此次媒体公关活动的主战场，华为势在必得。美国和加拿大媒体是此次系列采访活动中参加人数最多、专访次数最多的。甚至有的媒体几个月之后又对任正非进行了第二次采访（例如，加拿大《环球邮报》、美国《华尔街日报》）。另外，美国和加拿大媒体所获得的采访自由度也是最大的。例如，美联社就曾经对华为展厅里的芯片和线路板等进行了详细拍摄，这种特权是其他国家媒体不曾享有的。这既说明了华为沟通的诚意、自信和实力，也说明华为在媒体公关上采用了自己最擅长的"压强策略"，把重点资源投到最硬的"骨头"上，希望在西方话语权一统天下的地方撕开一个口子。

虽然任正非和华为对美国媒体报以最大程度的善意，但因为文化差异、制度差异和生活经历的差异，我怀疑某些美国媒体是否真正理解坐在他们面前的这个人的内心世界。有的甚至是揣着明白装糊涂，我行我素。尤其是那个 CNBC 的女记者迪尔德丽·博萨（Deirdre Bosa）。整场采访，在某种程度上简直是对牛弹琴。

因为加拿大事关孟晚舟的安全问题，同时加拿大和美国在政治立场上有比较明显的差异，所以任正非采用分化策略，对加拿大媒体比较友善，不断地赞美加拿大地大物博、风景优美、人才优秀（比如三个"人工智能之父"都在加拿大）等。他鼓励加拿大在美国试图与中国技术脱钩的情况下把自己变成北美的人工智能高地。任正非表示华为打算对加拿大增加投资"几十亿美元"。这既是事实，也是一种策略。

总之，只要是一个头脑清楚的明眼人，只要仔细阅读，稍加思索，就可以获得与我类似的分析结论，甚至超过我的这些浅见。

主要沟通主题和不同媒体的关注点

对话中的主题即使不是包罗万象，至少也是林林总总、五花八门。如果采用关键词的方式进行标记，然后罗列出来，我估计将超过 500 个。仅凭个人阅读时的主观印象，我认为核心主题至少可以分为十大类：

（1）任正非是谁？包括家庭出身、父母职业、父母对孩子的影响、幼年的成长经历、婚史、与三个子女之间的关系、早期个人工作史（包括在军队，在辽宁一家化纤厂进行技术攻关，在山东济南一个有二十多人的研究所当所长，在南油集团下的一家企业当副经理等）、个人习惯和爱好，甚至华为公司湖中的黑天鹅是不是他让人养的，黑天鹅是否代表一种危机意识等。也就是任正非个人"身份的证明"。

（2）华为是谁？包括华为早期创业历史（先是做中国香港某公司的代理，然后自己开发 100 门电话交换机）、华为成功的秘密、华为的文化价值观（例如，华为是否真的奉行一种狼性文化）、华为的"员工资本主义"、华为的高层治理结构、华为的接班人问题等。简言之，就是华为"身份的证明"。

（3）关于华为经营的更多问题。例如，华为与电信运营商之间的联系和区别，华为与中国政府和军队之间的关系，华为为什么不上市，华为有没有可能引入外部资本，华为到底有没有鼓励员工窃取其他公司商业秘密的奖励制度，华为是否侵犯其他公司的知识产权，华为的设备是否存在"后门"，根据《中华人民共和国国家情报法》，华为是否会向中国政府提供情报，等等。主要是关于信息安全的问题和合规经营。

（4）与孟晚舟事件有关的问题。例如，孟晚舟被抓时任正非在干什么，他的内心感受如何；孟晚舟案件的相关进展；孟晚舟到底有没有做伪证；孟晚舟将来会不会当董事长，是否会成为接班人。以前很多人不知道孟晚舟是任正非的女儿（更不了解任正非的二女儿和儿子的情况），2018年12月1日之后，提到孟晚舟，必然提到华为和任正非。

（5）实体清单问题所带来的影响。华为，一架被打得千疮百孔但仍然坚持返航的伊尔2飞机，如何"补洞""补短板"；华为终端产品会不会因为实体清单而受到巨大影响；如果不允许用谷歌地图，不能上YouTube，华为手机在海外的销售是否会断崖式下降；如果没有美国的技术，华为的5G产品能否顺利供货；如何保持业务的连续性；华为的"备胎计划"，2012实验室、海思芯片、鸿蒙操作系统，华为自建生态能否成功；华为2019年的经营情况如何；未来三五年的经营预测；等等。一言以蔽之，就是关于华为会不会死的问题。

（6）关于5G的问题。5G对社会和产业可能产生什么样的影响；如何看待5G和人工智能等带来的潜在的大规模失业问题；华为是否应该对此承担社会责任；美国为什么在电信行业失去了原来的领先地位；华为正在发展6G吗；6G进展如何；如何看待自主创新；华为会不会变成一个巨无霸，无所不为；华为会不会变成一个封闭系统；等等。换言之，主要是关于电信产业发展的问题。

（7）中国的基础教育、基础研究问题。如何培育创新文化和创新土壤？这是中国媒体很关心的问题，但海外媒体基本上没有涉及。2018年，我与任正非先生座谈时，任总念念不忘的也是这个话题。他送给我们每人一个U盘，里面有华为拍摄的一个关于基础教育和基础研究的宣传短片。2020年7月底之后，任正非更是走访了上海、南京和北京的十家大学和科研院所，对这个问题大声疾呼。这是华为和任正非最重视的企业社会责任，充分表现出一种家国情怀。

（8）宏观层面上的国家问题或者国际关系问题。例如，中美贸易战、新疆问题、香港问题、中国的政治体制问题、两个加拿大人被中国政府关押的问题等。这些是海外媒体非常关心的问题，反反复复提出多次，任正非回答得口干舌燥，基本上每次都坚决地用外交辞令般的"套话"回绝了。他认为自己从来不关心这些问题，他只关注与华为经营有关的话题。在最后几次接受采访时，任正非甚至有了一点小小的反击。"你们看一下美国在中东造成的混乱，再看看今天新疆和西藏的情况，比较一下，到底哪种方式更好？"这充分体现了任正非的底线思维和边界思维。

任正非和华为历来只专注于自己的业务发展，远离政治议题。华为坚持企业的本分，做一个遵纪守法的企业公民，合规经营，照章纳税。华为每年在全球各国要缴纳超过 200 亿美元的税。虽然不是一个上市公司，但华为所有的财报都是毕马威审计过的，对外公开，非常透明。关于这一点，我想起了与任正非先生座谈结束时，请他给中国企业家提一些建议，他斩钉截铁地说了一点，"老老实实，合规经营"。那是 2018 年 8 月 28 日，所以当 2018 年 12 月 1 日孟晚舟事件发生时，我深信华为是清白的。

（9）华为在欧盟、加拿大、英国等全球不同国家和地区的发展现状，未来的投资机会，如何让当地政府、运营商和民众信任的问题。华为坚定地支持欧盟所提出的 GDPR（《欧洲通用数据保护条例》），支持数字主权，支持将数据保留在本国。华为不会因为美国打压就自我封闭或者放弃全球化的发展。华为将继续加大在加拿大、英国、德国、日本等国家的投资，致力于建立共荣的生态系统和产业链。只要美国政府许可，华为将继续向美国公司进行采购，而不是只用自己的芯片或者操作系统。华为从不谋求垄断和霸权，一直把竞争对手当做友商。华为对自己产品的定价比较高，是为了给其他公司留下生存空间。

（10）关于未来社会形态的讨论。包括人工智能对工作和失业的影响（任正非总体上持乐观态度）、信息技术与生物科技的结合可能产生的影响等。其中三场"与任正非咖啡对话"和在 2020 年世界经济论坛年会上的发言，因为邀请的对话嘉宾都是全世界顶尖的专家（例如，新加坡政治学家和外交家马凯硕、互联网先驱吉尔德和尼葛洛庞帝、德国智能工厂工业 4.0 精神之父祖尔克、未来学家及笔式计算和平板电脑领域的先驱卡普兰、《未来简史》的作者赫拉利等），所以，这四场对话的质量非常高，信息量极大，与其他采访的重叠度是最小的，引人深思，开人心智。

一些令人印象深刻的细节及其传播效果

50 多场媒体采访中充满了大量精彩的对话和时刻，这绝对是一个巨大的宝库。因为篇幅所限，我只能在这里简单地提到几件令我印象深刻的事情，特别是要说明这些事情与媒体沟通效果之间的关系。

虽然市面上出版了不少关于任正非和华为的书籍，但任正非拒绝授权别人写他的传记。他是一个只向前看、不要历史的人，所以他才能走得更高更远。华为公司更不允许建立企业史馆，躺在功劳簿上晒太阳，华为有的只是最新产品的陈列厅。所以，对于那些渴望了解任正非早期历史的人来说，通过访谈的只言片语去拼凑任正非早期创业故事，是一件非常有吸引力的事情。

其中有几个细节令我动容。例如，我惊讶地知道任正非竟然在军队当过两年火头军，所以他的厨艺不错。某次海外出差时，他曾买来一个大猪头给外派员工卤猪头肉吃。他的太太甚至调侃他，"经常给保姆做饭吃"。而当我知道 2000 年任正非和他太太仍然租住在一间 30 多平方米的房子，房子西晒而且没有空调时，我真的为之落泪。想想看，

1998年，华为已经聘请了几百个IBM顾问，每小时咨询费680美元，超过华为员工的月平均工资，而它的创始人竟然还住在这样的房子中，简直不如一个打工仔，那时任正非已经56岁了。

总之，任正非的成功再次证明了一条颠扑不破的真理，那就是要想获得成功，你得付出不亚于任何人的艰苦努力。类似这样的奋斗故事在采访中比比皆是，它们充满了人情味，容易打动人，是全世界通用的文化符号，很容易被理解和接受，所以传播效果应该是极佳的。

关于华为身份的证明是媒体采访的焦点。三十多年来，华为面临的一个巨大挑战就是证明自己是谁。一开始因为它是一家私企，所以需要在国企和外企占有绝对优势的中国市场上证明自己。后来它走出国门，又需要证明自己虽然来自社会主义国家，但仍然是一个有实力的、可以为客户创造价值的、可靠的、遵纪守法的企业。再后来，它要向中国证明，自己所创造的"员工资本主义"管理模式更加符合社会主义共同富裕的原则，而任正非不是万恶的资本家。最后，当华为越来越强大时，它还必须向那些对中国持有偏见的欧美国家证明，自己的尖端设备没有"后门"，非常安全。它还要证明自己的技术不是偷来的，因为连美国都没有。

最有意思的是，任正非需要反复向欧美媒体证明自己曾经只是一个副团级的退伍军人，退伍之后就和军队没有任何关系。华为没有一点国资背景，华为只是和其他中国企业一样，最多接受过不超过千分之二的研发补贴而已。他还需要一再说明，新中国成立70多年来，曾经有5 000万左右退伍军人，他们都需要再就业，而任正非只是其中一员而已。类似地，美国有非常多军人退伍之后也担任企业的CEO，在商界发展得很好，但没有人去追问他们与美国政府和美国军队之间有什么关系。总之，看着欧美记者反复纠缠于这些问题，我们很容易感知他们的偏见和误区，他们却不自知。

面对一次一次的提问，尤其是反复出现的问题，任正非不厌其烦地解释。那些欧美记者在采访之前，应该是做过大量功课的，看过别人的新闻采访，显然知道任正非的标准答案，但他们仍然飞蛾扑火似的、不撞南墙心不死地问着同样的问题，我觉得这是一个非常有意思的现象，也是一件令人感到悲哀的事情。

记得2018年8月28日，我们这些商学院的老师与任正非先生座谈时，为了表达个人对华为的尊敬，我在开场时说，"华为的成功不仅仅是华为自身的成功，它还给中国企业打了一针强心剂，让无数中国企业觉得，即使是在ICT这么高科技、高难度的行业里，中国企业也有登顶的机会"。但话还没说完，任正非先生就打断了我的发言，他说，"华为不是一家中国公司，而是一家国际公司"。我当时微笑不语，没有进行回应。但这个问题从此一直萦绕在我的心中。尤其是发生孟晚舟事件和实体清单事件之后，我非常想知道，任正非先生对这个问题的看法是否发生了变化。

华为到底是谁？面对中国政府的高级官员，我不知道任总是否需要强调那句话，"华为不是一家中国公司，而是一家国际公司"。如果面对巴基斯坦或者非洲的客户，华为有必要强调国际公司的身份吗？是否强调中国公司的背景更有助于签合同呢？至于面对美国政府或者商业客户，再怎么强调华为是一家国际公司，他们也会这样想，"你们别装了，你们就是中国公司，而且我们怀疑你们有军方背景，或者给中国政府监视我们提供后门"。

这就是华为的难处，也是许多中国企业尤其是国企走出国门之后普遍面临的一个难题：如何界定自己的身份？如何界定自己是谁？来自哪里？未来要走向何方？

我认为，身份问题没有轻而易举的解决办法。只有持之以恒地保持相对稳定的品牌形象和身份战略；只有坚持不懈地提供高质量产品，为客户创造价值；只有坚持不懈采用国际化的语言，保持透明度，与利益相关者不断进行沟通；只有等到中国的整体实力和国家品牌形象有了大的改观；只有靠时间打磨，水滴石穿，我们才能理顺其中的关系，终成善果。

最后，我觉得在长达一年多的采访过程中，最令人震撼的莫过于任正非先生所提出的向美国某家公司独家授权全套 5G 技术，以帮助美国赶上电信技术发展速度的想法。这个想法看似石破天惊、异想天开，实则深谋远虑、身段柔软，向美国释放了巨大的善意。试想，反正美国市场华为目前也进不去，无法销售产品，不如索性通过技术许可的方式获得一大笔钱，同时又间接地扩大市场份额，挤走爱立信和诺基亚，何乐而不为呢？尤其是考虑到技术的连续性，将来美国在发展和部署 6G、7G 时，因为技术的兼容性和路径依赖，华为就有更大的机会进入美国市场。此外，按照任正非先生的解释，只有这样做，华为才能避免在将来的人工智能领域遭受美国第二次实体清单打击。

仔细揣摩这个建议，人们不得不佩服任正非先生和华为董事会眼光之远大、身段之灵活、思路之活跃。这种爆炸性的新闻一经提出很快就在美国上了头条，引发很多业内人士的关注。衷心希望这条道路能走得通，希望有美国公司和华为最终达成技术许可协议。

任正非的沟通风格

接受媒体采访所展示的只是在一个特定情境下的沟通风格。虽然不能代表任正非的所有沟通风格（比如，暴跳如雷骂人的模式），但其沟通风格可见一斑。

如果用一些形容词来描述，你会选择用什么来描述任正非的沟通风格？谦虚低调、会讲故事、直截了当、坦率直白；以诚示人、充满激情、喜欢回答挑战性的问题，但对涉及的政治问题坚守自己的原则，守口如瓶；上下五千年，纵横八万里，知识渊博，见识高明，充满辩证思维和悖论整合思维；诙谐幽默，善用比喻……读者完全可以继续填上自己的主观印象。

我特别想摘取一些只言片语展现一下"任氏幽默"。以下这些句子不一定是任正非的原话，个别句子是我把不同采访中任正非先生在回答同样的问题时所使用的不同词汇拼接在一起而形成的。每个词都是有具体出处的，可以在某个采访中找到。我在每个句子后面标记了明确的分类，A代表原汁原味的话，B代表我所拼接起来的话。例如：

中美两国是两个大球，华为是中美两国冲突中的"小芝麻""小米粒""小西红柿""小乒乓球"，根本不值得那么伟大的两国领导人见面时讨论，我不希望为了华为而牺牲全国人民的利益。（B）

我是一个企业，还不是"家"。我希望别人不要把我当做什么企业家、思想家，我就是一个"忘了家"。（B）

我太太问过我"你到底爱什么？"我说"我爱文件"。为什么爱文件？我说，文件里面充满了哲学、充满了逻辑、充满了东西，文件写出来、发出去以后，三五年大家都没有看到文件有什么影响，三十年后一看，这个公司队伍走得那么整齐，这就是哲学、逻辑和管理带来的东西。（A）

我跟外面谈，外面一问："你怎么这么伟大？"我说："我不是松鼠，怎么会尾巴大呢？"他说："你说自己不伟大，你是假谦虚吧？"因此我没法面对媒体，说自己好，不信；说自己不好，他们说你是假谦虚。（A）

由于我太受关注，就没有人身自由，走到机场被人拍照，走到咖啡厅被人拍照，拍了照被发到网上，还不知道被他们怎么编解说词。所以，我就像只"乌龟"一样，躲在一个黑暗的角落里，这个黑暗的角落就是我家里，生活没有那么自由幸福……没有办法，我现在是网红，网红对我是有害的。（A）

中国政府说我们好,我们不一定卖得动产品;但美国政府说我们不好,反而让全世界都知道华为好……美国对我们的宣传是正面的,他们到处说华为不好,这么伟大的人物关心这样一只"小兔子""小老鼠"的问题,那这只"小兔子""小老鼠"一定很厉害。(A)

我们的标准是,在距离我们目标二十亿光年的地方,投一颗"芝麻";距离目标两万公里的地方,投一个"苹果";距离目标几千公里的地方,投一个"西瓜";距离目标五公里的地方,我们投"范弗里特弹药量",扑上去、撕开这个口子,纵向发展,横向扩张,产品就领先世界了。(A)

华为不会完的,只是"蛋"从大变小了,原来是"鸭蛋",可能会变成"鸡蛋",但不会变成"鸽子蛋"。我觉得我们的规模会有收缩,但不会有太大问题。(A)

我们是电信设备提供商,我们提供的5G设备就是一个裸机而已,相当于汽车,至于汽车上面装什么货,那是由电信运营商决定的。用户数据掌握在电信运营商手里,不在我们手里,大家不应该担心数据安全问题。(B)

华为原来就像"羊"一样慢慢吃草,变得很胖,美国是"狼"在追,"狼"一追,"羊"就跑,减肥了就有战斗力。最担心的是什么?就是太成功了,员工懈怠了,不愿意到艰苦岗位,不愿意到艰苦地区去。(A)

....

仔细观察一下任正非使用比喻的方式,你会发现他简直是张口就来,随心所欲。他尤其擅长用动物来比喻(狼、羊),用食物来比喻(鸡蛋、鸭蛋、鸽子蛋、芝麻、米粒),用水果来比喻(苹果、西瓜),用日常的运输工具来比喻(宽轨铁路、窄轨铁路、标准轨铁路)。

我们知道,比喻是一种化陌生为熟悉的诠释技巧,可以充分调动听者的生活经验和知识积累，对向记者这样的非技术人员解释专业问题非常有帮助。类似地，采用比喻这种方式，可以在不同文化之间架起沟通的桥梁。总之，任正非或许英文很烂，但他是一个跨文化沟通的高手。他善用比喻，善用笑脸和其他表情，善用肢体语言，善用周围的环境信息（咖啡、建筑等）来沟通，这就超越了简单的语言沟通。

沟通中所出现的一些问题

杰出的企业家肯定是与媒体沟通的高手。任正非虽然以前很少与媒体打交道，缺乏跟媒体打交道的经验，但强大的自信、丰富的阅历，几十年对内管理沟通、对外市场营销、行走世界的历练，让他一出手就能挥洒自如，表现出很高的跨文化沟通水平。

但仔细观察整个沟通过程，不难发现沟通中的几个小问题。

第一，他有点习惯自己的语言词汇，不知道某些词汇能否被准确地翻译成其他语言，会给对方留下什么样的印象，比如，"还乡团"和"回马枪"等。

第二，翻阅八卷本的《采访实录》，读者会发现英文单词缩写出现的频率非常高，但一次都没有解释过，例如，GDPR（《欧洲通用数据保护条例》）。这一点是技术专家在与普通人进行沟通时容易犯的错误，他们会不自觉地假设听者应该明白，事实上听者不一定明白。总之，专业术语需要解释才能减少沟通障碍。

第三，虽然中国人很重视家庭，尤其是个人对大家庭的责任，但在西方人的眼里，核心家庭成员之间的亲密关系才是他们最看重的。所以，孟晚舟被捕之后，做父亲的任正非仍然不畏风险，继续飞往阿根廷主持变革会议，正常主持华为的工作，欧美人觉得有点不可思议，因此他们反复追问任正非在听到孟晚舟被捕之后的情感反应。可是任正非没有分享更多的故事，这可能是一个小小的失误，事实上，任正非在这里完全可以大打感情牌，这更容易影响海外媒体。

第四，欧美记者对中国持有很多制度偏见、文化偏见。我们认为理所当然的一些事情，他们觉得不可思议；他们觉得理所当然的事情，我们觉得难以理解。这就是因为国家文化和政治制度不同导致看待同一个问题时的视角不同。

我们必须承认，每个人都戴着有色眼镜看这个世界。只不过，越是国际化的人才越具有多元文化认同，拥有复杂心智和悖论整合思维。我们应该在对对方的认知模式有深刻认知的基础上，找到更能有效沟通的突破口，用对方能听得懂的语言进行沟通，尤其要做到换位思考。

给华为公共关系部门的几条建议

基于以上分析，我最后提出几点意见，供华为公共关系部门的朋友们参考。

第一，将八卷本《采访实录》压缩成一本 20 万字左右的书正式出版，以八种语言向全球发行。精选出 10 个左右的完整访谈作为上编，展现当时访谈的风采和情境。因为每一个采访，尤其是专访，记者都事先做了很多功课，试图按照不同的逻辑线索和视角来组织自己的访谈，关注点明显不同。有的采访关注任正非个人的成长经历，有的关注华为公司，有的关注国家层面的问题，有的关注技术对未来社会的影响等。

第二，把其他访谈内容打散，根据主题和关键词进行整合（可以参考上面的十大分类），形成精选集的下编，作为上编的有益补充，以避免过多的内容重复。每个关键主题的内容严格按照访谈时间来排列，标明出处，读者可以看到任总的思想和某些表达方式如何一点点地在转变。即使有不一致的地方，也不要太在乎，因为有时是外部的环境发生了变化，或者任正非先生对这个问题有了更深刻、更准确、更敏锐的回应，总之，要表现出对话的丰富性。

作为一个研究者，当我一遍一遍阅读《采访实录》时，这些大量重复出现的内容并不构成多余，反而是非常有价值的提示。因为在不断的重复中，你会突然意识到这里到底出了什么问题，为什么这些记者会像强迫症患者一样一遍遍地问相同的问题，然后期望获得不同的答案。啊哈！我经常在这种不断的重复中恍然大悟。但是，对于一般读者来说，他们没有这么多的时间，所以一本20万字左右的《与任正非咖啡对话》精选集更加适合他们。正式出版这本精选集，不是为了神话任正非个人，纯粹是为了华为公关宣传的需要。此外，八卷本《采访实录》因为不是正式发行的，所以只能靠个人关系从华为内部搞到。对于想了解华为的读者来说非常不方便。

第三，聘请一个国际化的电影制作团队，将所有的访谈视频进行整合，再增加一些关于任正非和华为的其他素材，剪辑出一个10集左右的系列节目，每集不要超过半个小时，在全世界所有的视频网站播放。

虽然这些采访媒体中不乏拍摄纪录片的，例如，BBC就拍摄了纪录片，但华为应该掌握主动权和话语权，因为华为的视角肯定不同于BBC的视角。谁掌握历史的解释权，谁就能影响世界。

特别是文字版的《采访实录》中没有视觉信息，没有表情信息，也没有肢体语言，事实上已经丧失了大约60%的重要信息。这是跨文化沟通中经常发生的现象。很多时候，重要的不在于你说了什么，而在于你是如何说的。

很多时候，我觉得自己可以进入任正非的精神世界，感受到他在接受采访时，听者和说者之间非常微妙的人际互动关系，以及任正非本人的情绪变化。甚至，我认为自己能感知到任正非对坐在他对面的人是真喜欢还是假喜欢，是否真的享受这个对话过程。

我相信，如果有了视频影像，更能把《采访实录》的价值发挥出来。可以想象，这个声势浩大的、持续一年多时间的媒体见面会耗资巨大，无数人在幕后付出了很多心血，华为和任总不应该轻易地让它淹没在碎片化的信息泡沫中。

第四，建立长期固定的新闻发言人制度。我个人认为，华为近年来遭遇的美国打压是多重原因造成的，但也与华为长期以来与媒体接触比较少、相对比较"封闭"有关。这主要是因为以前华为的主业面向运营商，也就是全世界两三百个大客户，根本不需要跟媒体打交道。

在我的印象中，2014年之前，任正非先生几乎没有接受过媒体采访，即使有，估计也就是两三次。第一次媒体秀应该是在某年的巴塞罗那电信展上，一开始是针对外媒，然后才逐渐接受国内媒体的采访。

2014年之后，华为大力进入终端领域，手机业务异军突起，尤其是经过近两年的风波，华为才开始拥抱媒体，大力宣传自己。所以，我建议华为加强与媒体之间的沟通，建立长期固定的新闻发言人制度。例如，每周一次，定期约请轮值董事长和各个业务部门的高层与媒体见面，坐下来一起喝咖啡对话。所有正规的媒体都可以在网上预约座位，华为也可以提前发布每次咖啡对话的主题和主要嘉宾名单。

试想，既然华为可以请毕马威审计自己的财务报表，那么为什么要远离媒体呢？应该通过媒体展现出一个更加透明的企业形象，这会减少国际化过程中的阻力。

第五，强化所有外派人员的跨文化培训，减少冲突和误解，提升管理能力。

文化就像一种空气，看不见摸不着，但它的影响无所不在。虽然语言是文化的载体，但掌握了一门外语并不意味着就对文化的深层结构、对他人的认知结构和价值观有了很准确的感知,并不意味着一个人的文化智商的提高,也不意味着能建立一种多元文化认同。而文化智商和多元文化认同对于进行跨文化沟通非常重要,影响巨大。

跨文化课程需要体验式教学、敏感性训练、技巧性训练、情境模拟甚至戏剧表达训练,这不是靠单纯地阅读或者听课就可以充分掌握的。特别是考虑到很多华为外派员工都是理工科毕业的,对人际关系和跨文化因素等软性因素了解比较少,所以,在专业技术培训的基础上,强化跨文化沟通能力可以达到如虎添翼的效果。

最后的告白和祝福

本文的写作纯粹是出于个人研究目的和兴趣,希望深入挖掘这个媒体盛宴背后的价值,希望《采访实录》能发挥更大价值。赞美华为和任正非不是我的目的,华为和任正非也不需要我的赞美。我只是对所有独特的事情和人有浓厚的兴趣。希望我的分析对那些在全球化征途上披荆斩棘、一路向前的中国企业有所启发。

本文的写作和研究潜移默化地使用了诠释学的方法,建立在我个人独特的知识背景和价值观的基础之上。面对相同的文本,如果换一个人,或许可以做出完全不同的诠释,这就是诠释学的开放性。希望我对《采访实录》的解读能启发其他人的研究,从而在诠释学的循环中,加深对这个文本的理解,发掘其中的巨大价值。

最后,祝愿任正非先生身体健康,心情愉快。祝愿华为英雄儿女们一路高歌猛进。祝愿中国涌现出更多像华为一样的企业。只有这样,中华才大有可为!

图书在版编目（CIP）数据

大变局下的中国管理／赵向阳著．－－北京：中国人民大学出版社，2021.6
ISBN 978-7-300-29332-5

Ⅰ.①大… Ⅱ.①赵… Ⅲ.①经济管理－研究－中国 Ⅳ.①F123

中国版本图书馆 CIP 数据核字（2021）第 115441 号

大变局下的中国管理
赵向阳　著
Dabianju xia de Zhongguo Guanli

出版发行	中国人民大学出版社		
社　　址	北京中关村大街 31 号	邮政编码	100080
电　　话	010-62511242（总编室）	010-62511770（质管部）	
	010-82501766（邮购部）	010-62514148（门市部）	
	010-62515195（发行公司）	010-62515275（盗版举报）	
网　　址	http://www.crup.com.cn		
经　　销	新华书店		
印　　刷	北京联兴盛业印刷股份有限公司		
规　　格	155 mm×230 mm　16 开本	版　　次	2021 年 6 月第 1 版
印　　张	21.75 插页 2	印　　次	2021 年 6 月第 1 次印刷
字　　数	262 000	定　　价	78.00 元

版权所有　侵权必究　印装差错　负责调换